AF445368

LOS ENREDOS DE PAPÁ

¿Y los tuyos?

Polly Walshin

New Life Clarity Publishing
205 West 300 South, Brigham City, Utah 84302
http://newlifeclarity.com/

El derecho de Polly Walshin a ser identificada como la autora de esta obra ha sido manifestado por ella según el Acta de Derechos de Autor de 1988.

El nombre de la Editorial New Life Clarity Publishing fue fundado por NLCP. Reservados todos los derechos.

Nombre original en inglés: Got Daddy Issues?
Nombre en español: Los Enredos de Papá
¿Y los tuyos?

Primera edición en español: 2023
Traducción al español: María Terreros
mariainterpreter.com

La traductora no tiene relación alguna con el contenido de la obra
ni con sus autores.

Este libro está basado en la vida real. La autora y la editorial no garantizan la exactitud de la información que la obra contiene; algunos nombres y lugares han sido cambiados para proteger la privacidad. Este libro está basado en la experiencia de ciertas personas y se ha hecho todo lo posible por garantizar la precisión.

No se permite que esta producción literaria sea copiada, reproducida, distribuida o trasmitida de ninguna forma, ni a través de ningún medio electrónico o mecánico, sin previa autorización escrita por parte de la autora o de la editorial. Pueden utilizarse citas breves para reseñas las cuales están permitidas por la ley de derecho de autor, siempre y cuando no tengan fines comerciales.

Impreso en los Estados Unido de América
ISBN- 979-8-8692-0465-3
Derechos de autor@2023 Polly Walshin

DEDICATORIA

Este libro se lo dedico a todas las personas que sintieron que no eran suficientes por causa de una mentira que se dijeron a ellas mismas. Tú siempre eres y has sido ¡suficiente! Querido amigo, tú siempre fuiste suficiente, así tu padre no te haya amado, te abandonara, no estuviera presente para ti, te haya abusado o descuidado. Tú no tuviste nada que ver con ninguna de esas cosas.

Quiero agradecerles a todas las personas que estuvieron en mi travesía y que fueron el viento bajo mis alas. Primero que todo, a mi increíble madre. ¿Qué puedo decir sobre ti? Tú eres la razón y el por qué detrás de la mujer que soy hoy en día. No sabría qué hacer sin ti. Tú eres mi roca.

A mis dos hermosos hijos. Ustedes han salvado mi vida —literalmente— y me dan una razón para levantarme cada día.

A mis abuelitos en el cielo, muchas gracias por enseñarle a mi mamá acerca de Jesús, para que ella pudiera impartirme su sabiduría sobre lo que es una relación real y el verdadero significado de la familia.

A mis increíbles hermanas, gracias por amarme y acompañarme en medio de cada tormenta.

A mi primer pastor, el Dr. Sutherland en Memphis (USA) de la iglesia First Bautist en Get-well, a Don Jimmy Lattimer, de la iglesia Redeemer en Memphis: gracias por amarme siempre cuando era niña y por ¡edificar ese fundamento en la roca! Val, te agradezco también porque me enseñaste acerca de la liberación y le doy gracias al Pastor Jerry por estar de mi lado, cuando estuve en el desierto como madre soltera.

Gracias a Meri Crouley por ser siempre esa voz clara que viene de parte del cielo, y a Ben Lim por profetizar sobre mi nuevo matrimonio y por darme esperanza pese a las circunstancias.

Un agradecimiento grande y especial para Mary y Gary Decker, mis padres espirituales, porque cada vez que pensaba que no era suficiente, me compartían la Palabra y me decían que ¡sí lo era!

A Jim, mi pastor de ahora en la iglesia Firewheel. Tú me enseñaste que todavía tengo un destino, y a bajarme de la montaña rusa en la que andaba para que ¡ese destino se manifestara! No sabría que hacer sin ti.

Gracias a todos mis mejores amigos —ustedes saben quiénes son— y están ubicados desde Atlanta hasta San Diego; han estado presentes en todo momento. ¡Muchas gracias por contestar el teléfono siempre!

Le agradezco a mi alma gemela, a mi dulce esposo. ¡Gracias por hallarme y amarme! No hubiera podido escribir este libro sin tu apoyo y ánimo. Te amo.

Gracias a mis guerreros de oración. ¿Qué haría sin ustedes batallando en el espíritu por mí? Mil gracias.

En medio de cada tormenta, siempre he contado con alguien que viene a mi lado y ¡se queda allí conmigo! Estoy muy agradecida con mi Padre celestial. Él siempre me ha respaldado, incluso cuando yo ni siquiera lograba sostenerme.

ACERCA DE LA AUTORA

POLLY WALSHIN

Soy una jovencita sureña de corazón, y he vivido en San Diego (California, USA) durante dos décadas. Tengo dos hijos increíbles que ahora tienen 24 y 21 años. Vivo justo a la vuelta de la esquina de la casa de mi mamá, quien ha sido la roca de mi vida durante toda mi existencia. Ahora estoy felizmente casada con un hombre maravilloso.

Escribí este libro con la certeza de que era hora de reinventarme a mí misma, no solo como mamá, sino para inspirar a otras personas para que pueden usar el desorden de mi vida, de modo que otros no comentan los mismos errores.

Me gradué como Diseñadora de Interiores del American College de Atlanta, Georgia (USA). Luego pasé dos años trabajando para la gran empresa Model Home y diseñé más de 100 casas para una amplia variedad de constructores.

Mi familia y yo estábamos creciendo y decidimos mudarnos a San Di ego. Pausé mi carrera profesional y durante

10 años estuve como ama de casa, para poder estar con mis niños.

Cuando me convertí en madre cabeza de familia, mi hija tenía siete años y mi niño menor tenía cinco. Logré obtener mi licencia de vendedora de bienes raíces. En 2006, cuando se desplomó el mercado inmobiliario, despegó mi carrera profesional como agente inmobiliaria. Vendí $10 millones de dólares netos en bienes raíces en dos años, timbrando en cada puerta y ayudándole a la gente a vender sus casas sin entrar en un juicio inmobiliario.

Además, también contribuí en la apertura de muchos de los LA Fitness en todo San Diego (California, USA). Fui su productora número uno, y al mismo tiempo logré estar presente para mis niños en todo, pese a que era madre soltera.

En 2010 entré a trabajar para Dunbar Armored y fui ejecutiva de ventas para la costa oeste. Sin embargo, ese no era mi llamado.

Yo quería ayudarle a los niños a saber que la nutrición y la salud son piezas claves para su éxito en la vida.

Decidí regresar a la universidad mientras trabajaba a tiempo completo, era madre soltera y mamá de una Chica Exploradora, de un Chico Explorador, patrocinadora del equipo de remo de mi hija, y entrenadora de fútbol de mi hijo. Por la noche me sentaba a redactar documentos para obtener mi título como maestra en educación. En 2013, recibí mi título en Educación Secundaria y me convertí en profesora de Educación Física. Enseñé esa materia y también la asignatura de salud hasta tuve una lesión en 2017.

Retomé la venta de bienes inmuebles porque sabía que podía tener éxito, pero no me satisfacía del todo y ya no podía seguir enseñando. Yo tenía la certeza de que lo mejor que podía hacer era ayudar a otras personas. Con más de 40 años de vida, tuve que reinventarme a mí misma y hacerlo en serio. Cuando el mundo entero se cerró por causa de la cuarentena, no dudé de que era el momento de escribir mi libro. Todo este asunto de querer obtener muchos logros, se remonta a la falta de conocer el amor por parte de mi propio padre. Creo que este era el camino que debía recorrer. También le clamé al Señor y Él me respondió.

En 2021, compré un negocio llamado I Sweat Lodge. Con esto abarco todo lo que soy de corazón. Este negocio le ayuda a las personas a saber que su cuerpo se puede sanar cuando fortalecen su sistema inmune. En el local ubicado en La Jolla, California (USA) se lleva a cabo una terapia de infrarrojo y se envuelve el cuerpo. Lo que necesitaba era tener más experiencias de vida —buenas, malas y horribles— para poder ayudar más gente. Recuerda que nuestro ¡desastre puede terminar siendo nuestro mensaje!

Polly Walshin
¡Tu Cuerpo es Tu Templo!

PRÓLOGO

PARA TODAS LAS PERSONAS QUE SINTIERON QUE ¡NO ERAN SUFICIENTES!

Este es un libro dedicado a todas las personas que sintieron que no eran suficientes, por causa de una mentira que se dijeron a ellas mismas. Tú siempre eres y has sido ¡suficiente! Aquí se descubre de manera profunda el dolor que nos infligimos a nosotros mismos cuando no nos sentimos amados o aceptados por nuestros padres. En mi caso, mi papá no estuvo presente y yo me sentí rechazada.

Querido amigo, tú puedes escoger entre ser tu POSIBI-LIDAD o ser lo que ha sido tu historia. Este libro te ayudará a desbloquear el dolor que has sentido y a lanzarte hacia el futuro que debiste tener siempre.

Si elegiste este libro, quiero que sepas que no es un libro sobre sexo, tampoco trata de ser pervertido, ¡ni nada por el estilo! Sí, en este libro hay muchas referencias sobre Dios, pero es un material diseñado para todos.

Este es un libro hecho para personas que de verdad nunca sintieron que su papá los amaba o que jamás experimentaron el amor de un padre. Es un libro dedicado a los sobrevivientes de un padre narcisista. Voy a reconocer la labor de mi increíble madre tantas veces, que espero que ella pueda recibir el amor que le tengo.

También es un libro para todas las madres solteras que tuvieron que hacer todo por cuenta propia. ¡Ustedes son unas heroínas! Quiero darles un reconocimiento a todos los padres solteros que llegaron a relevar al padre ausente. Anhelo reconocer a las madres solteras que se sentaron solas con el bebé en su casa un sábado por la noche, mientras sus amigos salían. Padre soltero, reconozco tu labor y que decidieras aguantarte, quedándote en casa mientras salían tus amigos, para ayudarle a tu hijo con las tareas o con lo que necesitara. Padres así, resistieron con sus esposas para ser el tipo de papás que se suponía que debían ser: unos padres que siempre están presentes para sus hijos. ¡Ustedes son nuestros héroes!

Esta es la generación en la que se cumplirán los famosos versículos de la Biblia. Malaquías 4:6 dice que Dios hará volver el corazón de los padres hacia los hijos, y el corazón de los hijos hacia los padres.

Por esto es que este es el momento correcto. Mi escritura de este libro sucede justo a tiempo, ya que quise plasmar este relato durante más de 20 años. Ahora estoy sentada en un sitio pequeño que alquilé en Point Loma (California, USA) a un kilómetro de distancia de mi madre y mi hijo, y por fin estoy casada.

La cuarentena de la pandemia me dio tiempo para escribir. Procrastiné mucho en la vida hasta que Dios dijo finalmente: "Ya es hora. Voy a quitar todo aquello que te impida hacerlo". Así que aquí estoy. Por fin lo estoy haciendo.

El 2010 le dio inicio a una década llamada cumplimiento de tu destino, para visión con respecto a tu futuro. Al 2020 se le llamó el año de la visión clara, donde todos los obstáculos se eliminan y tu camino se vuelve tan claro como el agua. Dios está configurando el escenario de una nueva y emocionante senda ¡para todos nosotros!

Gracias a Su presencia, Él está comenzando a traer un cambio de rumbo para que como cultura, podamos encaminarnos hacia nuestra verdadera vocación y gozo. ¡Es un reinicio divino! Ese cambio es ahora y es aquí, así que oro para que este libro te anime y te ayude a saber que **SIEMPRE** fuiste suficiente. Creo que en esta época, el enemigo o Satanás está tratando de desalentarnos a muchos de nosotros, porque él es el Padre de la Mentira, y aprovecha todas las oportunidades para convencernos de que no somos lo suficientemente buenos, ni inteligentes, ni lo suficientemente fuertes, ni bonitos, y quiere persuadirnos de que en realidad nunca hacemos nada en la tierra, ni tampoco cumplimos nuestro verdadero propósito aquí. Ahora mismo quiero que sepas que esa es una mentira que proviene justo del abismo del infierno. Entonces la clave aquí es luchar con fe y batallar con el pensamiento correcto, ¡**sabiendo que estamos destinados para la grandeza!**

Básicamente, este libro es para sobrevivientes. Para aquellos que pese a todo el dolor producto del abandono de sus padres, o de cualquier persona en la vida, ¡lograron evitar rendirse! Dondequiera que estés en tu travesía, quiero que este libro te empodere para que sepas que vales la pena y que importas. Quiero que lo leas y que hagas en tu vida lo que te ayude ahora y le aporte a tu futuro, de modo que tengas la vida para la cual fuiste diseñado. Te honro, y oro para que mi historia te ayude a ver que con frecuencia, el camino que elegimos, se deriva del dolor que hemos padecido y con el que no hemos tratado de manera adecuada. En adelante, creemos una vida cuya única base sea el momento presente. A continuación te comparto algunas mentiras comunes que creen los niños. Quiero que indagues en ti para ver si alguna de dichas mentiras toca una fibra en tu interior:

1. Es tu culpa que tus padres se hayan divorciado.

2. Si fueras perfecto(a), hubieras podido mantener unida a tu familia.

3. Nadie te ama de verdad.

4. No eres digno de ser amado.

5. Fuiste un error, y todavía lo eres.

6. El sexo es sucio y desagradable, pero a ti te gustó, así que eres sucio(a) y desagradable.

7. Tú no vales nada, y estás aquí gastando el aire de alguien que sí se lo merece.

8. Atrajiste el abuso, por lo tanto te lo merecías.

9. Lo único que quieren los hombres es sexo. Esto te impide creer en el amor de parte de tu esposo y recibirlo.

10. No hay duda de que Dios ama al mundo entero, excepto a ti: tus pecados son demasiado grandes.

11. Si alguien llegara a conocer tu verdadero yo, te rechazaría, así que es mejor que los mantengas a una buena distancia.

12. La gente solo te quiere por dinero, por lo que les puedes dar o por lo que puedes hacer por ellos.

13. Los hombres solo te quieren por tu belleza, no porque anhelan una intimidad real, pues no vales sino para que te exhiban como una pieza de espectáculo.

Si alguna de estas afirmaciones resuena como una verdad en tu alma, quiero que sepas ahora mismo que todas son una mentira, y que a través de este libro vas a hallar la sanidad. Reirás, llorarás y te sentirás identificado con muchas cosas a todo nivel.

A menudo me pregunto ¿por qué rayos no escribí este libro cuando era más joven? Ahora sé que Dios me estaba protegiendo de mí misma. Podría incluso estar muerta. Así de alocada es el tipo de vida que he tenido. Podría haberme quedado atrapada en todo el tema de Hollywood, y es probable que no hubiera sido capaz de escribir este libro.

Una de mis más preciadas amigas lo expresó de manera perfecta: "Ser la mujer más "caliente" de la habitación, ya no define tu autoestima o tu valor. Eso lo define Jesús. Él es el único que hizo que yo tuviera un valor preciado". Estoy emocionada de que leas el resto del libro. Gracias por tomarlo en tus manos. ¡Eres fantástico!

CONTENTS

CAPÍTULO 1

EN EL PRINCIPIO

Si estás leyendo este libro, oro para que te toque de manera profunda, ¡y te ayude a tener la vida que te mereces! He estado postergando la escritura de este material más de tres décadas. A partir de las conversaciones que tuve con cientos de personas a lo largo de los años, he llegado a la conclusión de que todos tenemos un libro en nuestro interior. Tú tienes la opción de ser lo que ha sido tu historia, o de alcanzar el potencial de grandeza a partir de ella. Al fin estoy aquí contando mi historia, después de 50 años de no SER mi historia.

Mi objetivo con respecto al mundo al escribir este libro, está plasmado en Malaquías 4:6: **"Él hará volver el corazón de los padres hacia los hijos, y el corazón de los hijos hacia los padres, no sea que yo venga y hiera la tierra con maldición" (RVR1960, énfasis añadido). Nuestra tierra, nuestros hijos, nuestro mundo ya ha sido golpeado con una maldición.** La maldición es una sociedad sin padre, en donde los niños como yo, crecen creyendo que de alguna manera el hecho de que su papá se haya ido es su culpa, que son responsables de que él no esté presente, que no los ame, o que los haya abusado o rechazado. Por esta razón, por fin puedo decir que **no soy** mi historia de abandono y rechazo.

Soy la posibilidad para que todos los corazones que estén heridos por su padre terrenal sepan que son amados en el nivel más profundo y más alto. Ten en cuenta que cualquier cosa que te haya ocurrido y que te haya hecho sentir rechazado, abandonado o no amado como niño —no es tu culpa—. No te imaginas todo lo que eres amado y lo ¡merecedor que eres de la alegría interior! A través de mis historias, mis fracasos y mis éxitos podrás hallarte, y ¡sanar a ese niño que llevas dentro!

Cada ser humano con el que me he encontrado tiene una historia. Algunas son tristes, otras alegres, varias aburridas y otras emocionantes. Mírate de cerca y piensa en tu propia travesía mientras lees la mía. Prepárate para escribir tu propio libro y así desbloquear todo lo que hay dentro de ti. La verdadera libertad es ser capaz de perdonar, aceptar, arrepentirse, abrazar y seguir adelante.

Mi objetivo al escribir por fin este libro es liberar a los cautivos. Sí, yo sé que es un versículo de la Biblia muy citado... pero lo digo en serio. Todos necesitamos libertad al interior de nuestras propias almas, para dejar ir lo que no nos sirve, ni le sirve al mundo de una manera positiva. Mi objetivo es ser cruda, honesta y real a lo largo de este libro, y que mi honestidad te libere de una forma real. Así, tú podrás salir y liberar a otros, y vivir la vida que te mereces basada en la posibilidad y el potencial que tienes, no en tu dolorosa historia.

Si te estás preguntando, ¿por qué compré este libro sobre la vida de otra persona? Esa es un gran interrogante que te puedes hacer y sobre el cual puedes generar una reflexión interna. Solo hay un tú, y fuiste creado de manera distinta a cualquier otra persona, y tu historia difiere a la de cualquier otro individuo. Tú eres el único que tiene el poder de usar lo que buscaba dañar tu vida y utilizarlo para bien… En pocas palabras, esta historia te dejará triste, enojado, feliz, iracundo, extasiado y hambriento de vida. ¡Así comienza la travesía!

Cuando tenía 17 años, mi mamá y yo nos mudamos a Nueva York (USA) en mi último año de escuela secundaria. Para ser exactos, nos fuimos a Long Island. Yo acababa de enterarme de la noticia de mi papá y todavía no había procesado todo. Estaba sentada en la clase de mi profesor de psicología y era mi último año. Él nos pidió que escribiéramos un artículo sobre un evento dramático que hubiera cambiado el rumbo de nuestra vida. Yo no tenía idea de lo que había en mi interior hasta que comencé a escribir. Puedo recordar de manera vívida lo rápido que escribí dicho artículo. Mira, cuando hablamos o escribimos, y al hacerlo están presentes la honestidad y la vulnerabilidad, la narración fluye sin esfuerzo. Yo escribía desde un lugar de miedo, dolor y confusión. ¡Un lugar de desde el cual lo único que hacía era SACAR eso que tenía adentro! El papel fue el vehículo para dejar que la emoción y el dolor en el que estaba inmersa salieran de verdad; una emoción y un dolor que yo no había podido expresar jamás.

Quiero que te hagas esta pregunta. ¿Qué es aquello que quiere salir de tu interior y que está clavado adentro? Te animo a que pongas a un lado este libro ahora, y a que lo escribas. Es una manera saludable de soltar aquello y está bien que sea así.

Es parte de la travesía de sanidad en tu interior. Si al hacerlo obtienes algo que te conceda liberación y libertad, entonces todo habrá valido la pena.

Digamos que mi profesor de psicología se llamaba el Señor Burns. Mi escuela secundaria era Half Hollow Hills, East Dix Hills, Nueva York (USA). Tardé menos de una hora en escribir 5 páginas. Recuerdo que mientras escribía, lloraba, estaba triste y enojada. Así es que te das cuenta de que eso es lo que necesitas. En tu cerebro hay una sustancia química llamada serotonina, la cual se libera cuando desbloqueas recuerdos que te están atascando. La serotonina también es lo que se libera cuando saltas de un bungee. IMAGÍNATE... Sé que tenía mucho afán cuando escribí el relato y lo entregué.

Le pasé mi trabajo al Sr. Burns. Él lo leyó y las lágrimas brotaron de sus ojos. Yo lloré como una bebé porque jamás había puesto en palabras lo que me había pasado, ni tampoco la razón que subyacía a nuestra mudanza a Nueva York.

Nací en Estados Unidos, en el estado de Arkansas. Me mudé a Memphis (Tennessee) cuando tenía 4 años. Vivimos allí hasta que nos mudamos a Nueva York. Yo fui a la misma escuela desde Jardín Infantil hasta el grado 11. Era una escuela cristiana, linda y dulce llamada Briar Crest. Los estudiantes nos metíamos en problemas si llevábamos ropa que estuviera por encima de las rodillas. Cada semana me detenían en la escuela por hablar en clase.

Permíteme decirte que pasar de ese tipo de inocencia, a una escuela pública de Nueva York en mi último año de secundaria, fue un choque cultural y eso por no decir más. Pensaba que como mi madre me llevaba a los mejores restaurantes de

Memphis, yo era muy culta. Mientras crecía, ella me llevó en viajes de negocios geniales por todo el país, y me expuso a lugares como Limelight en Nueva York, un club nocturno increíble de los años 80 en dicha ciudad. Yo pensaba que era la "Señorita Alguien" y que lo sabía todo. Creo que la mayoría de los jóvenes de 16 años piensan que saben todo.

Recuerdo la vez que me di cuenta de que no sabía nada y de que mi perspectiva era muy pequeña y protegida. Un martes, estaba sentada en mi tercer período de estudio. Era mi último año en la escuela secundaria. Ten presente que me había mudado a Nueva York (Dix Hills, para ser específica). Escuché una alarma con timbre de sirena que sonaba como una campana de simulacro de incendio. En Memphis teníamos simulacros de incendio cada mes. Tú te pones de pie y haces fila en orden. Un profesor guía a la clase a un lugar seguro de afuera. En Memphis eran muy emocionantes porque nos tocaba salir de la prisión, conocida también como nuestra escuela secundaria. Allá, los maestros eran más como dictadores. En Nueva York, tal como lo habría hecho en Memphis, me puse de pie y procedí a hacer fila delante de la clase. Estaba muy emocionada porque por fin tenía algo en común con este nuevo entorno. Estuve de pie por lo que pareció ser una eternidad. Miré a mi alrededor y con mi pequeño acento sureño pregunté: ¿por qué no se ponen de pie todos?

Dije: "Todo esto se trata de un simulacro contra incendios, ¿si escuchan, cierto?". Toda la clase comenzó a reírse y me miró con total incredulidad. Pienso que ellos no podían creer que todavía hubiera semejante inocencia en el mundo como la que yo reflejaba. El profesor me dio una pista del significado de esa sirena: "Mira cariño, este no es el sur, ni tu pequeña escuela rural, esto es Nueva York. Lo que oíste suena con frecuencia, porque todos los drogadictos se van para la parte trasera de la escuela alrededor del tercer periodo de la jornada. Hoy uno de ellos no tuvo mucha suerte, porque la alarma indica que alguien incurrió en sobredosis". En ese momento, sentí como si midiera 30 centímetros. No podía creer que fuera verdad que en el mundo sucediera algo así.

En cambio en Memphis, cuando yo regresaba a mi vecindario, había algunos niños más difíciles que asistían a la escuela pública. Como madre soltera, mi mamá no podía permitirse el lujo de tenerme en un vecindario elegante, ni en una escuela privada. Nuestro vecindario era seguro, pero los niños eran salvajes. Gracias a ellos yo tenía conocimiento sobre la marihuana, así que cuando llegaba a casa después de la escuela y como tenía la llave, me juntaba con los vagos y fumaba. Eso era lo más loco que conocía y que había hecho. Bueno, más o menos. Pero te contaré más detalles luego. Espero que este relato te dé una idea de quién era yo y de cómo era. Cuando nos mudamos yo estaba como anestesiada. Solo quería olvidar todo lo que había sucedió y empezar de nuevo. Ese fue mi comienzo en lo que respecta a huir de mí misma y de complacer a la gente en un nivel avanzado.

Pero el Sr. Burns me puso esa tarea y todo lo que había tratado de dejar atrás todavía estaba allí, encerrado en mi subconsciente comiéndome por dentro —en sentido literal—. Tal vez tú tienes cosas de las que estás huyendo que también te carcomen. Usa mi libro para inspirarte, incluso si nadie lee tu historia, ni lo que escribas jamás, y permite **que salga a** flote… Cuando le entregué mi historia al Sr. Burns, él lloró y me dijo que era valiente. Le costaba creer que todo lo que había escrito era real. Todo lo que él había visto hasta el momento era una jovencita bonita con un pequeño y lindo acento sureño. Déjame decirte que las apariencias engañan. Aprendí a temprana edad que si me ponía una sonrisa y lucía bien siempre, todo estaba bien… Como decía mi abuelita: "Jamás juzgues a un libro por su portada".

Es una lástima que ese escrito que hice ya no esté conmigo hace rato, pero recuerdo la mayoría de lo que escribí. Comenzaré con el artículo que destapó la caja de Pandora y que me ayudó a juntar muchas piezas que habían sido un misterio mientras crecí. Lo que le dio sentido a todo lo que había pasado desde mis 6 hasta mis 16 años, fue un artículo de periódico. Me desperté con ese artículo del periódico de Arkansas (USA) cuando regresé a mi casa para pasar el Día de Acción de Gracias y a punto de cumplir 16 años. Estaba en England, Arkansas, un pueblito donde vivía toda mi familia, menos mi madre y yo. Más te vale creer que nuestro teléfono sonó a primera hora aquel día.

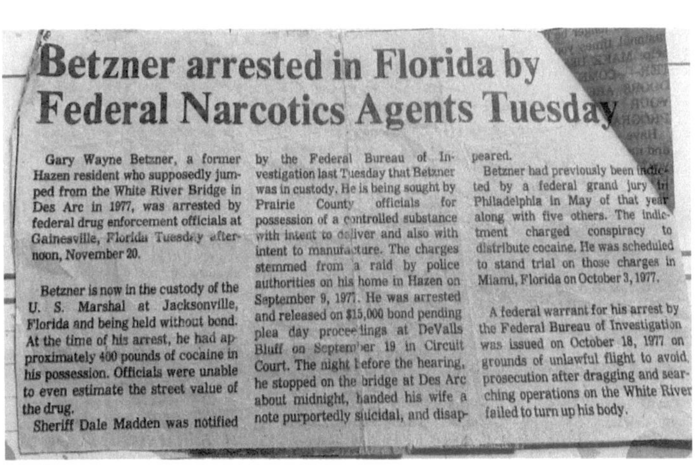

Betzner arrested in Florida by Federal Narcotics Agents Tuesday

Gary Wayne Betzner, a former Hazen resident who supposedly jumped from the White River Bridge in Des Arc in 1977, was arrested by federal drug enforcement officials at Gainesville, Florida Tuesday afternoon, November 20.

Betzner is now in the custody of the U. S. Marshal at Jacksonville, Florida and being held without bond. At the time of his arrest, he had approximately 400 pounds of cocaine in his possession. Officials were unable to even estimate the street value of the drug.

Sheriff Dale Madden was notified by the Federal Bureau of Investigation last Tuesday that Betzner was in custody. He is being sought by Prairie County officials for possession of a controlled substance with intent to deliver and also with intent to manufacture. The charges stemmed from a raid by police authorities on his home in Hazen on September 9, 1977. He was arrested and released on $15,000 bond pending plea day proceedings at DeValls Bluff on September 19 in Circuit Court. The night before the hearing, he stopped on the bridge at Des Arc about midnight, handed his wife a note purportedly suicidal, and disappeared.

Betzner had previously been indicted by a federal grand jury in Philadelphia in May of that year along with five others. The indictment charged conspiracy to distribute cocaine. He was scheduled to stand trial on those charges in Miami, Florida on October 3, 1977.

A federal warrant for his arrest by the Federal Bureau of Investigation was issued on October 18, 1977 on grounds of unlawful flight to avoid prosecution after dragging and searching operations on the White River failed to turn up his body.

El primer párrafo lo dice todo. Hasta este punto, yo creía que mi papá había estado muerto la mayor parte de mi vida. Como dije antes, fui criada por una madre soltera y no tenía hermanos.

El escrito que hice hace más de 30 años se llamaba "El acontecimiento dramático" y decía lo que te voy a compartir. Si en ese entonces yo hubiera tenido un libro que hablara de alguien que había pasado por la experiencia de no tener un papá en su vida, yo hubiera sido capaz de procesar mis sentimientos mucho mejor. A lo largo de este libro, explicaré todas esas emociones que todavía aparecen por allí a veces.

Esta es la esencia de mi escrito en clase: cuando tenía 6 meses de nacida, mis padres se divorciaron. Mi mamá vivía en Arkansas, y a principios de los 70, era tabú ser una mujer divorciada con una hija pequeña. Mi papá abusaba de mi mamá y tuvo una serie de aventuras. Así que ella se fue sin un peso en el bolsillo. De inmediato, mi mamá encontró un pequeño apartamento en Little Rock, la ciudad más grande y cercana a ella, y en cuatro días ya tenía una niñera para que la ayudara conmigo, de modo que ella pudiera trabajar. Mamá me contó que a veces dejaba de comer para que yo pudiera hacerlo. Ella estaba luchando.

Cuando yo tenía 4 años, el hijo de la mejor amiga de mi mamá (Mimi), tuvo una idea brillante de darle inicio a un servicio de entrega de envíos que llegaran al día siguiente. Lo llamó Federal Express. Así fue que Esther (mi mamá) comenzó su carrera. ¡Vaya oportunidad la que tuvo! Mira, en los años 70 no había leyes acerca del acoso sexual en el trabajo. Hasta ese entonces, ella había tenido que aguantar un montón de porquerías para conservar sus empleos. Cuando inició Fed Express, ella supo que estaría a salvo. Si trabajaba duro y hacía un buen trabajo, podría llegar lejos y proveer siempre para mí. Mi mamá nunca olvidó el dolor del que fue rescatada y eso es lo que la ha ayudado e impulsado para llegar a ser una gran mujer de negocios.

Más o menos cuando yo tenía 5 años nos mudamos a Memphis, lugar al que Federal Express se había trasladado también. Mi mamá estaba empezando a ganar más dinero y por fin, ya no estábamos tan arruinadas. Mi papá se volvió a casar con la mujer con la que había engañado a mi mamá, y tuvo dos hijos más con ella. El mayor es solo 2 años menor que yo. Así que haz las cuentas. Básicamente preñó a su amante 6 meses después de que mi mamá lo dejó.

Después del divorcio y sin exagerar, me vi con mi papá muy pocas veces. Pasaba cuando él podía abrirme un campito en su agenda. Mi mamá era muy protectora conmigo porque ella sabía cómo era él. La única vez que recuerdo que fui a la casa de su nueva familia, yo tenía 4 años. Mi papá era fumigador de cultivos y se casó con una mujer que era una mocosa que vivía de la plata de sus padres, y residían en una casa bonita que tenía piscina y niñera. Para entonces eran dos medio hermanos, uno de ellos recién nacido.

Este es mi recuerdo de esa experiencia. Mi papá se fue a trabajar y yo quedé atrapada con la madrastra y los niños. La empleada del servicio preparó un desayuno increíble, así como a los que yo estaba acostumbrada en la casa de mis abuelitos en England, Arkansas (USA). Recuerdo que ella le dio un plato a mi hermanito. Tenía huevo, un pedazo de tocineta y un pastelito casero. Me senté en la mesa esperando el mío. Ten presente que yo solo tenía 4 años. Pregunté: "¿Puedo comer también un poco de eso?". El monstruo de la madrastra me miró y dijo que no, añadiendo: "No quiero pasar vergüenzas si resultas siendo gorda como el resto de tu familia". Así que la niñera me dio yogur de fresa podrido. No me lo tomé pese a que tenía hambre. Hasta el día de hoy sigo sin poder tomar yogur de fresa. Ese fue el inicio de mi relación con la comida y la imagen corporal. (Este es mi diálogo interno a los 50, no el que tenía a los 16 años que redacté el escrito en clase).

La siguiente vez que vi a mi papá, él me montó en su avión e hicimos bucles. Yo tenía 4 años... Eso significa que yo estaba en una cabina abierta de un avión, y que él hizo piruetas con empujes de fuerza g gigantes, mientras yo iba atada al asiento frente a él. ¡QUÉ RAYOS! Cuando regresamos a su casa, recuerdo que le dije que era un estúpido. No sé por qué dije eso. Él sacó un cinturón y me pegó, y me dijo que jamás le dijera así. Esa fue la última vez que mi mamá me dejó ir allá. Ese año, mi papá me envió un pequeño televisor en blanco y negro. Me mandó para la casa con un pequeño saco de dormir color rosa que tenía una almohada que le hacía juego. Debí haber sabido que tenía problemas con papá desde el principio. Recuerdo que mientras me tapaba con las sábanas, pasaba noches en mi habitación sentada mirando ese televisor blanco y negro de 9 pulgadas. Yo incluso tenía un gran televisor a color en mi habitación, pero de todas formas veía televisión a blanco y negro porque me lo había dado mi papá. Conservé esa pequeña almohada del saco de dormir hasta los 14. Por 10 años no fui capaz de pernoctar en la casa de ninguna persona si la almohada no estaba conmigo, porque era lo único tangible a lo que podía aferrarme y que provenía de mi papá. Ahora sé que esas cosas eran mi manta de seguridad, para sentir que tal vez mi padre sí me amaba.

Él visitaba Memphis de manera periódica, pero con menor frecuencia. Tengo dos recuerdos de haberlo visto antes del gran día en que cumplí 6 años. El primer recuerdo corresponde a la vez que vino a nuestra pequeña casa en un complejo llamado Aspen wood. Él quería acostarme, venía por las escaleras y encendió un porro. Esto pasó en 1975 y mi mamá le preguntó: "¿Qué estás haciendo?", mientras él soplaba humo de marihuana en mi cara. Él respondió: "Estoy iluminando a nuestra hija". Así que Esther contestó: "Jamás vuelvas a hacer eso cerca de mi hija". Y lo echó.

Ahora en retrospectiva y a los 50 años de edad, recuerdo que yo albergaba mucha ira contra mi mamá por haberle pedido que se fuera, como si esa hubiera sido la razón detrás de que él no quisiera estar mucho en mi vida. De niños, tendemos a culpar a los padres que se resisten. Nos mortifica perder ese bocado de migajas que recibimos del padre ausente, y permanecemos en negación de la verdad. Con frecuencia, lo hacemos para encubrir el dolor y los sentimientos de no sentirnos suficientes como para que el padre ausente esté cerca.

La siguiente vez que recuerdo que vi a mi papá, yo tenía 6 años. Mi mamá acababa de comprar una casa muy linda y vivíamos ahí. Ella estaba logrando sus metas, pero seguía siendo una lucha por la falta de apoyo para manutención infantil por parte de mi papá. Ella preferiría trabajar hasta el cansancio, en lugar de ir a la corte y demandar por inasistencia alimentaria, y luego tener que lidiar con que mi papá apareciera en el panorama. (También culpé a mi mamá por hacer eso). En esta ocasión, mi mamá me despertó como a las 11 de la noche. Yo tenía puesta una pijama color rosa. Si ya tienes más de 40 años, sabes que era de esos camisones que la mayoría de nosotras tenemos. Tenía prenses en el cuello y era de poliéster rosa. Mi cabello estaba envuelto en pequeños rulos de espuma rosa. Ella me levanto y me puso a descansar en el asiento del conductor y nos fuimos en nuestro automóvil Oldsmobile LTD café. Le pregunté qué estábamos haciendo. Ella contestó "Vamos a ver a tu papá para conseguir algo de dinero".

Recuerdo que pensé, "Huy, está oscuro. ¿Y dónde está mi papá tan tarde?". Nos detuvimos en la pista del aeropuerto local. Mi Mamá dijo: "Quédate aquí, cariño. Mami tiene que conseguir algo de dinero, de modo que podamos estar bien por un tiempo". Le pregunté si podía ir y me dijo que no, que este era un asunto entre mi papá y ella.

Cuando el avión de mi papá se detuvo, él apareció con un abrigo de piel, un reloj Rolex y un peinado fresco típico de los años 70. Lo miré y saludé estando a unos 45 metros. Él correspondió al saludo y sonrió. Mi mamá miró y levantó uno de sus dedos en señal de que me quedara y esperara justo donde estaba.

Mi papá regresó al avión y mi mamá volvió al carro. Cuando subió al auto le pregunté si íbamos a estar bien. Mi papá le dio ella la manutención infantil que prometió, pero en cinco años nunca le había dado nada. Creo que la cantidad que le entregó fue menor a $2.000 dólares.

En ese instante supe que no era importante para él. Con el paso del tiempo, me di cuenta de que para él no había nada realmente importante. Ahora, con 50 años y en retrospectiva, debí haberlo visto como un egoísta. Para este punto de la historia, mi mamá me tenía que llevar a la guardería y dejarme allá. A veces, yo era la última a la que recogían, porque siendo mujer en los años 70, ella trabajaba más duro que los hombres, tan solo para demostrar su valía. Por su parte, he allí a mi papá con un Rolex de $10.000 dólares, un abrigo de piel de $20.000 y su propio avión privado. ¡Wow! SOLO ¡WOW! Y pensar que durante tantos años consideré que todo lo que pasaba era debido a mí.

Esa fue la última vez que vi a mi papá. Lo volví a ver cuando ya iba a cumplir 16 años. La mañana que cumplía 7 años, me desperté con la lluvia torrencial que caía afuera. Nuestro pastor de la iglesia bautista de Southland en Memphis, Tennessee (USA), estaba timbrando en nuestra casa. Recuerdo que pensé que era muy buena onda que eso pasara. De seguro venía por mi cumpleaños. Algunos meses antes de ese día, yo acababa de entregarle mi vida a Jesús, así que estaba segura de que eso nos convertía en mejores amigos. Desafortunadamente, él no estaba en casa para nada que tuviera que ver con eso en absoluto. Mi mamá me pidió que me sentara en el sofá. El sofá en L color canela que teníamos era genial. Él se sentó a mi lado, puso su mano en mi rodilla y dijo: "Cariño, no estoy aquí por tu cumpleaños. Lo siento mucho. Vine para decirte que tu papá se suicidó". Le pregunté: "¿Qué significa eso?". Él respondió: "Tu papá saltó del puente del río White este mañana en Arkansas, y está muerto". Todo quedó en cámara lenta. Lo miré, apenas derramé una lágrima y dije: "Está bien, gracias por estar aquí", o algo así. Ese fue el clavo en el ataúd de complacer a la gente y de vivir vidas paralelas.

Subí las escaleras y comencé a jugar con mi Barbie. Jugué durante lo que parecieron días. Mi mamá subía y me miraba para asegurarse de que estaba bien. No recuerdo haber comido, ni tengo memoria de nada más. Tan solo me sumergí en otro mundo con mi Barbie, un mundo que podía controlar. Al menos en esa casita de muñecas que mi mamá me había hecho a mano podía controlar lo que pasaba. Era hermosa. Tenía dos pisos y cuatro dormitorios. Ella elaboró una alfombra para cada habitación y pequeñas cortinas. Era algo increíble.

En Arkansas, exploraron el río en busca del cuerpo de mi papá durante días y jamás lo encontraron. Me preguntaba si tal vez los ángeles ya se lo habían llevado al cielo, y si era por eso que no habían logrado hallar su cuerpo. Mi mamá siguió trabajando. Yo seguí yendo a la escuela y la vida continuó. Yo era hija de una madre soltera, pero ahora mi papá estaba muerto.

Por alguna razón, ser hija de una madre soltera en los años 70 era un tabú. En especial cuando iba a la escuela privada donde todos los padres de los niños ricos seguían casados. Yo podía decir, "Sí, mi mamá es soltera porque mi papá se suicidó". De alguna manera eso era mejor que ser rechazada.

Mi papá tenía un hermano, el tío Louis. Él vivía en otro estado del país, pero de vez en cuando venía a visitarme y me traía pequeños regalos. Ahora sé que estaba viendo cómo estaba. También recuerdo que cuando tenía alrededor de 13 años, estábamos cenando en Wendy's. A mi mamá y a mí nos encantaba ir allá. Muchas veces, ella tenía que trabajar hasta bien pasadas las 5:30 y quedaba demasiado cansada para cocinar. Me encantaba poder pedir mi hamburguesa con queso solo con mostaza y una bebida Dr. Pepper. Con eso quedaba feliz. En esta ocasión fue diferente. Yo tenía una tos terrible y allá había dos hombres preguntando si yo estaba bien. Esther no pensó mucho en ese suceso hasta que aparecieron en nuestra casa un par de semanas después. El timbre sonó y he allí los dos hombres de Wendy's vestidos con abrigos negros largos. Mi mamá tenía miedo porque no sabía cómo nos habían encontrado. Ella preguntó cómo nos habían ubicado y respondieron que estaban muy preocupados y que entonces habían anotado la placa del auto y que así nos habían encontrado. Esto sucedió mucho antes del internet. Ellos habían venido a verme para ver si estaba bien y querían fotos mías.

Mi mamá no tardó en preguntarles quién los había mandado y le pidió que se fueran. Jamás los volvimos a ver. Más tarde nos enteramos que eran del cartel.

Una vez en mi escuela secundaria hubo una alerta de secuestro en mi contra. Recuerdo que me enviaron a la oficina del director y esperé allí hasta que la costa estuvo despejada. Yo todavía pensaba que mi papá estaba muerto, y no tenía ni idea de que todo se debía a que él todavía estaba vivo.

Mira, toda mi familia vivía en England, Arkansas (USA) y allí las noticias se regaban rápido. Cuando me desperté el Día de Acción de Gracias, justo después de cumplir 15 años, me topé con el artículo que ya te mostré. Está bien, puedes retroceder un poco y leerlo de nuevo. Eso pondrá toda mi historia en perspectiva. Gary Wayne Betzner imputado por posesión de 1.000 kilos de cocaína en Lake City (Florida, USA). Ahora todo tenía sentido e indicaba que él estaba vivo. Por eso había sido que no habían encontrado a nadie en el río al buscarlo allí durante días. A eso se debía que mi tío viniera, me comprara regalos y quisiera pasar un rato conmigo. Esa era la razón por la cual dichos sujetos raros habían querido una foto mía.

Mi papá era un importante traficante de drogas, y estaba directamente involucrado con el escándalo conocido como "Irán-Contras". En los próximos capítulos te contaré todo y te compartiré sobre su loca vida mientras mi mamá me criaba. Todo eso constituyó la base de la manera en que comencé a procesar lo que sentía acerca de mí misma. He pasado más de 40 años tratando de volver a juntar las partes de esa pequeña niña de nuevo, y a través de esta travesía en este libro, podrás ver mi reparación, ya que por fin me ¡amo a mí misma!

CAPÍTULO 2

LA HISTORIA SE REPITE A SÍ MISMA

Ahora que tienes una idea de por qué quería escribir este libro, puedo llenar todos los espacios en blanco. Mi papá nació bajo una maldición generacional y todo indicaba que él no podía romper su ciclo. Mira, eso es lo que tiende a suceder hasta que ves quién eres de verdad y la razón por la cual fuiste creado. El cómo, el por qué eres como eres, y la forma en que el mal o lo malo que estuvo presente mientras crecías, jamás tuvo la intención de definirte.

Yo todo me lo tomaba personal y desde temprana edad decidí que era culpable de que mi papá se hubiera ido y de que en realidad él no me amara de la manera en que se supone que un papá ama a un hijo. Esto provocó un agujero en mi ser, el cual intenté llenar durante años, hasta que entendí que su desamor o su partida no tenían nada que ver conmigo.

Eso estaba relacionado con el hecho de que él no pudiera reflexionar sobre su pasado y convertirse en una mejor persona al hacerlo. Tuve la suerte de tener una mamá que siempre me animaba a acudir a terapia cuando yo estaba joven. Ni fue sino hasta que llegó mi nueva hermana que me di cuenta de que esa duda que había estado cargando conmigo, no se debía a que no era suficiente. Era producto principalmente de la falta de amor y protección que sentí de niña y adulta por parte de mi padre.

Ella me mostró que en realidad un narcisista no puede tener la capacidad de amar a nadie más que a sí mismo. Su falta de amor no tenía nada que ver conmigo. Por fin comprendí la diferencia: mi papá se había ido, no me había dejado. **VOY A DECIRLO DE NUEVO, Y SI COMPRASTE ESTE LIBRO PARA SANARTE, ESCRIBE ESTA FRASE Y PÉGALA POR TODA TU CASA:**

MI PAPÁ SE FUE, ¡NO ME DEJÓ!

En otro capítulo, te contaré todo acerca de los cuatro nuevos hermanos de los que jamás había tenido conocimiento, sino hasta que me hice un ADN de ascendencia. Me refiero a Malibu. ¡Vaya la bendición que Dios me dio a través de ella! No hay duda de que Malibu me ha ayudado a ver la luz de verdad. ¡Qué regalo!, una hermana del mismo señor. ¡Ja,ja,ja!

He intentado reconstruir la infancia de mi papá, pero solo tengo fragmentos que me han compartido algunas personas de su familia. Mi abuela Pauline era una mujer de gran estatura. Con base en lo que he escuchado, ella era parte de la alta sociedad y era una persona maravillosa.

Pauline se casó con un hombre llamado Zenard. Él trabajaba en los almacenes Sears y Roebuck General Store, y abusaba mucho de ella y de los dos niños que tenían juntos. Mi papá tiene un hermano menor. Digamos que su nombre es

Louis. Él era cinco años menor que mi padre. Mi papá siempre fue el "duro". Escuché un relato que data de cuando mi padre tenía alrededor de 6 años. Él escondió un pequeño bate de béisbol detrás de la puerta. Él sabía que su papá iba a golpear a su mamá. Así que esperó para poder golpearlo en la parte posterior de la cabeza y hacerse cargo de su mamá. Luego de haberle dado una paliza a su esposa, Zenard fue a golpear a mi papá, que tenía apenas 6 años. Su papá, por supuesto, lo atrapó y lo golpeó de manera brutal para enseñarle cuál era su lugar. El abuso fue tan grave que mi papá no recuerda que esto haya pasado. Pero la golpiza fue tan contundente, que estoy segura de que hubo huesos rotos. Mi tío dice que recuerda que él se escondió debajo de la casa. Él tenía dos años y alcanzaba a escuchar los gritos. Se quedó ahí abajo hasta el anochecer para que a él no le pasara lo mismo. No alcanzo ni a imaginar lo aterrador que debe haber sido para un bebé esconderse solo debajo de una casa húmeda y fría.

Creo que haber visto todo ese abuso y estar indefenso, fue el comienzo de la disociación de mi papá de sus sentimientos. Y por ende, ese fue el nacimiento de un narcisista. La definición de narcisista es **"una persona que piensa que el mundo gira alrededor de ella"**. Yo siento que él asumió que el abuso de su madre era su culpa y que él era demasiado débil para protegerla. Sintió rechazo proveniente de su padre a un nivel profundo y en su interior no tenía un espacio seguro para explorar por qué. Ya sea que tu papá te haya pegado, no haya estado presente a nivel emocional o haya estado ausente físicamente, todos creamos diferentes tipos de mecanismos de afrontamiento para sobrevivir. Esto sucede hasta que por fin comprendemos que tenemos un Padre en el cielo que nos ama sin condición alguna y ¡que jamás se va para ninguna parte!

Pauline y Zenard se divorciaron poco después de ese evento. Ella se llevó a los niños para que vivieran con sus abuelos. Mi tío me comentó que le gustaba mucho estar allá y que se sentía seguro. Vivieron allí más o menos tres años. Yo creo que para entonces mi papá tenía 10 años y mi tío 5. Los padres de mi abuelita estaban casados y tenían una granja. Según escuché, eran gente sencilla, buena y honesta. Tenían gallinas y vacas y cada año mataban un cerdo para contar con su carne en el invierno. Mi abuelita —Nanu— tenía 16 años y su esposo tenía 32 cuando se casaron. Cuando me enteré de ese dato, vomité un poco ¡porque parece algo asqueroso! Luego pensé en la época. Eso sucedió a finales de 1800. Las cosas eran muy diferentes en ese entonces. ¿Quién soy yo para juzgar? Ellos permanecieron casados durante 50 años y criaron a una mujer increíble (mi abuela).

Zenard era un guardia en la cantera de roca. Cuando recién se casaron, él era un jugador de póquer. Una mañana después de casarse, se fue en un vagón vacío durante dos semanas. Cuando llegó a casa, volvió con un carro lleno de muebles para su nueva esposa. Se mudaron a su nuevo hogar e iniciaron su vida. En realidad, eso es todo lo que sé sobre ellos. Se quedaron viviendo allí hasta que mi papá tenía alrededor de 10 u 11 años, y luego Pauline se volvió a casar.

Mi abuelita se casó con un hombre llamado Bob. Él era mucho mayor que ella y era muy exitoso. Era dueño de una granja de 1.600 hectáreas. Jamás conocí a mi abuela, pero mi mamá me dice que era una gran artista y que era muy social.

Divorciarse siendo mujer durante los años 50, debió haber sido aterrador. Eran pocas las mujeres que trabajaban fuera del hogar. Y allí estaba ella a sus 20, divorciada y con dos niños pequeños en Arkansas (USA). Estoy segura de que debe haber sido realmente difícil y pavoroso. Cuando se casó con Bob, ella lo amaba, pero también sabía que él podía darles estabilidad a los niños.

Mi papá me contó que uno de sus recuerdos de infancia es el de una conversación que escuchó entre su mamá y su padrastro. Él le dijo: "Ellos no llevan mi sangre, pero voy a cuidarlos porque son tuyos. Quiero tener mis propios hijos contigo". El ciclo de rechazo hacia mi padre continuó, esta vez por parte de otro papá. Puede que este hombre no lo haya golpeado físicamente, pero estoy segura de que a nivel mental, todo le dolió mucho a mi papá.

Bob y Pauline tuvieron dos niños juntos. Con el ánimo de mantenerlos anónimos, digamos que se llamaban Fred (ya fallecido) y el otro Peter. Con el paso del tiempo, Peter se hizo cargo de la granja de su papá pues recuerda que Bob siempre decía: "La sangre es más espesa que el agua y ustedes dos, muchachos, no son mis verdaderos hijos porque ahora ya tengo hijos de verdad".

Según me cuenta mi mamá, Fred, el más joven, era increíble. Era muy talentoso a nivel musical y era divertido. Era el más parecido a su mamá. Siempre era social y súper extrovertido. Era unos 10 años menor que mi papá.

Cuando mi mamá estaba embarazada de mí, Fred saltó de un bote a un lago poco profundo. No sabía qué tan profunda era el agua y se fracturó el cuello. Mi mamá en embarazo, iba a sentarse al hospital todos los días. Ella quería mucho a Fred. Su matrimonio con papá ya estaba tan difícil que ella hallaba paz estando en el hospital. Me relató que rompió fuente allá. Cuando yo nací, tenía el cordón umbilical enrollado alrededor de mi cuello. Ella dijo que había sido porque había estado sentada en la silla del hospital todos los días, con la esperanza de que Fred se recuperara. Eso jamás sucedió. Murió poco después.

Esta fue la segunda muerte cercana que tuvo mi papá en un solo año. Estoy segura de que eso se sumó a su inhabilidad poder amar a un niño de verdad, porque nunca aprendió habilidades reales de afrontamiento. Yo fui concebida en el mes de noviembre, y fue en ese mismo mes que mi abuela Pauline murió en un accidente automovilístico. Ella iba manejando para entregarle un pastel a alguien con motivo del día de Acción de Gracias, y se topó con un charco de lluvia. El automóvil se hundió en una zanja y ella murió al instante.

Mi mamá y mi papá se mudaron a la casa grande justo después de que muriera Pauline y luego vivieron en un tráiler en Hazen (Arkansas, USA). Justo unos días después del fallecimiento de ella, mi papá se enloqueció. Fue a casa y le dijo a mi mamá: "Tenemos que quedar embarazados. Quiero tener un bebé y ponerle el nombre de mi mamá". Así es, mi verdadero nombre es Pauline.

La historia es esta. Mi papá ya había estado engañando a mi mamá. Ella estaba lista para dejarlo, pero él insistió en embarazarla. El objetivo era aliviar su dolor por la muerte de su madre y su hermano. Eso es lo que hace un narcisista, siempre piensa en lo que lo puede ayudar, y él no cayó en cuenta de que mi mamá también había perdido a dos personas a las que quería mucho. Esa no es una razón para tener un bebé, pero así es como funcionan las mentes de los narcisistas. Piensan en lo que les resulta más conveniente a ellos.

Sé que todo esto se remonta a su crianza. De niño, nunca lo pusieron en primer lugar. Sus papás jamás pusieron su bienestar emocional primero, así que aprendió a ser egoísta a temprana edad. No estoy excusando su comportamiento. Créeme, durante años lo puse en un pedestal que no merecía. Luego de atravesar los años de ira, tristeza y rechazo, por fin le permití a Dios que me guiara hacia el perdón y la verdadera paz.

Recibir esta revelación sobre todo esto, me ha ayudado mucho a sanar mi alma. Cuando fui concebida, mi papá volteó a mi mamá "patas arriba" y la sostuvo de los pies. Dijo que quería estar seguro de que todo llegara hasta el huevo. ¡Qué loco! Y allí en semejante situación estaba mi pobre mamá. Así que listo, 9.5 meses después de eso nací yo. Fui concebida en la cama de la mamá de mi papá, en su casa. Luego de la muerte de la abuela, se quedaron por un tiempo en la casa grande, así le decían. Solo puedo imaginar la felicidad y el resentimiento que mi mamá debió sentir. Todavía era muy inocente y sabía que quería salir de allí, pero también quería una pequeña compañía (es decir, me quería a mí) para que estuviera con ella en su travesía.

Su matrimonio fue tortuoso desde el principio. Por eso supongo que es hora de contarte su drama para que puedas profundizar un poco más en la psicología de mis pensamientos. En el próximo capítulo te relataré lo historia dulce y triste de por qué ella terminó casada con un imbécil como mi papá.

Dicen que el amor es ciego, y también lo es el dolor hasta que deja de serlo...

A ellos los presentó una buena amiga de mi mamá en Arkansas. Papá era súper apuesto. Tenía el cabello castaño claro, peinado a la perfección y unos hermosos ojos avellana. Podía quitarle los pantalones a cualquiera. Ahora que ya he conocido a todos estos nuevos hermanos, no hay duda de que años antes de conocer a mi mamá quitó muchos interiores. Medía 1.65 y era un piloto exitoso. En el condado donde vivía, era masón shriner y presidente del congreso del senador Dale Bumpers. Para una jovencita de pueblo, él daba la impresión de que era muy inteligente.

En una de sus primeras citas, él llevó a mi mamá a volar. Cuando mi mamá era pequeña y vivía en una granja en las afueras de Woodson, Arkansas, solía acostarse boca arriba en los campos de algodón y ver los aviones volando. Me contó que pensaba para dónde iban esas personas y cómo era su vida. Era una pequeña granjera que soñaba con una vida mejor. Ese fue el comienzo de su historia de amor con la aviación. Quería ir a cualquier lugar que fuera diferente al sitio donde estaba.

Cuando ella y Gary se conocieron, ella todavía vivía con sus padres en England, Arkansas (USA). Mi mamá era la gerente del almacén Kroger del sector. Hoy en día todavía escucho que ella era muy precisa con respecto a los números y las proyecciones de crecimiento para el almacén. Su mentalidad empresarial ya era impecable. Esto fue algo que le pareció muy atractivo a mi papá. Sabía que ella sería una gran socia para su negocio, que podría llevar los libros contables y mantener el negocio marchando a la perfección. Desde el principio, sus pensamientos no tenían que ver con que ella fuera muy hermosa o con cuánto le gustaba su novia, sino con lo que ella podía hacer por él.

Cualquier matrimonio exitoso de verdad siempre tiene que ver con el servicio a la otra persona. Su relación estaba condenada desde el principio. ¡Buen punto! Gracias a Dios que ella no sabía en esa época lo que sabe ahora, o yo no estaría aquí escribiendo este libro que espero le ayude a millones de personas.

Ellos tuvieron algunas citas. Luego, en una de sus salidas, mi mamá le dijo que no tendría sexo con él, y él la obligó. A esto se le llama violación. En ese entonces no se hablaba de este tipo de cosas. Si como mujer tuvieras mucha vergüenza por causa de problemas no resueltos, te culparías a ti misma por semejante tipo de actos inimaginables. Eso fue justo lo que hizo mi mamá: se culpó a sí misma por la violación. Simplemente metió todo su dolor hacia adentro, no le contó a nadie y terminó la relación con él.

Luego de que dejaron de verse, ella comenzó a salir con otras personas. Empezó a salir con un hombre justo después de terminar con mi papá. De hecho, se comprometió con él poco después de que comenzaran a salir. Él estaba estudiando en Little Rock (USA) para ser médico. Era de Irán. Desde el principio estaba muy enamorado de mi mamá. Tras unos meses de noviazgo, él le propuso matrimonio. Mi mamá aceptó a regañadientes. Ella pensó: ¡esta opción es mucho mejor que Gary!, y consideraba que por fin saldría de su pequeño pueblo. Dos semanas antes de la boda entre mi madre y este hombre, volvió a aparecer mi papá. Supongo que a ella jamás se le ocurrió que no tenía que optar por hacer ni una cosa ni la otra. ¡Podría haber esperado al plan C!

Si actualmente estás en una relación tóxica, antes de salir con alguien, tómate un tiempo para sanar. Hazte una pregunta sencilla: ¿Qué es aquello que está en mi interior que me hizo elegir a una persona que no me trató de la mejor manera? Comienza a reflexionar y a cavar dentro de ti mismo, para que no incurras en la única opción que mi mamá pensó que tenía ¡CONFORMARSE!

Papá se había visto la película "El graduado", y después de verla supo que no podía dejar ir a mi mamá. Llamó a sus padres y les dijo que tenían que permitirle hablar con su hija, que ella no podía casarse con el otro tipo. Así que ellos dos hablaron tarde esa noche. Él le dijo: "Mañana iré a buscarte temprano, solo trae contigo tu cepillo de dientes y una bata". Aunque mi mamá por dentro estaba pensando ¿qué estoy haciendo?, prosiguió, e hizo justo lo que él le dijo. Empacó en su bolso su cepillo de dientes y su bata.

A la mañana siguiente, él apareció y les dijo a los padres de ella: "Voy a llevar a su hija a Oklahoma para que nos casemos, cuente con su bendición o no". Partieron y pasaron por el apartamento donde ella y su prometido iban a vivir juntos después de la boda. Se detuvieron en el camino de entrada al lugar y mi mamá entró sola. Ella sabía que su prometido estaba en la universidad y que podría dejar la nota y el anillo. Dejó ambas cosas, expresando cuánto lo sentía y se marchó.

A menudo me pregunto qué pasó con él. Le pregunté a mi mamá si él intento buscarla para verla. Él llegó al apartamento inmediatamente después de que ella dejara la nota. Pero mi papá y ella ya habían salido del estado. Su prometido fue a la casa de mis abuelos tratando detenerla. Incluso se puso en contacto con la policía estatal de Arkansas para bloquear las carreteras y frenarlos. Mi padre, que era piloto, la llevó a Oklahoma justo después de haber dejado la nota y el anillo, así que era una causa perdida. A menudo me pregunto si yo tendría una piel hermosa y un cabello oscuro, largo y espeso como las Kardashians, si ella se hubiera casado con él. ¡Ja, ja, ja!

Mi mamá y mi papá se fueron ese día y se casaron en Oklahoma (USA). Después de la boda, él comenzó a controlar a mi mamá y a todos y cada uno de sus movimientos. Primero se mudaron a un remolque en su hangar en medio de la nada, donde su negocio era fumigar cultivos. Él dejaba todo el día a mi mamá allá. En ese entonces no había celulares ni internet.

Mi mamá había trabajado durante muchos años en Kroger para poder ahorrar el dinero suficiente para comprarse el automóvil de sus sueños. Ella consiguió el carro justo antes de que se ambos se unieran. El carro que compró mi mamá era un Mustang 65 verde bosque con puerta trasera. Inmediatamente después de casarse, fueron a varios concesionarios de automóviles. Mi mamá le preguntaba a mi padre: "¿Por qué estamos vendiendo mi carro y no el tuyo?". A él no le importaba que ella amara ese auto y que fuera su sueño. La convenció de venderlo para pagar las deudas que había contraído antes de casarse. Ella estaba impactada y quería ser una buena esposa, así que accedió a pesar de que hacerlo la desgarraba por dentro. Él empezó con el ciclo de abuso desde el principio. El aislamiento por parte de un abusador, siempre es un componente clave para despedazarte. Él hacía pequeños comentarios sobre su apariencia y se burlaba de la manera en que ella lucía. Mi mamá todavía tiene luchas con amarse a sí misma tal cual es, y lo que te cuento sucedió hace casi 50 años.

Mi mamá ya era muy insegura. Desarrollar sus pechos a los 11 años y ser pelirroja en un pueblo pequeño, sin duda puede afectar tu autoestima. Lo que procuran los abusadores es hacerte sentir que jamás podrás ser mejor de lo que eres. Por lo tanto, te destrozan la autoestima capa a capa hasta que no te queda nada y te pisotean.

Luego de seis meses de casados, ella quedó embarazada de mí. Me dijo varias veces que él venía y le decía que se deshiciera de mí. Una de las mujeres con las que la engañó era una mocosa que vivía a costas de sus padres en un pueblo vecino. Ella sabía que mi mamá estaba embarazada, y tanto ella como la mejor amiga de mi mamá, que se tiraban a mi papá, le decían a él que la hiciera abortar.

¡Qué terrible que mi mamá estuviera aislada en esta pista en un tráiler en medio del caos de "Egipto", y que su única mejor amiga se acostara con su marido! ¡Huy! Después de que nací, mi mamá ya estaba determinada a acabar con todo. Solo le bastaron algunas escenas peores para marcharse.

Yo he hecho terapia durante años. Un ejercicio que realicé fue el de regresar a mis primeros recuerdos de niña. Recordé el tapete de lana marrón, los paneles de madera en las paredes. Las sábanas de mi cuna eran rosadas y yo estaba allí muy asustada. Esa fue la noche en que mi mamá no aguantó más. Ya había sido suficiente. Cuando él llegó a la casa, ambos pelearon porque ella lo confrontó al fin por tener amoríos. Él lo negó y comenzó a golpearla. En ese momento, él amenazó con alejarme de ella y advirtió que jamás me volvería a ver. Ella entró en mi habitación y me sacó de la cuna, y se apoyó contra la puerta para que él no pudiera entrar durante toda la noche, mientras me abrazaba muy fuerte. Yo recuerdo ese evento y solo tenía 9 meses.

Algunas personas no creen que uno pueda recordar cosas que ocurrieron hace tanto, pero yo sí. La estructura celular en tu cerebro puede tener lo que yo llamo moretones por causa de un trauma. Esta huella en tu mente te conduce a personas y lugares que sabes que no son buenos para ti, pero que te resultan familiares. Eso sucede hasta que sanas de verdad el pasado, al ver de dónde vienen todas las piezas de tu vida y por qué. Entonces vas a poder comenzar a curar los moretones y a tener belleza en lugar de cenizas. Tú puedes ayudarles a otros a que no comentan los mismos errores que tú, cuando archivas tu pasado de manera correcta y donde le corresponde. Tu pasado no te tiene que definir.

A partir de esa noche, ella planeó su escape.

La estocada final llegó cuando mi mamá se fue el fin de semana conmigo para ir a visitar a sus padres. Cuando regresó, mi tía llamó y le contó que el automóvil de mi papá había estado estacionado afuera de un hotel en la ciudad todo el fin de semana, en compañía de la tipa aquella de padres adinerados. No había nada que decir. Mi mamá ya estaba harta. Cuando estés enfermo y cansado de estar enfermo y cansado, lo sabrás...

Al día siguiente, cuando mi papá tenía que irse a fumigar durante el día, ella empacó algunas cosas en el pequeño auto de mierda con el que había tenido que conformarse. Me llevó a mí y tomó consigo lo poco que tenía hasta la casa de una amiga, lugar en donde nos quedamos hasta que pudo conseguir un trabajo. No fue a su casa paterna debido a todos los moretones que tenía. Ese fue el comienzo de "solo Esther y yo".

CAPÍTULO 3

¡LOS ABUELOS! LA ABUELITA Y EL ABUELITO

¿Cómo podría describir a mi mamá? ¿Sabes qué? Ella se merece su propio capítulo. Estableceré las bases de cómo se convirtió en la persona que es en el próximo capítulo. Cuando asistí a la universidad de Orange Coast (California) en 1987, escribí una historia llamada "El sexo culpable y mi niña pequeña".

También fue la primera vez que escribí sobre la historia de abuso de mi mamá y de la mía, las cuales había ocultado durante muchos años. La única vez que hablé sobre lo que pasó con mi papá fue a los 17 años, cuando redacté el artículo en Nueva York durante la clase de psicología. He aquí un patrón. Yo solo podía plasmar en papel lo que sentía, sin lograr expresarlo con palabras al hablar con otra persona. Cuando escribía podía decir todo lo que sentía y tenía por dentro, sin tener que ser vulnerable frente a otro. Ahora soy mayor y no me importa tanto. No hay duda de que ya no tengo vergüenza. Sé que la razón por la que este libro ha tardado tanto, es para que todas las experiencias que he tenido puedan estar reunidas para ti. Procrastiné tantos años por pensar que no se trataba de una historia importante.

Mi abuelita, "la segunda mujer más increíble del mundo", —la mamá de mi mamá—, tuvo un pasado triste. A lo largo de mi historia, hay muchos patrones repetidos, y este es uno de ellos.

Si tomas un descanso en este momento, tal vez puedas comerte un refrigerio o tomarte un café. Date un espacio y piensa en tu propia vida. ¿Tiene patrones repetidos? Inicia la búsqueda del punto donde comienza dicho patrón. ¿Cuál fue la raíz o el inicio de cierto patrón, el cual fue una trampa para que no tuvieras la vida que Dios te prometió?

Nosotros fuimos creados para ser fructíferos, alegres, y para tener abundancia. Como cuando haces sopa. Sabrá suave y asquerosa, a menos que comience con un gran caldo. ¡Todos somos un gran caldo! ¡Somos hijos e hijas del Creador del universo! Lo que pasa a veces es que en nuestro caldo teníamos verduras podridas. Esas tenemos que sacarlas de nuestra vida — en todo el sentido de la palabra—. De modo que la sopa, conocida también como nuestra vida, pueda ser como siempre debió ser. Eso es lo que quiero para ti, una vida hermosa, pero primero indagaremos un poco para que puedas deshacerte de lo que hay en tu vida, y que no es útil para la vida para la cual fuiste diseñado y que debiste tener desde el principio. ¡El lado de mi mamá era el mejor caldo!

Bueno, retomemos el tema de mi abuelita a quien yo le digo Meme. Ella nació en Mississippi (USA). Era hija de un trabajador del ferrocarril. Él era un hombre dado a laborar, pero se ausentaba demasiado. Supongo que la pareja recuperó mucho el tiempo había perdido sin poder estar junta, y por eso tuvieron 9 niños. Ella era una de esos nueve y era la menor. Su madre murió cuando ella tenía dos años. Su papá estaba abrumado con tantos niños, y no podía cuidar de ella, ni de su hermano mayor que tenía 4 años. Los envío a ambos en un orfanato del estado y pagó para que pudieran quedarse allí todos los meses sin ser adoptados. Mi abuelita estuvo allí hasta los 4 años, es decir, un poco más de dos años. Su papá publicó un anuncio en el periódico en busca de una novia: Su clasificado decía: "Se necesita una novia para ayudar a criar a mis hijos pequeños. A usted y a sus hijos se les proporcionará un hogar, a cambio de la crianza de los niños y del mantenimiento de la casa". La Señora Nancy fue quien respondió a la solicitud del clasificado por correo.

Ella tenía dos hijas que trajo al matrimonio. Para entonces, mi abuelita tenía casi 5 años, y su hermano mayor tenía 26, y ya se había ido de la casa. En el hogar quedaban 5 niños, 3 del trabajador del ferrocarril y 2 de la señora Nancy. Mi Meme era la única niña del lado de mi bisabuelo. Tan pronto se casó, él volvió a trabajar en el ferrocarril y mi abuelita se quedó en casa con una mujer que a duras penas conocía. Lo que deduje a lo largo de los años, fue que la trataron como Nelly Olson trató a la dulce Laura Ingles en el programa de televisión "Little House on the Prairie". Mi Meme adoptó un espíritu de huérfana desde muy chiquita.

Un espíritu huérfano es algo con lo que muchas personas luchan, tanto en el cuerpo de Cristo como en el mundo.

Cuando Adán y Eva eligieron desobedecer a Dios en el huerto del Edén, el pecado entró al mundo. Lamentablemente, esa desobediencia provocó una separación entre Dios y el hombre.

Todos hemos oído hablar de la ansiedad por separación. Es real. Cuando separan a un bebé de sus padres, es frecuente que experimente un gran miedo. De hecho, esta es una reacción normal que se evidencia cuando aquellos a quienes ha conocido como protectores/cuidadores ya no están con él/ella.

De igual manera, cuando el hombre eligió darle la espalda a Dios, un miedo inesperado entró en la vida de las personas. Parecía que su protector y proveedor había salido de su presencia.

Lo que debemos saber acerca de Dios es que Él es misericordioso. Muy a menudo, cuando hemos hecho algo malo, tomamos el camino de Adán y Eva y retrocedemos, aislándonos de Dios y de los demás. Nos sentimos enajenados y solos. Pero la verdad es todo lo contrario. Dios nunca nos deja, nosotros lo dejamos. Dios es un caballero. Él nunca violará nuestras decisiones, incluso aunque vayan en contra de su mayor deseo: acercarse a nosotros. Cuando se toma una decisión equivocada, es bueno saber que Él es rápido para perdonar, si acudimos a Él.

Hay algo único en el papel de un padre en la vida de un niño. La relación padre e hijo es el corazón, el eje, el lugar desde donde se forma nuestra identidad, y debe ser una imagen saludable de la forma en que nuestro Padre celestial interactúa con nosotros.

Cuando uno es abandonado o rechazado por su padre terrenal, se crea un profundo vacío. Esto a menudo nos

dificulta interactuar con nuestro Dios o con otras personas. Se quebrantó nuestra confianza y es preciso darle lugar a la sanidad. Conocer el amor del Padre es muy importante y necesario para cualquiera, ¡pues le permite funcionar como un ser humano saludable!

¿Cómo luce el espíritu de orfandad?

"Es un tipo de espíritu demoníaco que invade la mente de una persona causando una sensación de abandono, soledad, enajenación y aislamiento. A menudo se adhiere a quien ha experimentado un rechazo extremo en su vida. Una persona que opera con un espíritu de orfandad compensa tales sentimientos de inseguridad siendo impulsada por el desempeño, tornándose competitiva y trabajando de forma independiente. Lucha con la autoestima y le resulta difícil mantener relaciones saludables".

A menudo, tenemos una vida en disfunción por tanto tiempo, que no nos damos cuenta de que estamos luchando.

Hazte estas preguntas…

- ¿Actúo por inseguridad?
- ¿Estoy celoso de los logros y éxitos de los demás?
- ¿Sirvo a Dios para ganarme Su amor?
- ¿Me auto-medico retrayéndome de manera profunda?
- ¿Lucho con la autoestima?

- **¿Lleno el vacío trabajando de manera constante, a través de la gratificación, o con comportamiento narcisista y/o autocomplaciente?**

- **¿Me impulsa la necesidad de tener éxito?**

- **¿Uso a las personas para lograr mis objetivos?**

- **¿Rechazo a mis hijos biológicos o espirituales?**

- **¿Lucho con la ira o con ataques de ira?**

- **¿Estoy siempre en competencia con los demás?**

- **¿Me falta autoestima?**

- **¿Derivo mi identidad a partir de posesiones materiales, apariencias físicas o actividades?**

Si has respondido de manera afirmativa a varias de estas preguntas, es preciso decir que tal vez hay un problema cardíaco que necesita curarse de fondo.

Mira, lo opuesto a que uno sea abandonado es que uno sea adoptado. La adopción es algo muy hermoso.

Cuando un niño es adoptado, ya no se queda sin dinero. Ya no carece de nombre. En el mejor de los escenarios, se le otorga una identidad a través de una nueva familia, por medio de la cual será amado y apreciado. A menudo, en los casos de adopción, la familia que se le da, proporciona un cuidado mucho mejor que el que los padres hubieran podido ofrecerle alguna vez.

Cuando estamos operando en el espíritu de adopción...

- **Estamos seguros.**

- **Celebramos los logros de los demás.**

- **Experimentamos la aceptación.**

- **Llenamos vacíos emocionales por medio de un tiempo de intimidad con el Padre.**

- **Permitimos que el Espíritu nos guíe a nuestro llamado.**

- **Servimos a otros y brindamos oportunidades para que en Cristo, ellos crezcan en su propio destino.**

- **No usamos la ira, ni otras formas de manipulación para obtener lo que queremos.**

- **Bendecimos a los que nos rodean, compartiendo con libertad el amor del Padre con los demás.**

- **Nos amamos a nosotros mismos y desplegamos una autoestima saludable.**

- **Estamos cimentados en nuestra identidad en Cristo.**

¿Cómo consigo sanarme de algo que ha controlado mi vida durante tanto tiempo?

En primer lugar y como primer paso para sanar, hay que admitir que hay un problema.

Haz esta oración conmigo:

"Padre, admito que estoy luchando por conectarme Contigo de una manera saludable, debido al rechazo que he experimentado en mi pasado. Te pido que me perdones por asumir que Tú eras como los seres humanos que me han lastimado, y te pido que me ayudes a iniciar el

proceso de sanidad que tanto necesito. Te doy permiso para empezar a limpiar y erradicar de mi vida las cosas que me impiden recibir de verdad mi identidad, esa que viene de parte de un Padre celestial que me ama de forma incondicional. En el nombre de Yeshua, Amén".

https://www.curtlandry.com/is-the-orphan-spirit-operating-inmy-life/#.XoI8qm5FxMs

El link anterior te conduce a un hermoso artículo publicado por un ministerio tan dulce como el de Curt Landry y da en el clavo con relación al espíritu de orfandad.

Bueno, mi dulce Meme operó toda su vida en un espíritu de orfandad. Siempre sintió que en ella había algo que no estaba bien. Cuando su papá se fue a trabajar, Nancy no le prestó mucha atención, solo le daba lo básico y amaba a sus propias hijas. Esta situación siguió así durante toda su vida hogareña hasta que se casó con mi abuelo a los 16 años. Ten presente que desde pequeña había estado en un orfanato, literalmente. Luego, su padre se casó con una mujer que perpetúo ese abandono. Mi abuela sentía por dentro que no era suficiente.

Ella siempre giró en torno a la familia que creó. Mi abuelito era agricultor y vivían en una pequeña casa de campo en Woodson (USA) un lugar de 161 hectáreas que él cultivaba. Eran súper pobres. Mi mamá me contó que ni siquiera tenían baños, ni plomería dentro de la casa. Mi abuelita dio a luz a los 4 niños en ese lugar. Ese espíritu de orfandad la dominaba. Ella siempre estaba cocinando y limpiando, y jamás se tomaba un tiempo para sí misma. Ella era súper limpia y era una gran cocinera. Toda su vida se centró en el servicio a su familia. Lo cual, claro está parece perfecto, pero carece de equilibrio.

Cuando mi mamá tenía 16 años, se mudaron a England, una ciudad prometedora en Arkansas (USA). Mi abuelo visionó el futuro que tenía que ver con la comida rápida. Así que construyó una Delicia Láctea como el restaurante Dairy Queen. Mi mamá y su hermanito trabajaban allí. Esa fue la primera vez que mi mamá tuvo su propia habitación y fontanería interior.

La mayoría de mis recuerdos son de este lindo pueblito y de esa casa. England es una pequeña ciudad al sur de Little Rock (a 20 minutos de distancia). Bien podrían ser dos horas de viaje porque es muy rural. No hay duda de que England tenía su propia cultura. En todo el pueblo había una sola luz. Toda la ciudad, desde la Delicia Láctea hasta el mini mercado, se recorría en 5 minutos, conduciendo a 48 km/h. El pueblo se basaba en la ganadería y la agricultura. La mayoría de la gente conducía camiones y como residencia tenían hectáreas. Para muchos de ellos, cazar era una manera de vivir. Cuando yo iba allá, era la chica de la ciudad que llegaba al pueblo, como si fuera una anormal. El fin de semana, todos los jóvenes conducían hacia la parte alta del pueblo y hacían lo que se conoce como el bucle. Ya te puedes dar cuenta de que no teníamos celulares ni internet. Sabíamos que la mejor manera de averiguar qué estaba pasando allí, era conducir hasta ese lugar y dar la vuelta. En el momento en que veías a alguien conocido, saludabas o encendías las luces y ellos se detenían.

Yo empecé a conducir más o menos a los 13 años. Digamos que este pueblo era un poco indulgente con las licencias. ¡Ja,ja,ja! Tengo muchos recuerdos de England y de mi infancia. No aguantaba las ganas de llegar allá y de llamar a mis amigos para que pudieran llevarme a dar un paseo. Un recuerdo que tengo es que estaba manejando por el pueblo con mi prima y que ella conocía a un contrabandista del lugar.

Mira, a England le llaman un condado seco, lo cual significa que no hay licor. La licorera más cercana estaba a 16 kilómetros de distancia. Así que condujimos hasta la casa del contrabandista y encendimos nuestras luces. Yo tenía 14 o 15 años y él sacó una caja de malta de pato. Dios mío, eso sabe a vómito de frutas, ¡pero a mí no me importó!

Fuimos al cementerio a beber porque allá era tranquilo y nuestra familia tenía un terreno grande para que a todos nos enterraran algún día allí. Esto sucedió antes de que muriera la primera persona en la familia. Así que nuestra parcela estaba vacía. Hoy en día casi toda mi familia está enterrada allí, incluida mi dulce prima Laura. En el sur, la gente se prepara de antemano para la muerte y mis abuelos querían que todos estuviéramos juntos incluso al morir. De verdad que es algo muy tierno.

Después de que quedamos deshechos, como decíamos, nos enteramos de que había una fiesta en el río. Fuimos hasta allá y lo siguiente que supe fue que estábamos esquiando de noche en el río. Esta fue una de las cosas más tontas que hice cuando era joven. Gracias al Señor, no pasó nada porque ese río tenía caimanes, pejerreyes y serpientes. Dios siempre me protegió aunque en realidad no me lo merecía. Todavía amo esa pequeña ciudad a pesar de que toda mi familia, hijos, mi esposo y mi mamá están en California (USA).

Yo sigo considerando a esa casa como mi hogar a pesar de que se vendió después de que mi abuelito muriera hace más de 10 años. Cuando yo era hippie y estaba en la gira de "The Grateful Dead" en los años 80, siempre les daba a todos la dirección y el número de la casa de ellos porque sabía que iban a vivir allí hasta morir.

Ese fue el hogar de muchos de mis recuerdos de infancia junto a mi familia. Ellos vivieron allí durante más de 50 años. Estaba ubicada en medio acre y tenía un gran patio trasero. Todos los viernes santos, mi abuelo plantaba un gran jardín. Cultivaba maíz, pimentones, tomates, sandía, calabaza, habichuelas y era increíble.

Lo único hediondo eran los mosquitos. Venían en enjambres y me devoraban. Yo era muy alérgica. Dentro de la casa había tres dormitorios de tamaño normal y un baño. La situación se ponía interesante cuando toda la familia iba a la casa durante todos los festivos importantes, porque en total eran 17 personas. La sala de estar y la cocina estaban conectadas, y la mesa del comedor tenía capacidad para 10 personas ubicadas de manera cómoda. Cada Navidad y día de Acción de Gracias —hasta que cumplí 20 años—, mis primos y yo teníamos que sentarnos en la mesa de los niños en la otra habitación. Eso es bastante divertido. Había una jerarquía de adultos con respecto a nosotros los niños, pese a que ya éramos adultos también. La casa de mis abuelos estaba exactamente a 3 minutos caminando y a 1 cuadra de la Delicia Láctea. Mi abuelo iba hasta allá en carro ¡y casi nunca caminaba! ¡Ja,ja,ja!…

Mi mamá me contó que mientras crecía, mi abuelita jamás descansaba. Siempre estaba cocinando, limpiando o haciendo algo por sus hijos. Todos sus descendientes se quedaron cerca de ella. Mi tía Lois se mudó a la vuelta de la esquina y sus dos hijos se mudaron a 1.6 kilómetros de distancia y vivían uno al lado del otro. Como en realidad nunca había sentido amor de parte de su propia familia, mi abuelita creó para ella una familia muy unida. Eso es bastante sorprendente pues era una persona que no tenía ese modelo a seguir en absoluto.

Mamá y yo vivimos en Arkansas hasta que yo tuve casi 5 años y luego nos mudamos a 2 horas de distancia. Regresábamos a casa casi todos los fines de semana. Pasé muchos de mis veranos en Arkansas porque mi mamá tenía que trabajar demasiado. Laboraba para Federal Express y ascendía en la escala corporativa. Así que en los veranos era difícil encontrar quién cuidara niños. Mi mamá por fin estaba viviendo parte de su sueño; viajaba en avión para todas partes por motivo de negocios y lo hacía a nombre de Federal Express. Yo pasé cada día de Acción de Gracias y cada Navidad en la casa de mi Meme y mi abuelito hasta que cumplí 30 años.

Mi mamá empacaba los regalos de Santa Claus y los llevaba hasta Arkansas. Cada mañana de Navidad, durante toda mi vida hasta que tuve hijos e incluso unos años después, me desperté para ver lo que había traído Santa a la casa 504 NE de la primera calle. Sabía que era hora de levantarme porque olía la salsa de salchicha y las galletas. Recibí detalles de "Santa" hasta los 20 años, ¡Ja,ja,ja!

Todos los "Black Friday", mis primos, mi familia entera y yo íbamos de compras. Mi abuela mantenía un hogar perfecto con buena comida y trabajaba en la Delicia Láctea. Ella hacía todo lo necesario para poder comprar lo que quería regalarnos a todos en Navidad. Esa era la única vez que le veía tan feliz: cuando tenía la lista de Navidad y a sus hijos juntos para irse de compras.

Había un pequeño y lindo lugar de perritos calientes en el centro comercial llamado Mr. Dunderbachs. Todos los "black friday" íbamos allá. Ella se compraba una cerveza, lo cual era un gran acontecimiento para ella. Yo me emocionaba mucho porque allá había dos pisos, nosotros subíamos y poníamos todas nuestras bolsas de compras y comíamos nuestros pretzels y ella tomaba una cerveza, para proceder a reírse con la risa más dulce y decir: "Polly, me siento mareada. Ayúdame a bajar las escaleras". Todavía puedo ver su dulce rostro. Mis abuelos amaban al Señor. Mi Meme todavía se sentía un poco culpable por beber y por eso no lo hacía con frecuencia.

Con respecto a mí, noto que hago mucho por las personas, no siempre porque las amo, sino también porque siento que si lo hago, la gente me amará y nunca se irá. Ahora sé que la gente me ama sin importar lo que haga o deje de hacer. Desearía haberle dicho eso a mi abuelita. Que su casa no tiene que ser perfecta, que no tiene que cocinar todo el tiempo.

Ella hizo todo lo posible para demostrarnos su amor. También parte de ese espíritu de orfandad, se evidencia siempre en tratar de asegurarse de que las personas sepan cuánto las aman, en parte para que nunca se vayan tampoco. A pesar de que sabía que su Padre la amaba, seguía con la idea de que ella no era suficiente tal y como era; que necesitaba hacer algo para que le siguieran amando. Yo todavía tengo que tener muy en cuenta eso con relación a mis propios hijos. Esto es algo generacional que comenzó con la abuelita, luego con mi mamá y después conmigo.

Parte de la sanidad es darse cuenta. Saber te da el poder de hacer un cambio.

Ahora bien, es preciso destacar que la manera de ser de mi Meme era increíble y que ella mantuvo a nuestra familia súper unida. A medida que se hizo mayor tuvo muchos quebrantos de salud. Sus problemas de espalda se derivaban de tantos años de mover muebles para limpiarlos, cocinar todo el día y no pedir ayuda. Desgastó su dulce cuerpo. Desde mediados de los años 70 hasta que murió a los 83, siempre tuvo un gran dolor de espalda y artritis. Desearía haberla ayudado más hacia el final, pero estaba en mi propia travesía viviendo en California.

Jamás olvidaré el día que recibí la llamada donde me contaron que había fallecido. La habían internado en un asilo para ancianos. La noche que murió, soñé que me decía: "Polly, no fue mi intención acostarme a dormir y quedarme dormida".

Me desperté a la mañana siguiente por causa de la llamada. Mi abuelita se había ido para estar con Jesús. Estaba en el hospital porque tenía muchos problemas con el estómago. El lugar le dio morfina para el dolor, pero su cuerpo no pudo resistirlo y su corazón se detuvo. Mi mamá y yo éramos los únicos familiares que para entonces habían salido de Arkansas. Así que viajamos en avión hasta allá con mis dos hijos para asistir al funeral.

Seguí pensando y recordando toda mi vida. Iba y venía de allá, así que ir a England se sentía siempre como volver a casa. La mañana del funeral tuve una sensación tan extraña que tuve que ir a la funeraria antes de que abrieran. Eran alrededor de las 6 de la mañana. Mi pequeña Carmen tenía 7 años y era la noche anterior a la velación del cuerpo. Ella tenía puesto en el dedo un anillo que cambiaba de color según tu estado de ánimo. Carmen fue la última en ver el cuerpo conmigo justo antes de que cerraran el ataúd. Ella se quitó el anillo y lo puso en el ataúd junto al brazo de mi abuelita y dijo: "Meme, siempre estaré contigo". Los dueños de la funeraria cerraron el ataúd inmediatamente después de eso.

A la mañana siguiente, llamé a uno de mis amigos de infancia del pueblo y le dije: "Ven a recogerme Tengo que ir ya mismo a la funeraria".

Él llegó en pijama al instante. Eso es lo hermoso del sur: los amigos estarán allí para cuando los necesites, incluso si están enojados contigo. Nos fuimos para la funeraria. Hice que los dueños abrieran el lugar solo para mí. Creo que parecía una loca en pijama, sin maquillaje y con el cabello hecho un desastre. En un pueblo pequeño entienden que eso pase. Así que la señora abrió el recinto donde estaba el ataúd y encendió las luces.

Luego abrió el ataúd porque yo tenía que ver a Meme a solas una vez más. Allí, en su pecho y junto a su corazón, estaba aquel pequeño anillo. Nadie vio a Carmen ponerlo allí y el ataúd lo habían cerrado la noche anterior, justo después de que todos nos fuéramos. Sé que mi abuelita bajó del cielo y movió el anillo hasta allí, para mostrarme que estaba en paz y que siempre estaríamos en su corazón, incluso en el cielo.

Regresamos a casa manejando de manera frenética porque yo quería llegar antes de que los niños se levantaran, y teníamos que alistarnos para el funeral. Mi mamá estaba despierta y antes de que le contara lo que acababa de pasar, ella me dijo: "Polly, anoche tuve un sueño muy extraño con Meme".

Yo tenía los pelos de punta porque quería saber que no estaba perdiendo la cabeza y que en efecto, había visto lo que había visto. Ella continuó: "En mi sueño, la abuelita tomó el anillo que Carmen le puso al lado y se lo puso en el corazón". Yo empecé a llorar y le conté lo que acababa de pasar. Sin duda alguna, eso fue una confirmación. Ella era una persona tan desinteresada que incluso al morir, quería que todos fueran felices. Desearía que ella estuviera aquí para que leyera este libro y supiera cuánto la amaban todos.

Mi abuelo es el único hombre de toda mi vida en quien confié al 100%, y de quien tenía la certeza de que me amaba y me aceptaba de verdad. Cuando mi papá se fue, mi abuelito dio un paso al frente para ser como una figura paterna. En mi opinión, él no hizo nada malo que fuera muy diferente a algunas de las experiencias de mi familia con él.

Mi abuelo nació en Arkansas (USA) y su mamá murió cuando él tenía 11 años. Su papá construyó caminos por todas partes de Arkansas y Alabama. Papá era el menor y se la pasaba de carpa en carpa cuando era niño con su hermana mayor y con su papá. Mi abuelo se casó con mi abuela cuando él tenía 26 y ella 16 años.

Él trabajó como agricultor durante mucho tiempo. También estuvo en la marina algunos años y le escribía hermosas cartas de amor a mi abuelita en su ausencia. Cuando tenía más o menos 50 años, él decidió abrir la "Delicia Láctea" en England, Arkansas (USA). Mi abuelo era terco y era un hombre de pocas palabras a quien le encantaba el canal meteorológico y Fox News.

Cuando yo vivía en Memphis, (entre mis 5 y 16 años), mi abuelita venía a visitarnos. Vivíamos en un lindo y pequeño vecindario en Fox Meadowsm, un suburbio del pasado en Memphis. Ahora es un lugar muy gueto. En ese entonces tenía una piscina y una casa club impresionantes. Algunos de mis mejores recuerdos de niñez son de cuando ellos venían a visitarme. Mi abuelito y yo íbamos a la piscina y nadábamos. Recuerdo que incluso a los 70 años, él clavaba desde el trampolín.

Cuando regresaba a casa, retomaba el trabajo. Laboró todos los días hasta los últimos 4 años de su existencia. Tenía alrededor de 93 años cuando dejó de ir a la Delicia Láctea. Él conducía una cuadra para ir al local, hasta que un día golpeó un bote de basura y pensó que era un niño. Luego se dio cuenta de que estaba casi ciego y dejó de conducir. Era muy tacaño con el uso del dinero y realmente no quería que mi abuelita gastara dinero en cosas, lo cual creó mucha tensión entre los dos. Yo creo que el hecho de crecer tan pobre y con un solo padre le hizo temer quedarse sin dinero.

Uno de mis recuerdos más dulces fue cuando me llevó a la casa de Londres en England (USA). Antes, en el pueblo había una próspera calle principal con muchas boutiques lindas. Mi abuelo me dijo que escogiera algo. Yo no quería gastar demasiado, así que él fue quien eligió. Era un vestido de pana que usé durante años. Recuerdo que me lo ponía y me sentía culpable porque había recibido algo especial escogido por él, algo que nadie más había recibido. Le resté importancia a ese vestido y no lo usaba cuando estaba en England, tan solo para que nadie se incomodara. Hubo muchos celos con algunos de mis primos porque no había duda de que él tenía cierto favoritismo conmigo.

Creo que le daba pesar de mí. Yo minimizaba la cercanía que teníamos para evitar una confrontación o que alguien hablara de mí. Desde pequeña aprendí a complacer a la gente.

Ahora en retrospectiva, no era mi culpa que yo fuera más cercana a él que otras personas. Yo era una niña dulce, muy cariñosa y de chiquita siempre le decía lo genial que era y cuánto lo amaba. Si eres un favorito, a menudo te sientes culpable. Así que si te sientes identificado, entiende que tan solo tenías una conexión más fuerte con esa persona, y que eso está bien.

Mi abuelo vivió unos años más que mi Meme. Cuando ingresó al hogar de ancianos, se arrepintió mucho de no apreciar lo buena que había sido mi abuelita y lo duro que trabajaba. En realidad, nunca le dijo lo genial que era o cuánto la apreciaba hasta que ya fue demasiado tarde. Es por eso que tenemos que decirle a la gente en nuestra vida cómo nos sentimos para que no nos arrepintamos. Mi abuelo murió a los 98 años y lo enterraron justo al lado de Meme en England, en esa parcela en la que yo estuve de "fiesta" cuando tenía 14 años. Ya puedes ver que provengo de un grupo sólido que tuvo algunas dificultades pero que fue muy trabajador, temeroso de Dios y buena gente. Es sorprendente cómo una manzana podrida puede echar a perder todo el lote. Tal como mi papá…

CAPÍTULO 4

SOLO ÉRAMOS ESTHER JEAN Y YO: LA HISTORIA SE REPITE A SÍ MISMA SEGUNDA PARTE

Un gran consejo que me dieron hace mucho tiempo es que no debes olvidar nunca de dónde vienes. Recuerda siempre el dolor del que fuiste rescatado, pero no dejes que te defina. Permite que te libere para liberar a otros. Si el Creador del mundo puede hacernos a partir del polvo, imagínate lo que puede hacer con todas las experiencias que has tenido en la tierra, podemos ser despreciables o poderosos, la elección es tuya. Siéntate en tu "olla de la lástima" y quéjate, o levántate como mi mamá. A sus 77 años, todavía lo hace.

Como te conté antes, en mi primer año de estudio en el College Orange Coast Community (OCC, por sus siglas en inglés, N.T), yo escribí una historia llamada "El sexo culpable y mi pequeña Niña". En este capítulo, reescribiré un poco dicho relato desde una perspectiva más amplia.

Después de divorciarse de mi papá, mi mamá se sumergió en el trabajo. Se podría decir que era un poco adicta a trabajar, que era alguien que buscaba de manera insistente alcanzar todo lo que pudiera. Por lo general, cuando persistimos tanto en algo en nuestra vida, es porque estamos empujando hacia abajo alguna otra cosa de nuestra existencia, porque de lo contrario habría equilibrio.

Ella trabajaba todo el tiempo. Cuando yo tenía 7 años, recuerdo que mi mamá tenía un buscapersonas (localizador). Si perteneces a la generación del milenio, tal vez estés con cara de ¿un qué? Un buscapersonas era un dispositivo que llevabas puesto en tu cinturón o metido en tu bolso. El aparato emitía un pitido cuando alguien necesitaba que lo llamaras. El pito venía acompañado de un número. Entonces uno iba al teléfono público más cercano y devolvía la llamada. Mira que no teníamos teléfonos celulares para llamarte así no más. Una noche, mi mamá lo tenía consigo, y el buscapersonas sonaba y sonaba. Sin exagerar, el aparato pitó todo el día y toda la noche.

Mi mamá ayudó con el inicio de Federal Express. Todos los aviones de la compañía se cargaban por la noche desde el almacén de envío, y partían alrededor de la medianoche para que los paquetes pudieran entregarse en 24 horas. Mi mamá a veces recibía llamadas que decían: "Dejamos una carga en uno de los almacenes y tiene que despacharse en este último vuelo. ¿Puedes ir a recogerlo?". Así que me cargaba a medianoche y ella conducía hasta el almacén para recoger el paquete y llevarlo al avión.

Ella estaba completamente comprometida a ayudar a que esta empresa fuera un éxito. Pero esa noche, estaba harta.

Recuerdo que metió el buscapersonas en el inodoro. Estaba muy feliz porque se sentía libre. Claro que volvió a tener otro un día después, pero por lo menos tuvo un momento de libertad.

Ahora, permíteme retroceder un poco en el tiempo hasta donde mis abuelos para acomodar el escenario para Esther Jean. Fue allí donde comenzó gran parte de la disfunción. Yo lo llamo una maldición generacional. Mi abuelo era uno de tres hermanos (dos niños y una niña). Su mamá murió de forma prematura y los niños tuvieron que ser criados por el papá. Él se convirtió en una persona que trabajaba de manera excesiva y no les prestaba mucha atención a los niños. La hermana de mi abuelo fue víctima de abuso. Ella era la única niña en una situación aislada, así que supongo que por eso fue que el hermano de mi abuelo descargó su frustración sobre ella. ¡Nunca habrá una excusa para el abuso de ningún tipo! ¡JAMÁS! Solo estoy expresando su manera de pensar. Mi abuelo no tenía idea de la situación. Ese fue el comienzo de que mi abuelo no se conectara a nivel emocional. Se casó con mi abuelita, que de niña no había sido bien cuidada y tenía sus propios problemas. Ella no era emocional y lidiaba con su dolor limpiando y cocinando. De esta manera sus ojos quedaban cegados ante lo que estaba pasando frente a sus narices. A veces lidiamos con nuestro pasado de cierta manera y no somos conscientes de cómo eso puede afectar a nuestros propios hijos.

Mis abuelos tuvieron cuatro hijos en medio de la nada. Vivían en una finca y tenían un vecino con fama de ser un viejo sucio. Él fue el primer abusador de mi mamá cuando ella tenía apenas cuatro años. Cuando ella les contó a mis abuelos, mi abuelita lo sacó al patio y le iban a pegar. Mi mamá narra que él se tiró al suelo y comenzó a actuar como un loco. Le dijeron que se largara de allí y que no volviera jamás. Así fue. De niña, esto atormentaba a mi mamá porque nunca más pudo decir cómo se sentía o de qué manera se sentía segura. Esto la dejó expuesta a más abusos. Nota que los depredadores sexuales buscan la presa fácil, lo cual es algo horrible.

Al principio de su matrimonio, mi abuelo era alcohólico y cuando llegaba a casa descargaba su frustración con los niños y los primos que se quedaban a trabajar en la granja. Mi abuelo "elegía" más a uno de ellos en especial. Este primo a su vez, descargaba su frustración sobre la niña menor. Este fue el otro perpetrador de abuso sexual por parte de hombres en la vida de esta niña que era mi mamá. Incluso en semejante situación ella era muy generosa. Mi mamá comentó que él no la lastimó. Ella sabía que eso estaba mal, pero también sentía lástima de él. Mi abuelo se metía mucho con él y a ella le daba pesar del primo. Esto continuó por un tiempo hasta que un día su hermana se enteró, y le dijo que era una niña sucia. Allí fue que comenzaron la vergüenza y la culpa para ella.

Luego de que su primo hiciera eso, su abuelo comenzó también a abusarla, es decir, el papá de mi abuelo. Él aparecía en la granja y traía golosinas solo para mamá, y le preguntaba a la abuelita si podía llevar a mamá a dar una vuelta en el carro. Mi abuela estaba lidiando con su propio tormento interior y ni siquiera se daba cuenta de que eso le estaba pasando a su niña, así que la dejaba irse con él. Cuando mi mamá fue a terapia, recordó que fue presa de abuso sexual desde los 3 hasta los 11 años.

En realidad, el abuelo jamás se volvió a casar, así que se aprovechaba de una niña inocente porque sabía que podía hacerlo. También podía sentirse como un hombre porque era impotente y una niña pequeña no iba a notar la diferencia. ¡Qué enfermizo! pero así es como operan los depredadores: encuentran a las personas dulces. Así trabaja el diablo: es una serpiente escurridiza que encuentra a alguien que se puede devorar, y trata de arruinar su llamado y su vida.

Todo esto bloqueó la mente de mi mamá para que sintiera que en ella había algo que estaba mal, que no merecía amor y confianza de verdad. Ella nunca le dijo nada a mi abuela. Mi Meme acaba de enterarse del primer caso de abuso. Y para ese entonces, mi mamá estaba demasiado avergonzada como para decirle a alguien que algo semejante había vuelto a suceder. Mi mamá sabía que mi abuela estaba ocupada cocinando para toda la familia y administrando la casa, así que nunca volvió a decirle nada hasta que cumplió 40 años. Tu voz importa, así que si te ha sucedido algo así o te está sucediendo en este momento, busca a alguien a quien le puedas contar. ¡TÚ IMPORTAS!

La manera en que la historia se repite es extraña, incluso si odiaste aquello que te pasó. Esa es la razón que impulsa este escrito, para que hagas un inventario de los hechos que te han sucedido en tu vida.

Presiona el botón de pausa, recibe una consejería real y por ignorancia, no cometas los mismos errores en tu vida. La ignorancia no es estupidez. Solo significa que tienes un punto ciego. Somos víctimas de la mayor parte del mal que nos ocurre de niños. Eso podría definirnos, a menos que elaboremos de manera correcta tales acciones y entendamos que no es culpa nuestra y que con nosotros no hay nada mal. Éramos niños inocentes en una situación que no creamos, ni nos merecíamos.

Yo escribí el artículo en la OCC, cuatro semanas después de que mis ojos se abrieran. Un señor llamado Don vino a mi clase de sexualidad humana con la Dra. Mona Coates. Él comenzó a relatar la historia de su infancia y crecimiento, y de lo que había sucedido. Narró que de niño, lo llevaban al granero y que él se transportaba en los haces de luz de allá afuera cuando lo abusaban. Fue presa de abuso por parte de los miembros de su familia allí. Él aprendió a desconectarse en tales momentos y a no sentir. Tuvo muchas relaciones fallidas hasta que sanó a su niño interior. Contar su historia para darnos libertad a los que todavía estábamos en la oscuridad, se convirtió en su misión de vida. Creo que él fue enviado por el Señor para ayudarme a liberarme de mi vergüenza. Dios es un Dios de orden y del momento perfecto. No creo que yo hubiera podido lidiar con tal asunto mientras vivía en Memphis. Al estar en California sentí mucha más paz y libertad para hablar de mi pasado. Por eso apareció el profesor. Cuando el alumno está listo, el profesor aparece.

Cuando él empezó a contar su historia, yo rompí a llorar como nunca antes lo había hecho. Después de clase me acerqué a él con mi falda hippie blanca larga, sin zapatos y con trenzas, y le dije lo valiente que era. Mientras hablaba, él notó que yo no podía dejar de parpadear. Indagó un poco sobre mi infancia. En ese momento yo no tenía recuerdos de nada excepto aquellas cosas que sabía de mi padre y sobre todo ese drama. Me preguntó si me gustaría tener una sesión gratuita con él en su oficina para recibir consejería. Yo tenía 19 años y jamás había recibido consejería, así que pensé que aceptar sería genial.

Recuerdo que regresé a mi casa y le conté a mi mamá la historia de Don. Ella se conmovió mucho y me dijo que era bueno que asistiera a la consejería. Mi mamá acababa de comenzar a asistir donde un consejero también y estaba empezando a recordar su pasado.

Ella creció en esa granja y cargó con todas esas cosas horribles que le sucedieron y jamás le contó a nadie. Llevaba a cuestas toda esa culpa y vergüenza en su interior, y solo hacía sus deberes, agradecida de tener un hogar. Cuando se mudó a England, (Arkansas, USA) a los 13 años, se puso a trabajar y tenía muchos amigos en la escuela secundaria. Era una buena jovencita y solo tuvo un novio allí, y salió con él hasta que el muchacho partió a la guerra. Luego se casó con mi papá, se divorció y me tuvo. Cuando no resolvemos lo que nos pasó de niños, internalizamos o externalizamos. Mi mamá hizo ambas cosas.

Siempre hemos sido Esther Jean y yo, las de la Delicia Láctea. Yo fui a la oficina de Don el día acordado. Recuerdo que llegué y estacioné en el parqueadero mi Jeep Wrangler 87 dorado con toneladas de calcomanías hippies. Ese era mi bebé. Había viajado más de 96.500 kilómetros en un año y medio en pos de la banda "The Grateful Dead". Yo estaba tan nerviosa cuando entré en la oficina de Don que no tenía idea de qué esperar.

LOVE YOUR
MOTHER

Esta era mi chica dorada, la que en tres años me llevó a casi 50 estados.

Cuando entré en la oficina pude sentir que se me cerraba la garganta. Sentí un miedo y una ansiedad abrumadoras por causa de lo que iba a suceder. Él me sentó y me preguntó por qué era que su historia me había tocado de manera tan profunda. Yo no tenía ni idea.

Mi mamá y yo nos acabábamos de mudar a California, provenientes de Nueva York. Es decir que yo había estado lejos de mi familia en Arkansas por casi dos años. Pensé que tal vez la historia me había conmovido porque él también era del sur y su historia era muy triste. Le conté la historia de mi papá e hicimos una sesión al respecto. Después de verme unas cuantas veces, me dijo finalmente: "Polly, mi historia no te hizo llorar, ni te emocionó tanto porque estás triste por causa de tu papá. Lloraste porque es probable que a ti te haya pasado algo así". Ese día salí en estado de shock tratando de recordar si eso me había ocurrido.

Conduje desde Irvine hacia nuestro moderno apartamento ubicado en lo alto de los acantilados de Newport Beach (California, USA). Recordé que cuando tenía 7 años me había dado un beso con un primo donde mi abuela. Ese no era el problema. También recordaba que mientras mi mamá estaba en el trabajo, y yo tenía entre 12-14 años, mi comportamiento con los jóvenes había sido realmente inapropiado en casa. Ninguno de esos recuerdos tocó una fibra profunda.

Regresé a casa y le pregunté a mi mamá si me había pasado algo que no recordara. Ella estaba en su propia terapia y me contó lo que le había sucedido. Me di cuenta entonces que yo necesitaba profundizar más para ver si tenía algún recuerdo. La historia de mi mamá me hizo verla con nuevos ojos. Entendí por qué era que había trabajado tan duro de joven y la razón de su esfuerzo para salir adelante. Trabajaba entre 60-70 horas a la semana. Ella lo había hecho para darme lo mejor, pero también para resolver todo el dolor que tenía consigo desde la infancia. Mira, podemos lidiar con el dolor y resolverlo, o terminamos resolviendo el tema de una manera poco saludable que realmente no nos da gozo. Sí, mi mamá usó todas las cosas que le sucedieron para bien, pero estaba en una confusión interna. Después de contarme su historia, me dijo que pensaba que yo debía recibir más consejería.

Esa noche me reuní con Don y caminé por la playa y hablé de todo. Él me dijo: "Quiero que veas a mi terapeuta Gloria. Ella es muy útil y hace algunos ejercicios geniales para desbloquear recuerdos". Así que dije, "de acuerdo". Confié en Don. Fue el primer chico que no trató de coquetear conmigo de ninguna manera, así que me sentí segura.

Al día siguiente saqué mi cita de consulta con Gloria. Le conté la historia de Don, lo que él había compartido y la manera en que me había afectado. Así que me pidió que confiara en ella. Tenía un hermoso cabello castaño rojizo y ojos marrones como los de mi mamá. El profesor aparece cuando el alumno está listo. Yo sentí una conexión inmediata con ella y supe que estaba a salvo. Cuando entré en su oficina ese día, me hizo sentar en una posición cómoda en el sofá, respirar profundamente y cerrar los ojos. Me guio a través de un ejercicio en el que me preguntaba sobre mi infancia y examinaba diferentes partes del cuerpo para ver si sentía algo. No sentí nada hasta que llegué a mi garganta. Ella me dijo: "Describe la sensación en tu garganta". Repliqué: "Siento que me estoy ahogando". Ella preguntó: "¿Cuándo fue la primera vez que sentiste eso?".

En ese momento regresé al recuerdo que había bloqueado y encerrado durante todos estos años. Mientras yo crecía, mi mamá casi no tuvo citas porque estaba muy ocupada y además no quería que me pasara lo que le había sucedido. Ella salió con un tipo llamado Charlie por seis meses más o menos.

Cuando volví a ese momento, fui consciente de que él me aterrorizaba. Y recordé lo que él hacía. Le preguntaba a mi dulce mamá soltera si podía ayudarme y arroparme. Luego me llevaba arriba a mi habitación, me abusaba y me sujetaba de la garganta. Él me decía que si yo le contaba a alguien, le haría lo mismo a mi mamá, y que entonces iba a tener que vivir con él. Me estrangulaba hasta el punto de hacerme pensar que era mejor no decir nada, ni hacer ningún ruido para que mi mamá pudiera vivir. Adivina qué edad tenía. Correcto, acertaste. Tenía 4 años. La historia se repitió. Era claro que yo había encerrado todos mis recuerdos en mi garganta.

Nosotros almacenamos el trauma en diferentes lugares de nuestro cuerpo. Muchos hombres y mujeres que van a la guerra y que regresan con Síndrome de Estrés Pos-Traumático almacenan su dolor en su cuerpo. Conozco a un hombre que padecía de migrañas terribles. Cuando por fin se dio la licencia de hablar sobre lo que presenció, comenzó a tener menos migrañas. De niño, cuando estás traumatizado es como si estuvieras en una guerra, y tu cuerpo procesa ese trauma de diferentes maneras. Yo mantuve almacenados todos mis recuerdos en mi garganta.

A los 4 años de edad, no sabía que él no iba a matar a mi mamá. Ella era la única persona a la que yo tenía. Mis abuelos estaban a más de dos horas de distancia. Mi papá no estaba a la vista a decir verdad, así que yo le creí a ese tipo. Todas las noches él preguntaba si podía arroparme y pasaba eso. No recuerdo hasta dónde llegó. Solo recuerdo que cuando sucedía, yo miraba la foto de un payaso que había en mi habitación. Hoy en día, ya no les tengo miedo a los payasos, pero necesité de mucha consejería y de oración para superarlo. Después de que ellos terminaron su relación, yo jamás volví a dormir en mi propia cama hasta que fui adolescente. Empecé a orinarme en la cama de nuevo y mi mamá no podía entender por qué. También me sentaba en el armario de mi habitación en medio de la oscuridad. Una noche, mi mamá se paró afuera de la puerta para escuchar lo que yo estaba diciendo. Me sentaba allí y decía: "Maldición, mierda, infierno, maldición, mierda, infierno", una y otra vez. En cierta ocasión, empaqué mi pequeña maleta y bajé las escaleras, y de la nada le dije a mi mamá que iba a escapar. Mi mamá era mi mejor amiga y yo quería irme. Todas estas eran señales de que a tan temprana edad yo estaba en un tornado interior. Para esa época, mi mamá no había realizado su terapia, así que no tenía idea de lo que estaba pasando, ni se alcanzaba a imaginar que fuera tan horrible lo que sucedía. Hoy en día todavía duermo con una luz encendida en la noche.

El enemigo viene como ladrón en la noche para robar, matar y destruir. Si te sientes identificado con esto, te ruego y te pido el favor de que hables con alguien. Encuentra un espacio seguro para narrar esa traición. Pídele a Dios que sane tu dolor. Por favor, ten la certeza de que tú jamás hiciste nada para merecer que te abusaran. Oro para que mi historia te traiga liberación y libertad, para que por fin seas libre y puedas archivar ese recuerdo allá donde pertenece: en el pasado, sin vergüenza y sin culpa. Eres libre de eso, no es tu culpa. Siento mucho que te haya pasado algo así. Ahora, yo estoy libre de todo el dolor que causó ese terrible evento en mi vida y de todos los estragos que generó. Yo quiero que tú también seas libre.

Hasta el día de la sesión con Gloria, yo no le había dicho nada a mi mamá. Cuando desperté del proceso de desbloquear ese recuerdo con Gloria, estaba en el suelo llorando histéricamente y temblando en posición fetal. Ella estaba acariciando mi cabello diciendo que todo estaba bien, que él se había ido y que jamás me podría lastimar de nuevo. Yo alcancé a regresar a ese momento- de manera literal- y sentí que él estaba allí. Esa sesión tuvo que llevarse a cabo para que yo pudiera sanar a esa niña. Gloria me dijo que me fuera a casa a descansar, que yo había revivido el pasado de manera vívida. Conduje de regreso a casa como si algo se hubiera deshecho y dormí durante un día completo.

Yo había hecho lo mismo que hice cuando el pastor vino a mi casa a contarme que mi papá se había suicidado. Me desvinculé de mis sentimientos y sentí lo mismo. Mira, cuando tenemos un trauma, luchamos o huimos. Tu cerebro no puede distinguir entre la realidad y un recuerdo. Por eso es tan importante contar con herramientas para procesar estas cosas y ubicarlas de manera adecuada, para que más adelante no asomen su fea cabeza en nuestra vida.

Mi mamá jamás me habría puesto en peligro. No tenía idea de que ella atraía lo que conocía. Nuestra mente inconsciente es poderosa si dejamos que permanezca en ese estado. Atraeremos situaciones para nosotros o para nuestros hijos que repitan nuestro pasado. No en vano se llama maldición generacional. Hoy sé que todas mis maldiciones generacionales están rotas. Jesús no vino solo por lo perfecto. Él vino a librarnos de todo el dolor que sentimos porque vivimos en un mundo caído. Él vino a liberarnos a todos. Después de mucho trabajo y oración, ahora puedo ver dónde están las maldiciones en mi vida y logro llegar a la raíz y arrancarlas para que ninguna generación futura tenga que sufrir.

Después de revivir este recuerdo, hice algunas sesiones con Gloria pero mi alma no sanó por completo. Me inclinaba por correr, por huir. Me convertí en una "corredora de maratón experta" y así lo hice durante años. No tener un papá en la tierra, ni sentir que me protegía o que me amaba de verdad, afectó muchas de mis decisiones, pese a que contaba con una mamá y una familia maravillosas. Si hubiera sabido que tenía un Papá que podía protegerme, se lo hubiera dicho a Él. Ahora sé que siempre he tenido un Papá que me ama: mi Padre celestial.

Si te preguntas qué le pasó a Charlie, esa es una buena pregunta. Luego de que le conté a mi mamá cuando tenía 19 años, poco después fuimos a Arkansas. Mi familia tenía la tradición de ir a las carreras de caballos en Hot Springs cada año.

Esa vez mi mamá vio a Charlie y se sorprendió porque no lo había visto desde que terminaron su relación cuando yo tenía 4 años. Tenía un tanque de oxígeno, parecía muerto y estaba en una silla de ruedas porque estaba paralizado. Mi mamá me confesó que su primer instinto fue empujar su silla de ruedas por las escaleras. Pero cayó en cuenta de que esa era la salida más fácil para él, que en la condición que estaba, él padecería el sufrimiento durante mucho más tiempo. ¡Lo que se siembra, se cosecha! Yo perdoné a Charlie porque me imagino las cosas enfermizas que le sucedieron para que terminara haciendo lo que le hizo a una niña de 4 años. Cuanto tuve esa revelación, solté el tema.

CAPÍTULO 5

HUYENDO

Como te mencioné antes, después de Charlie mi mamá no volvió a salir con nadie. Vivimos en Memphis y yo asistí a una escuela cristiana bautista muy conservadora durante todos mis años de formación académica. Yo fui una niña divertida a lo largo de toda mi escuela primaria. Todo mi mundo dependía de si les caía bien a mis amigos. Mi mamá entraba a mi habitación y Adeline y yo estábamos hablando por teléfono. Sí, un teléfono fijo que usábamos para hablar durante horas enteras.

Nuestro vecindario estaba a unos 10 minutos de mi escuela primaria. Era un barrio modesto con 80 casas pegadas entre sí. Eran como un dúplex pero cada mitad era diferente por fuera. Cada casa estaba pintada de distintos colores para poder distinguirlas entre sí. Cuando era niña pensaba que eran muy hermosas. Mi mamá le pidió un préstamo de $5.000 dólares a mi abuelo para el pago inicial. El último dólar que recibió de mi papá fue cuando él hizo una parada en su avión y le dio $2.000 míseros dólares. Ella firmó el contrato de esa casa con la premisa de que él le iba a dar por fin toda la manutención que no me había dado. Él debía como 2 años. Sobra decir que él incumplió y ella le pidió prestado a su papá. ¡Vengo de buena estirpe! Mi mamá le devolvió a mi abuelito $200 dólares mensuales hasta que pagó cada centavo. Sí, comimos mucho en Wendy's, pero jamás pasé hambre y mi mamá cumplió su palabra, lo cual considero muy asombroso, y sus padres también eran personas de palabra.

La casa tenía dos pisos y en 1976 costaba $40.000 dólares. Estaba ubicada en la esquina y podía llegar caminando a la casa club y a la piscina. Allí pasé la mayor parte de mis veranos y casi todos mis cumpleaños fueron en la casa club. En mi residencia, yo tenía mi propia habitación con un armario gigante y asientos junto a la ventana, para los que mi mamá había hecho almohadas personalizadas. Yo pensaba que esa era la casa más hermosa del mundo. Cuando sueño, sueño en esa casa.

En los años 70 no muchas mujeres criaban solas a sus hijos. Recuerda que mientras crecía yo pensé que mi papá estaba muerto. Eso fue hasta que apareció como Lázaro, cuando yo estaba por cumplir 16. Yo también cargaba con esos profundos secretos de haber sido violada de niña. Creo que mis problemas de abandono no fueron lo que me hicieron empezar a huir cuando era niña, era sobre todo la vergüenza del abuso que había padecido a los 4 años. Yo sabía de niña que mi papá me amaba, pero siempre me sentí relegada a segundo lugar, porque él prefirió poner en primer plano a su nueva familia y no a mí. Ese fue el guion que escribí en mi cabeza. Luego, cuando resucitó de entre los muertos y descubrí que ellos habían pasado algún tiempo con él mientras estaba fugitivo, supe que era verdad. Yo no era tan importante como ellos. Hice que esto tuviera un significado importante con respecto a mi valía. No me había dado cuenta de que por gracia de Dios, había sido sacada de un sistema malvado.

Mi escuela tenía en su mayoría niños de clase alta que contaban con sus dos padres. A mí no me avergonzaba que mi mamá fuera soltera, porque de niña yo podía decir que mi papá estaba muerto. A los 13 años, mi mamá confiaba en mí y me dejaba regresar a casa sola. Fue en esa época en que mi vergüenza comenzó a manifestarse de verdad y yo empecé a portarme mal, y a ponerme mi máscara, pretendiendo ser alguien que no era.

Cuando iba a la escuela, seguía las reglas y los domingos iba a la escuela dominical pero siempre me sentía distinta. Tenía un espíritu rebelde que me hacía sentir como si estuviera fuera de lugar todo el tiempo. No sabía por qué me portaba mal. Cuando regresaba de la escuela a mi casa, salía con los niños del vecindario. Todos iban a la escuela pública de la esquina. Solo un amigo iba mi escuela también, pero en el barrio todos los niños salvajes iban a la pública.

Cuando regresaba a casa luego de estudiar, me iba donde mi mamá me decía que no fuera. Me iba para la zanja a la vuelta de la esquina. Se trataba de un pequeño arroyo en un cañón que había en el bosque. Allí era que conocía a todos los niños de Wooddale, fumaba marihuana y montaba bmx. Tenía una hoja de papel que todavía conservo del 82 y 83 que nombraba a todos los chicos con los que me había besado y las fechas respectivas. Nunca tuve sexo con nadie, pero hice cosas de las que me avergonzaba mucho y no quería que mis amigos de la escuela cristiana se enteraran de eso. ¡Si en ese entonces hubieran existido las redes sociales yo habría quedado súper mal!

Los viernes por la noche, mi mamá me llevaba a la pista de patinaje local. Le decía que nos encerraban y que por eso no podíamos salir. Yo era la segunda mejor deportista de patinaje de velocidad en el estado, así que ella pensó que estaba diciendo la verdad. Yo patinaba un par de horas y luego me escapaba con una amiga para beber o ir al parque de patinaje del lado. La primera vez que recuerdo haberme emborrachado al punto de intoxicarme por el exceso de alcohol fue a los 13 años. Tenía una amiga que era unos años mayor que yo, pero que estudiaba en otra escuela pública. Yo quería agradarle tanto, que la acompañaba a hacer lo que fuera. Cierto viernes por la noche, ella hizo que dos muchachos de 18 años nos recogieran en el extremo este de la pista de patinaje. Vinieron a recogernos en su Camaro nuevo. Yo sabía que eso no lucía bien, pero quería ser buena onda y protegerla. Me senté al frente y ella se sentó en la parte de atrás con uno de los muchachos. Recuerdo que el que conducía el auto me preguntó qué quería tomar cuando llegamos a la licorera. Para ese entonces, yo solo había tomado una piña colada, una margarita o una cerveza que me había robado de la nevera. Vi una imagen grande de una botella de Jack Daniels en la pared. Le dije que quería eso. Me miró y me preguntó: "¿Estás segura?". Por supuesto que respondí con timidez: "Sí, tráeme la botella grande".

Condujimos en el auto y me bebí casi toda la botella sola. Como había estado sentada todo el tiempo, el alcohol no se me había subido a la cabeza todavía. Miré hacia el asiento trasero y mi amiga estaba casi desnuda y a punto de tener sexo con el chico. Le dije: "¿Qué le estás haciendo?". El tipo contestó: "¡Tu amiga es una puta y quiere hacer esto!". Le dije al conductor que estaba enferma y que nos llevara de regreso de manera inmediata o que llamaría a la policía por violación. No tenía idea de si hacer eso iba a funcionar. El que estaba manejando me dijo que me llevaría de regreso en ese instante, y le dijo a mi amiga que se vistiera. Cuando regresamos al extremo este de la pista de patinaje, mi amiga estaba muy enojada conmigo. Yo estaba vomitando por todo el parqueadero. Esa noche tuve que hacerme un lavado de estómago. Cuando mi mamá me recogió, acababa de terminar. No le conté la verdad hasta mucho después y mi supuesta amiga jamás volvió a hablarme. Dios me protegió, pero ¿por qué cargaba conmigo tanto dolor al punto de terminar ebria? Resulta que yo no sabía cómo fijar mis ojos en Dios para que Él llevara mi carga. Ni siquiera recordaba mi dolor en ese momento.

Mi papá todavía no había revivido, así que yo no contaba con todos los grandes "enredos" (problemas o traumas) de papá para entonces. Tampoco habían resurgido todos los recuerdos de lo que había pasado con Charlie cuando yo tenía cuatro años, así que, por supuesto, estaba reprimiendo el dolor.

Esa jovencita no volvió a salir conmigo pero está bien. A veces te están protegiendo y tú piensas que se trata de rechazo. Esa misma joven creció y tuvo cuatro bebés de padres diferentes, además de varios abortos. Estoy segura de que ella tenía algún dolor no resuelto, el cual se manifestó destruyendo su vida.

En otra ocasión, fui a una fiesta que estaba a la vuelta de la esquina de mi casa mientras mi mamá estaba en el trabajo. Había jovencitos fumando marihuana y en el patio trasero tenían una enorme casa en el árbol donde había gente bebiendo. Creo que teníamos como 13 o 14 años. En medio de la fiesta de verano y más o menos a la 1 de la tarde, este niñito estúpido sacó un cuchillo y pensó que era chévere hacer eso. Y yo de tonta, como protectora, lo sujeté para que dejara de blandir el cuchillo. Sin embargo, cuando lo hice, él me apuñaló el brazo de manera accidental. Yo estaba sangrando por todas partes y supongo que esa fue una buena manera de detener la fiesta para que por fin se acabara. Regresé a mi casa, me limpié la herida y jamás le conté a mi mamá.

Cuando tenía casi 14 años, mi madre recibió la llamada telefónica más horrible de todas, por parte de los Servicios de Protección Infantil. Alguien les había dicho que mi madre permitía que bebieran en su casa y que consentía que las niñas menores de edad tuvieran relaciones sexuales. Dijeron que a mí me habían apuñalado en el proceso.

La trabajadora del SPI (CPS, por sus siglas en inglés, N.T) afirmó que me iban a separar de mi mamá y que yo iba a tener que ir a vivir a un hogar de paso. Eso desencadenó algo tan intenso que sentí mucho dolor en la garganta. La ansiedad te hace sentir que no puedes respirar. Estaba jadeando por aire. Yo intentaba que las palabras salieran de mi boca para narrar todo lo que había estado haciendo a espaldas de mi mamá. Charlie me había dicho justo eso cuando yo tenía cuatro años. Yo estaba reviviendo lo que había pasado y en ese momento sentí que mi mayor temor estaba a punto de hacerse realidad: perdería a mi mamá. Ni siquiera recordé todas las enseñanzas de la escuela dominical sobre Jesús calmando la tormenta y diciéndole al viento que se aquietara. No tenía ni idea de cómo calmarme.

Ese día hubo un cambio en mi alma. Cada parte de la iglesia que había recibido vino a mi corazón y le conté todo a mi mamá. Le conté cada cosa a la señora del SPI. La mujer era afroamericana y tenía más o menos 35 años. Cuando fui honesta, noté que ella se sintió aliviada. Me dijo lo afortunada que era de que ella creyera lo que yo estaba diciendo, porque estaba pensando en alejarme de mi mamá. La advertencia quedó marcada ese día como una línea en la arena. Ella afirmó que luego no hubo más reportes telefónicos. Mi mamá estaba devastada. Toda su vida se había centrado en mí y yo sentí que le había fallado de nuevo. No sabía por qué me comportaba así, o por qué correría el riesgo de perder a mi madre. Cuando dejamos cosas dentro del cajón, se enmohecen. Si sabes a lo que me refiero, yo no sabía lo que no sabía; y ese desconocimiento ocasionó que yo siguiera haciendo cosas para sabotear mi vida, lo cual fue un punto ciego en mi pasado, para que así pudiera recibir lo que yo pensaba que me merecía: el ¡RECHAZO!

Ese día me encarrilé y dejé de estar con todos mis amigos del barrio. Dejé de andar en BMX con todos esos muchachos. Dejé de ir a la casa de mi vecino, de pedirle prestada su pequeña motocicleta, de conducir con la llanta delantera levantada en el vecindario y de robarle todas sus mini botellas de licor. Fui a mi escuela cristiana y me uní a una hermandad de mujeres de secundaria llamada Chi Sigma Omega. Empecé a andar con todos los niños de la escuela que no eran tan destructivos. Incluso mi mejor amigo era hijo de un pastor y mi otra mejor amiga era hija de uno de los distribuidores de autos más grandes de Memphis. También tuve muchos nuevos amigos de buena familia. Teníamos fiestas e íbamos a sus casas de campo y tomábamos cerveza en barril, cosas normales de la escuela secundaria.

Incluso me convertí en la mejor candidata para unirme a una hermandad de mujeres, lo cual es una locura total. Recuerdo que una vez llegué a mi casa, y ellas habían decorado mi habitación con los globos y adornos más hermosos para que me uniera a su grupo. Me sentí honrada, estaba tan contenta de que no supieran lo desquiciada que yo había sido antes de todo eso. Esta es una parte de la máscara que creció todavía más. Una máscara de vergüenza y culpa. Si somos hijos de nuestro Padre celestial, entonces sabemos que Él tomó toda esa culpa y vergüenza, y que la clavó en la cruz. ¡Yo no entendía eso para nada! ¡Estaba sumida en mi vergüenza!

Luego, justo después de convertirme en la mejor candidata al final de mi décimo grado, cuando tenía casi 16 años, vi el anuncio en el periódico que decía que mi papá estaba vivo. ¡Santo cielo! Fue casi por el mismo tiempo en que mi mamá conoció a un señor en California. Todo sucedió a la misma vez.

Mira, mi madre no salió mucho con nadie mientras yo crecía. Ella tuvo un par de novios aquí y allá, pero la verdad era que ella se la pasaba conmigo. Solo éramos Esther Jean y yo. Creo que en algún lugar de su interior, ella tenía miedo de que me pudiera pasar algo como lo que le había sucedido. ¡No se imaginaba que ya me había pasado!

Una vez que regresó de viaje de negocios, noté que estaba distinta. Yo tenía casi 16 años y me había quedado en casa de nuestros queridos vecinos Patsy y Pert, que vivían a la vuelta de la esquina. Ellos me cuidaban en Memphis cada que mi madre tenía que salir de la ciudad por motivo de negocios. Cuando mi mamá entró a la casa, estaba diferente. En su rostro había un brillo especial. Había conocido a alguien y su nombre era Guy. Ella se enamoró perdidamente de él. Creo que es probable que esa hubiera sido la primera vez que había vuelto a tener intimidad con un hombre luego de 10 años. Yo también me habría enamorado de cualquiera en ese momento.

Ese verano estuve en las vacaciones bíblicas en la playa. Tuve un encuentro con el Espíritu Santo que nunca antes había experimentado. Me castañeteaban los dientes y estaba temblando en la playa. Podía sentir que algo se estaba moviendo en mi cuerpo. Era el poder del Espíritu Santo, y en mi vida yo solo lo he sentido un par de veces. Cuando llegué a casa en el bus, miré por la ventana y mi mamá estaba parada allí.

Mi mamá fue una mujer con sobrepeso casi toda mi vida, pero ese día parecía haber perdido 9 kilos. Yo solo me había ido un par de semanas. Durante ese tiempo, ella volvió a ver a Guy y se enamoró mucho más. Estaba vestida sexy, cosa que no solía hacer. Mis banderas rojas se levantaron muy en alto. Fuimos a comer a Red Lobster. Ese era nuestro lugar "especial". Miré sus manos y pensé en lo flacas que lucían. Me dijo que iba a hacer todo lo posible por estar con él, pues estaba completamente enamorada.

Yo recuerdo que por dentro estaba juzgando todo lo que salía de su boca. También tengo claro qué era lo que yo estaba comiendo esa vez: sopa de almejas. Y no hay duda de que por dentro estaba muy enojada. Estoy segura de que sentí que ella también me iba a abandonar y que entonces ¿a qué me iba a aferrar? Todas las cosas del campamento de la iglesia se cayeron por la ventana. Ni siquiera permití que Dios entrara lo suficientemente profundo como para llenarme con Su paz. A los pocos meses, reapareció Gary y se levantó de entre los muertos. Yo hice lo que solía hacer. Conseguí otro grupo de amigos, aparte del grupo de los "buenos niños". Eran los punks vanguardistas. Todos estos eventos de la vida me pusieron en el camino de querer correr, y huir con toda. La verdadera máscara prevaleció allí.

Quiero que hagas un pequeño ejercicio. Yo lo llamo el evento que desenmascara la autenticidad. Quiero que mires dentro de ti y que veas cuál de estas máscaras reconoces en tu guardarropa o en tu vida. Quiero que uses este tiempo para elegir una pareja y describas un momento típico reciente en el que hayas usado una de estas máscaras.

1. La máscara "estoy feliz".

2. La máscara "soy mejor que la mayoría".

3. La máscara "soy muy estable, todo lo tengo en su puesto".

4. La máscara "soy víctima de los demás".

5. La máscara "no me importa".

6. La máscara "soy autosuficiente".

7. La máscara "soy muy importante".

8. La máscara "tengo la confianza suficiente como para no necesitar amor".

9. Las máscaras "soy el experto" y "soy el profesional capacitado teológicamente".

10. La máscara "no estoy lastimado".

11. La máscara "tengo las respuestas".

12. La máscara "soy independiente".

13. La máscara "soy muy buena onda".

A veces usamos una máscara para complacer a los demás, en otras ocasiones hay tanto dolor que queremos esconder nuestra basura dolorosa ante la vista del mundo para que la imagen que ven no se haga añicos. Ahora hazte esta pregunta, ¿cuál reacción temes si te quitas la máscara y revelas tu verdadero yo? Yo descubrí que podría ser una líder. Me di cuenta de que uso la máscara "de hacer" siempre, porque me daba pánico no ser suficiente, no dar la talla. Pensaba que la gente me iba a juzgar, que consideraría que estoy demasiado loca y que no soy lo suficientemente pura como para ser un buen ejemplo piadoso porque todavía no soy perfecta. Nosotros siempre estamos en construcción, pero el hecho de contar con todas las piezas necesarias para el proyecto ayuda a que lleguemos al camino de la alegría interior y ¡así la paz también se une con mayor fluidez!

Cuando nos enteramos de que mi papá estaba vivo, todavía vivíamos en Memphis. Por supuesto que mi mamá dijo: "Te llevaré a verlo". Ella condujo hasta Jacksonville (Florida, USA), pues allá estaba él. Ten presente que yo había pensado toda mi vida que él estaba muerto y ahora, de repente, resultó que estaba vivo.

Entré en la habitación donde lo tenían. Tenía las manos esposadas a la espalda y ambos pies también estaban esposados, como un animal. No lo había visto desde que era una niña y no tenía idea de que él estaba vivo.

La oficina del abogado era circular. Nos encontramos allí. Había libros en la pared. Los dos carceleros que lo trajeron lo trataban como si fuera El Chapo. Casi que le tenían reverencia. Yo miré al oficial de policía y dije: "Mi papá no es un animal, suéltalo de inmediato, para que él me pueda abrazar". Ni siquiera puedo creer que con apenas 16 años, le haya hablado así a un oficial. Ellos lo soltaron y yo pude abrazarlo. Simplemente me derrumbé en sus brazos.

Allí surgió la vergüenza y ocurrió otro cambio dentro de mi alma. No le conté a nadie de mi escuela lo que estaba pasando excepto a mi mejor amiga, en quien podía confiar porque me conocía desde la escuela primaria. Yo creo que me sentía avergonzada y apenada porque todos esos niños ricos no tenían en su vida ninguna locura y yo sí. A partir de entonces empecé a pasar más tiempo con los punk-rockeros. Incluso en esa época, yo ya me daba cuenta de quién me juzgaba con más severidad y quién no. Como esos chicos habían pasado por muchas cosas, yo me sentía segura con ellos. Por lo general, uno tiende a pensar que se va a sentir seguro con los niños ricos "normales".

Había una chica que tenía un corte mohicano y conducía un convertible Mustang genial. Yo me sentía segura con esos jovencitos y sabía que si se enteraban de lo de mi papá, no me juzgarían, ni me menospreciarían. Los fines de semana, ella me llevaba a un club llamado "Antenna" que era un club de punk-rock. Yo empacaba gelatina Knox en mi bolso para que mi cabello pudiera volverse mohicano. Me ponía jeans rasgados o Levi's, y una cadena alrededor de los agujeros de mi cinturón con un candado. Usaba botas negras de combate y una camisa John larga y una franela; ese era un uniforme estándar para jovencitas punk rock allá por los años 80. Íbamos y veíamos unas bandas de punk increíbles. Todavía tenía mis amigas de bien y todavía hacía lo de la hermandad, pero también tenía este otro lado. Ese fue un patrón durante 35 años. Tenía mis pies en dos mundos, y todavía estoy trabajando en ello. En definitiva, esos jovencitos estaban más al filo. Por dentro, yo solo tenía fisuras y por eso me sentía segura.

Recuerdo una vez que fuimos y vimos dos bandas: "The Exploited" y "The UK Subs". Eran unas bandas de punk muy interesantes. Yo estaba andando por ahí detrás del escenario y el bajista que tenía el peinado mohicano rojo de camión de bomberos más genial de todos, me preguntó si quería irme de gira. Me sentí como esa niña de cuatro años que empacó su maleta, para fugarse de casa. Lo pensé profundamente y estaba lista para emprender la huida. Entonces, como si se tratara de un ángel, el cantante principal de una de las bandas, me preguntó: "¿Cuántos años tienes?". Le contesté y me dijo: "Voy a protegerte de ti misma. Tú no necesitas estar aquí. En tu vida tienes a alguien que te ama, lo sé por tu corazón, y te voy a pedir que no estés detrás del escenario, porque acá atrás van a pasar cosas de las que no quiero que seas parte". Incluso en ese entonces, Dios usó un rockero punk para protégeme de mí misma. Dejé de salir con esos jóvenes y fue entonces cuando mi mamá tuvo la oportunidad de mudarse a Nueva York.

Quiero que hagas una pausa y pienses en todos los momentos en que las cosas podrían haber resultado mucho peor. No hay duda de que había ángeles que te estaban protegiendo como a mí me protegieron en esa tras escena oscura y fría de Smokey, en aquel club de punk.

Más o menos tres meses después descubrí que tenía una hermana de la que nunca había sabido nada. Ella es ocho años mayor que yo. Todo esto pasó antes de que hubiera internet y celulares. Después del divorcio de mis padres, mi madre no quería tener nada que ver con ninguna cosa que estuviera relacionada con Gary. Ella tenía conocimiento acerca de mi hermana mayor, pero también sabía que mi papá maltrataba a su mamá. Cuando papá "murió", creo que nuestras mamás optaron por mantenernos distanciadas, no porque fueran malas sino por causa del dolor que ambas tenían por todo lo que mi papá les había hecho. Cuando me enteré de la existencia de mi hermana mayor, la amé al instante, así que fue una bendición.

Mi papá se había vuelto a casar con una mujer que era una hippie buena onda, que no tenía ni idea de que mi papá era narcotraficante y que tenía otros cuatro hijos. Él estaba usando el alias de Lucas Harmony. Habían tenido un descendiente juntos, quien tenía menos de un año cuando arrestaron a papá. El día que conocí a mi hermana, todos estábamos en Carolina del Norte, donde lo habían trasladado después de su arresto en Florida. Ese día fue increíble. Todos nosotros, a quienes ahora denomino los **hijos originales** estábamos reunidos en Carolina del Norte. Creo que el hecho de que todas estas cosas empezaran a suceder al mismo tiempo, hicieron que mi cerebro entrara en una frecuencia de pelear o huir. Elegí huir. De niña ya había hecho lo mismo, y ahora tenía que lidiar con más cosas que caían unas encima de otras, pese a que ni siquiera había resuelto mi pasado todavía.

Cuando estaba en el penúltimo año de escuela secundaria, mi mamá tuvo la oportunidad de salir de Federal Express. Ella había ayudado a levantar la compañía. Mi mamá ayudó a construir esa empresa y muchas personas envidiaban su cargo en la compañía e inventaban mentiras sobre ella. Estaban tratando de robarle el cargo y de hacer que pareciera que todas las historias que habían inventado para hacerla quedar mal eran ciertas. Mi mamá había dedicado toda su vida corporativa a construir esta empresa. Su mejor amiga era la madre del señor que la inició. Él tenía sus manos atadas porque no podía mostrar favoritismo hacia ella, pero todo lo que estaba pasando era mentira.

Mi mamá me dijo: "Voy a renunciar a Federal Express y nos vamos a mudar a Nueva York". Allá hice mi último año de escuela secundaria. Había pasado toda mi vida yendo a la escuela con los mismos amigos. Todos estos eventos ocurrieron a la vez. En aproximadamente un año y medio estaba lista para huir de nuevo. Ya no quería estar allá. Pensaba que si tan solo me la pasaba mudándome, todo mi dolor dejaría de seguirme.

Yo estaba muy confundida el día que empacamos, dejamos a todos atrás y nos mudamos a Nueva York. Yo era una niña enojada y vertí sobre mi mamá mis frustraciones muchas veces en el camino, pese a que había dicho que marcharnos era una gran idea. Estaba confundida en mi interior. Vivir en Nueva York era salvaje. Yo era una niña sureña y no sabía nada. Ya te conté mi historia con la alarma contra incendios, pero esa es una de muchas.

Yo quería ser modelo, así que me puse súper delgada para poder empezar a hacer trabajos de modelaje. Allí aprendí todo lo que tiene que ver con la bulimia. Tenía la certeza de que podía comer lo que quisiera, vomitar y ser flaca. Esto me afectó durante mucho tiempo. Siempre pensaba que estaba gorda incluso cuando no era así. La manera en que te sientes con respecto a tu padre y lo que crees que él siente por ti, tiene una relación directa con tu auto imagen. Por eso es tan importante saber que fuiste creado de manera perfecta y que eres amado por otro Padre que jamás te fallará. En Nueva York hice algunas cositas de modelaje. Los fines de semana mis amigos y yo tomábamos el tren para ir a la ciudad e ingresar a discotecas con nuestras identificaciones falsas.

Era la primera vez que me sentía como una adulta y era Polly la fiestera… Recuerdo que mi mamá hizo que alguien me siguiera en la escuela. Había sido alertada de que me iban a secuestrar. Nunca me di cuenta, sino hasta hace poco. La amenaza se debía que mi padre estaba en juicio. Él le estaba diciendo a nuestro gobierno todo acerca del escándalo Irán-Contras de los años 80, y el cartel pensó que él los iba a delatar. Ahora sé que mucha gente quería secuestrarme. Mi mamá tenía un guardaespaldas que me seguía en la escuela y ella no hallaba la hora de que pudiéramos irnos a California. En parte por miedo a causa de papá, pero también porque ahí era donde estaba Guy (su amor). Estuvimos en Nueva York un año y medio más o menos.

Esther Jean me llevaba a Memphis para ir a ver a mi papá en prisión y mientras vivimos en Nueva York, fuimos por lo menos tres veces ese año. También lo hacía para que yo pudiera ver a mis amigos. Los amigos eran lo más importante para mí. No me di cuenta en realidad, pero el hecho de recibir migajas de mi padre en prisión, agujereó mi autoestima de manera profunda. Escucharlo hablar y unir las piezas de todo lo que había pasado en su vida fue genial. Yo estaba tan impresionada por su vida de pandillero, que era como si para entonces él fuera un superhéroe para mí. No había logrado recopilar las piezas de la forma en que él había tratado a mi mamá, porque ella no me había dicho eso nunca.

Después de graduarme de la escuela secundaria, nos mudamos a California y ahí es donde comenzó la travesía salvaje. A esos años los llamo "mis años hippie y mis años desenmascarando a mis verdaderos sentimientos sobre mí".

CAPÍTULO 6

CALIFORNIA: LOS DÍAS HIPPIES PRIMER ROUND

Mi travesía de sanidad sobre la cual leíste en el capítulo 4 comenzó aquí. Lo siento, me salté un poquito. "California Prophet on a Burning Shore" era la letra de una de mis canciones favoritas llamada "Estimated Prophet" de la banda los "Grateful Dead". A esta temporada, yo la llamo la de mis días hippies porque durante este tiempo vi más de 200 shows de los "Grateful Dead" y vi otros 150 cuando me fui a vivir a Atlanta.

Esther y yo estamos de nuevo en carretera. Era hora de zarpar y movernos hacia el oeste porque su trabajo en Nueva York había terminado. Su tan esperado reencuentro con Guy —su hombre— estaba a punto de suceder. Guy era la persona con la que andaba y por la cual estaba tan flaca mientras yo estaba en el campamento de la iglesia cuando tenía 16 años. Sobra decir que en medio de todo había celos, y yo no tenía ganas de conocerlo.

Cuando llegamos a California nos mudamos al hotel Marriott. Fue increíble. Tenía una piscina de bar, un jacuzzi y un gimnasio excelente y se encontraba en el centro comercial de más alto nivel del país. Mamá trabajaba todos los días porque conducía desde Newport Beach hasta Los Ángeles, pues no quería vivir allá. Como su trabajo estaba en esa ciudad, ella se desplazaba todos los días de 1 a 2 horas. Ella es una mujer que no compromete sus convicciones. Tenía claro que quería vivir en Newport Beach y que no había venido a California para conformarse.

Yo acababa de graduarme de la escuela secundaria y me sentía muy libre. No conocía a nadie por ahí, así que podía huir de manera intensa, y nadie se daría cuenta de lo que estaba haciendo. Yo sabía que amaba la playa, motivo por el cual iba hacia la península fresca de Balboa todos los días. Es parte de Newport Beach. Tiene aproximadamente 5 kilómetros de largo y menos de 1.6 km de ancho. Yo jamás había visto algo así. La gente andaba en patinetas en el malecón justo al lado del océano, había tablas de surf en las bicicletas y chicas patinando en sus bikinis. ¡Era tan típico de California!

Un día, yo estaba sentada en el muelle de Balboa y observaba a los que todo el día practicaban skimboarding. Uno de ellos por fin vino a hablar conmigo. Lo llamaré Steve el surfista. Tenía un hermoso cabello castaño, piel bronceada, labios agrietados por surfear todos los días y ese divertido acento surfero de "Brah". Supongo que pensó que yo era increíble, así que empezamos a salir y me presentó a su familia. Sentí una conexión de inmediato. Incluso tallamos nuestros nombres en un árbol que 30 años después todavía está allí en Newport Beach. Esa relación terminó, pero seguimos en contacto. Él me vio pasar de ser una linda chica sureña a ser una salvaje chica hippie.

En California, mi máscara comenzó a aparecer de nuevo aún más grande, sumando capas de otras máscaras al tiempo. El hombre por el cual nos habíamos ido a California desapareció por completo después de 6 meses. Estoy segura de que mi mamá estaba devastada. Yo estaba muy ocupada con nuevas aventuras como para saber realmente qué estaba pasando. Ella optó por ponerse una máscara para que no me molestara. Usó la máscara de "soy una profesional, trabajo duro y no tengo que lidiar con esta máscara de dolor". En realidad, ni siquiera había lidiado con sus cosas de cuando era niña o con las problemáticas de mi papá.

Después de tres meses en el hotel (aprox.), por fin nos fuimos a una casa genial y poco a poco comencé a hacer amigos. Mis vecinos eran patinadores. Cada noche, 8 chicos y 2 chicas, —una jovencita y yo—, nos reuníamos en lo alto de lo que llamábamos la Colina del Suicidio. El objetivo era ir en patineta en medio de los bamboleos de velocidad y bajar la montaña sin "comérsela". Yo era un poco marimacho, así que caerme no me asustaba. Me caí muchas veces y mis rodillas parecían un cráter de carretera.

Empecé a aprender a surfear y todavía quería modelar un poco. Me matriculé en una escuela de actuación que formaba parte de Lee Strasburg. Mi entrenador de actuación creía en mí, pero sabía que tenía que crecer mucho todavía. RJ Adams del Taller de Actores en Laguna Niguel, si alguna vez lees esto, tú eres el mejor. Me compré mi jeep dorado justo después de llegar a California. El hermoso jeep de las fotos anteriores en el que fui a la consulta con ese maravilloso terapeuta.

Yo vivía con una tabla de surf atada al techo. Tenía un agente en Los Ángeles y estaba empezando a conseguir pequeños papeles de actuación. El día de nuestra presentación, asistieron todos los peces gordos de Los Ángeles. Yo llegué al lugar con el pelo mojado por haber estado en la playa, sin zapatos, y 30 minutos tarde. Esto se convirtió en parte de mi máscara para que la profecía que sentía que me merecía se cumpliera. La máscara de no soy lo suficientemente buena y soy UN FRACASO, ¡ERES UN FRACASO! Saboteaba las cosas y luego intentaba salir de ellas mintiendo, lo cual en últimas, me hacía sentir mal conmigo misma. Ahora sé que uno debe ser responsable de sus cosas. Si llegas tarde, no mientas, sé honesto y planea mejor la próxima vez. Las pequeñas mentiras conducen a mentiras más grandes, y devoran a la persona que fuiste creada para que fueras. Si estás diciendo la verdad, no tienes que recordar qué decir o pensar tanto para contar tu historia. No hace falta decir que me suspendieron de la escuela hasta que logré ser más responsable y que arruiné todo por lo que había estado luchando en Los Ángeles.

Un gran desvío de todo este escenario fue cuando fui a Los Ángeles para una "audición con una de mis nuevas amigas". Ella dijo que primero teníamos que ir al apartamento del productor para que pudieran ver si éramos los "indicadas" para el trabajo de presentadoras de un programa de juegos. El viaje fue largo y era obvio que su edificio de apartamentos no parecía el tipo de lugar en que viviría un productor. Cuando no has tenido un padre en tu vida o no te has sentido protegido por uno, tiendes a tener un punto ciego ante situaciones en las que la mayoría de la gente se pondría en alerta roja de inmediato. Cuando llegamos allá, él llevó a mi amiga a su habitación y yo pude escucharlos allí, mientras ella decía que no en voz alta. ¡Eso me hizo acordar de la noche en Memphis, en la que estuvimos en ese carro con los muchachos aquellos! Entré en la habitación y ella estaba llorando mientras se quitaba el sostén. Sabía que esos dos eran unos malintencionados. La agarré y les dije a ellos que eran unos perdedores y que no conocían a nadie allí, que lo único que querían era meterse en los pantalones de mi amiga. Sin duda, eso fue un gran desvío para el negocio. Ahora era el momento de una escena completamente nueva y de dejar de lado mis sueños de actuación.

Recuerda que en el capítulo 3, narré que fue en California que yo caí en cuenta sobre lo de Charlie y que solo hice tres sesiones de terapia. Allí, después de estar acurrucada en posición fetal recordé todo. Todo esto estaba sucediendo en este momento. Cuando tenemos cosas sin resolver, se pueden manifestar de muchas maneras. Me convertí en una "corredora". Me mantenía tan ocupada con cosas que no tenía tiempo para reflexionar. Simplemente aducía que la estaba pasando bien y viviendo el momento. Algunas chicas se vuelven promiscuas para sentirse amadas y dignas. Yo todavía conservaba esos valores cristianos con los que había crecido, aunque en realidad no habíamos vuelto a ir a ningún tipo de iglesia desde hacía dos años que nos habíamos ido de Memphis. Yo no quería tener sexo hasta casarme. Justificaba gran parte de mi comportamiento mostrando mi tarjeta de "V" (virgen) como mi factor de redención.

Después de irnos a vivir a California y de iniciar en el Community College, una de mis amigas de Nueva York se mudó allá. Yo estaba muy feliz de poder tener por fin una amiga que sentía que "me conocía". Las relaciones estrechas siempre fueron muy importantes para mí porque no me crie con ningún hermano, siempre fuimos solo mi MAMÁ y yo. Me familia de Arkansas me hacía falta y Annie era la persona que me conocía más de cerca y que se había mudado a California. Ella me llevó a mi primer concierto de los "Grateful Dead". Recuerdo que me puse una camiseta "amarrada y teñida" y unos shorts de jean. Cuando llegamos yo no podía creerlo. Era un estacionamiento que estaba lleno de gente sonriente. Parecía que no les importaba su apariencia y que eran felices.

Mira, nuestra identidad acerca de cómo nos sentimos sobre nosotros mismos, proviene principalmente de nuestra relación con nuestro papá. Yo fui muy Polly toda mi vida. Participé de algunos certámenes de belleza. Nunca gané, pero estuve en un par. Cuando iba a casa en England, Arkansas, mi abuelita me sentaba en el congelador de pizza en la Delicia Láctea. Cuando los clientes entraban ella decía, "Ella es mi nieta pequeña, es de Memphis ¿No es bonita?". Yo mantuve eso en alto como mi identidad. En aquel parqueadero de California, la gente estaba libre de toda esa basura superficial y a mí me encantaba eso. Yo todavía quería dar la apariencia de que encajaba y quería ser la chica bonita.

A los seguidores de la banda les decían los Cabeza Muerta (por el nombre en inglés, N.T). A mí me parecían ángeles, hombres hippies peludos y felices. Todos eran tan cariñosos y el lote estaba lleno de furgonetas geniales y de cosas divertidas a la venta. El aire olía a aceite de pachuli, hierba y vapor de verdura salteada con salsa de soya. Había gente tocando música a todo volumen desde furgonetas teñidas a lo hippie y los colores del arcoíris estaban por todas partes. La pasé muy rico. Esa noche después del primer show quedé enganchada. Dije que tenía que volver, porque tenía sentía un tirón que no puedo describir, como si mi tribu me estuviera llamando. Sentí que eran mi nueva familia, que me amaba justo en el momento en que estaba y que no necesitaba hacer cualquier cosa para que me aceptaran. ¿Será que les podría agradar tal como era?

La noche siguiente yo tenía el look adecuado: una falda larga blanca, mi top bikini y muchos collares hippies. ¡Sabía que iba a encajar! Para este punto, yo solo había fumado marihuana y probado cocaína una vez en Nueva York. En esta ocasión, mi amiga me dio algo llamado éxtasis. Era el original MDMA procedente directamente del laboratorio localizado en Texas. Su uso estaba destinado a tratar pacientes con cáncer en etapa 4 para que sintieran felicidad y, con suerte, liberaran la suficiente serotonina en su cuerpo para revertir el cáncer. Hoy lo llaman Mollie. Yo estoy convencida de que lo que teníamos en ese entonces era lo mejor y que esos chupetes que dan en las fiestas electrónicas no les dan la talla… No estoy condonando el uso de drogas, solo te estoy diciendo que yo fui parte de los pandilleros originales, ¡Ja,ja,ja!

Me lo tomé y sentí una sensación de felicidad y libertad que jamás había sentido. Me sentí libre por primera vez. Era una falsa sensación de libertad, pero no me importaba. No hubo necesidad de buscar más. Ese sentimiento de aceptación y paz me enganchó, incluso si estaba inspirado un poco por las drogas. Mi mamá estaba trabajando mucho y todo lo que yo tenía como responsabilidad era un college comunitario. Yo trabajaba como asistente de parqueo para ganar dinero extra y usarlo para irme de gira. Era muy flexible, de modo que iba y venía a conveniencia. En ese tiempo usé también mi apariencia para sacar adelante las cosas. Siempre me sentí un poco avergonzada de poder arreglármelas con más de lo que los otros muchachos podían, pero lo hacía de todos modos. Recuerdo que parqueaba Royal Royce's y que recibía propinas de $100 dólares todo el tiempo, así que pensé que todo estaba sobre ruedas. Yo tenía dos grupos de amigos, los de la gira hippie y los del club de patineta. Cuando regresaba a casa luego de una gira, me metía en ambos mundos dependiendo de con quién estuviera.

Al regresar a casa, todavía me daban ganas de actuar. Me deslizaba dentro de mi ropa de club y me la pasaba en todas las discotecas. Antes, el condado de Orange County tenía unos clubes increíbles. Yo era una buena bailarina, así que era una bailarina go-go de algunos clubes nocturnos cuando estaba en casa.

Supongo que me "descubrieron en LA". Los Ángeles era conocida por sus enormes fiestas subterráneas: las rumbas ORIGINALES. En ese entonces, a tu buscapersonas te llegaba un número telefónico al que le tenías que pagar, y luego en el teléfono pago te daban una nota que te guiaba hasta uno de esos clubes. Una noche todas las estrellas de la película "Breaking" estaban allí. Alrededor de ellos había un círculo de espectadores. Bailaban en el medio del círculo, animaban a la multitud y exhibían todos sus movimientos de baile.

Una noche, yo estaba muy emocionada y sabía que los clubes de Newport me pagaban por bailar, así que lo hice. Le dije a mi amigo que formara un círculo a mi alrededor y me valí de la valentía que me daba la cocaína. Los productores de Soul Train estaban allí y me preguntaron si podía empezar a bailar en su programa. Soul Train era un espectáculo de danza predominantemente negro que se emitía de manera habitual el domingo por la noche durante una hora. Los bailarines eran siempre los mejores y presentaban a los nuevos artistas de hip hop. Yo sabía que estar allí no era dañino, no iba a ser como la audición falsa del pervertido a la que fui la vez aquella. Acepté. Filmé durante dos años de manera intermitente. Tenía el pelo largo y castaño hasta la cintura, siempre usaba shorts cortos de jean y generalmente un calzado Doc Martens. Yo era una de las únicas chicas blancas del programa. Nunca estuve en la jaula del programa. A menudo me preguntaba ¿por qué? Entonces descubrí el secreto. Las jovencitas que presentaban allí tenían un show privado sin ropa interior con los que filmaban, y sin que nadie supiera, ellos editaban esa parte. No podía creer que alguien pudiera vender su dignidad por la fama. Poco a poco pero sin duda alguna, me estaba dando cuenta de que no todas las jovencitas y jovencitos tienen moral y valores.

Cuando regresaba a Newport luego de filmar el programa, me la pasaba con mis amigos no hippies. Era evidente que yo no cumplía con uno de los 10 mandamientos de mi familia. Mi abuelita siempre decía que para alguien era mucho más fácil derribarte que levantarte. Si te acuestas con perros, tendrás pulgas. Eso simplemente salió volando por la ventana. Eso es lo que hacen las drogas: te ayudan a tirar la precaución por la ventana y a olvidar los valores que sabes que son correctos.

A finales de los 80, la cocaína proliferaba en el sur de California. Tuve un novio traficante de cocaína al que visitaba cuando estaba en casa. Recuerdo que iba a su residencia, que había cámaras alrededor y guardaespaldas en la puerta. Había kilos de cocaína hasta el techo. Yo todavía estaba asombrada de mi papá traficante de droga y siempre contaba con quién era que él había trabajado. Relataba que él había sido el piloto de Pablo Escobar, había estado involucrado en el escándalo Irán-Contras, y la manera en que había caído preso por contrabandear 1.000 kilos de droga. Nunca me criaron con mi papá pero atraía a gente como él. Créeme, cuando no te ocupas de tus enredos (de tus traumas) con papá y de los problemas que se derivan, ellos seguirán aflorando de maneras poco saludables. Con respecto a mi novio, a mí no me desconcertaba que su casa fuera así, ni sentí que estaba en peligro. Ahora sé que estaba probando al destino la mayor parte del tiempo con mi actitud de "no tener miedo". En mi interior cargaba con un deseo de muerte por causa de todo el dolor y por eso me inclinaba hacia lo extremo. Dios siempre me ha protegido.

Cierta noche regresé de gira, me convertí en la otra Polly y me fui a varias discotecas toda la noche. Cuando digo "gira" me refiero a que seguía a los "Grateful Dead" de ciudad en ciudad, junto a todos los demás aficionados llamados los Cabezas Muertas. Yo estaba en una espiral descendente mala y sabía que ser una hippie de gira era mejor que esta extraña sensación de querer meterme cocaína todo el tiempo. Me gustaba que me impedía comer y me mantenía flaca (una cosa tan tonta que no debería ser motivo de preocupación). Cuando iba a England mientras crecía, mis abuelos siempre les decían a todos que entraban a la Delicia Láctea: "Mira a mi hermosa nieta, y todavía es virgen". Mi belleza exterior se convirtió en un escudo para el mundo, impidiendo que la mayoría de la gente lograra ver mi tormento interior. Lo externo ocultaba lo que sentía por dentro, motivo por el cual se convirtió en una gran motivación para que siempre estuviera obsesionada con mi apariencia. Esa noche en particular yo estaba en una casa con un montón de mocosos malcriados de Newport. Me encerré en el baño con un 1/8 de onza de cocaína. Podía sentir lo que eso le estaba haciendo a mi cerebro. Tenía la sensación de que me estaba convirtiendo en esclava de ella. Escribí este poema a los 19 años, sentada en el piso del baño de esa fiesta.

LA CUCHILLA

Escrito el 11 de marzo de 1988

Mientras estoy sentada aquí sola en mi propio rincón del mundo, escucho la rebanada del corte. ¿Qué es?

¿Cuál es el sonido que escucho resonar en mi mente?

¡Los sonidos son tan fuertes y no hay duda de que son un túnel de completa oscuridad!

Sé que en mi interior hay una tonelada de luz, de amor total y pleno.

Sé que sin un estado alterado de conciencia soy lo que soy en realidad.

Pero eso resuena en el fondo de mi mente rogando y suplicando.

¿Por qué no puedo simplemente decir que no?

¿Amor, qué es? ¿En realidad está todo adentro?

¡Ahora estoy sola, no solitaria, simplemente sola!

En mi mente veo a mi papá, quien siempre estuvo en la búsqueda de la luz, una línea tras otra, ¡buscándose a sí mismo de manera constante!

Esta experiencia no está en otra línea blanca, está dentro de ti, está en la vida.

Esta experiencia no está en otra línea blanca.

Ese ruido que escucho te está cortando la vida.

¡Sé esclava de ti misma, y ama y sé amada!

Luego de esa noche, dejé de estar en escenas como esas por un tiempo. Y entonces me pasé por completo al modo hippie. Para mí era común alternar entre los dos mundos. Después de pensar en el amor que había sentido en los pocos shows a los que había ido, decidí meterme con toda e irme de gira a tiempo completo. Yo todavía tenía mi hermoso jeep dorado y conocía a algunos hippies en la ciudad, así que estaba lista. Era la gira de "No Time to Hate Summer Tour 88". Fue antes de que hubiera internet. Llamábamos a un teléfono de los "Grateful Dead" todos los días, para ver si habían agregado presentaciones en cualquiera de las giras que seguían. Luego, en mayo, publicaban las fechas de la gira de verano y las ciudades en las que iba a tocar la banda. Y la planificación empezaba allí. Yo preguntaba en el lugar donde parqueaba los autos si podía hacer turnos extra solo para poder tener unos cientos de dólares para salir de viaje en carretera. ¡Huy! Viajar más de 8.000 kilómetros, ir a más de 15 ciudades y sentirse seguro con solo $300 dólares, ¡eso ya de por sí es un milagro! Ese verano cargué mi jeep con un refrigerador en la parte posterior y un parlante con una casetera y así estuve lista para rodar. Seguí a un camión campero con siete personas que habían estado de gira antes. Conduje sola la mayor parte del tiempo, pero fue genial conducir sola por Nebraska porque es muy tranquilo. Mi jeep estaba con la capota abajo y mi largo y trenzado cabello ondeaba en la brisa, y allí tenía mi caja grande de Dr. Pepper de 7/11. Manejamos desde Newport Beach (California), utilizando nuestro mapa para llegar al primer espectáculo en Alpine Valley, Wisconsin (USA). Eran como 2.400 kilómetros de conducción en la autopista. Podría decir que mi estado favorito fue Wyoming o Nebraska porque tenían mucho espacio abierto y no estaban muy poblados.

Cuando nos detuvimos en el estacionamiento del centro recreativo de Alpine Valley, supe que estaba en casa. La gente con la que había ido, como que me abandonó, pero no importaba. Yo tenía mi falda hippie y la parte superior del bikini, y estaba haciendo muchos amigos. El primer show fue durante una calurosa noche de verano. Llevé a mi medio hermano con el que nunca había estado cuando era niña y que ahora tenía 16 años. Nos llevamos dos años y medio. Su versión de la historia es que yo le di algunas cosas para que la fiesta fuera mejor, lo empujé a través de las puertas y lo hice entrar. Ingresamos, metimos dosis de lo que pudimos y empezó a llover. Nunca me había sentido tan libre. Bailé desnuda bajo la lluvia caliente en el espectáculo con todos los demás locos desnudos. No fue incómodo en absoluto, yo era totalmente libre. El calor trajo una ligera lluvia de verano. Sentí demasiada alegría mientras la banda tocaba "ustedes son los ojos del mundo", la gente cantaba, y todos estaban bailando. Cuando me fui del espectáculo tenía muchas joyas y cosas que la gente me había dado durante el show. Mientras salía, me sentía como si estuviera flotando. Recuerdo una abrumadora sensación de libertad que nunca había experimentado. Personas que ni siquiera conocía, se me acercaban y querían firmar mi falda. Después de la gira, toda mi falda tenía muchos números de teléfono y arte plasmados en ella. Yo era una pieza de arte andante.

Vendí queso a la parrilla para ganar dinero y poder llegar al siguiente espectáculo. Lograba conseguir $50 dólares con una rodaja de pan y haciendo pequeños sándwiches. Conduje a seis estados más y estuve en otros 22 espectáculos. En todos los estados estaban las mismas personas que habían asistido al espectáculo anterior. Se trataba de recorrer kilómetros de autopistas entre los estados, mientras toda tu nueva familia te seguía hacia la próxima aventura. En cada parada para descansar luego de 482-804 kilómetros había hippies escuchando música y pasando el rato mientras viajaban entre cada espectáculo.

En cada show, los "Grateful Dead" siempre tocaban nuevas mezclas de sus canciones. Esto hacía que cada presentación fuera diferente. Jerry García, el cantante principal tenía un pasado problemático y cuando cantaba tú podías sentirlo en tu corazón. Yo sentí que tenía a mi papá. Nunca tenía que cantarme yo sola. Cuando él cantaba "Ojos del mundo" podía ver a Dios que me miraba desde arriba y me apreciaba como niña. "¡Despierta para descubrir que eres los ojos del mundo!". ¡Huy! Cuando escuchaba esa canción, sentía que Dios siempre me cuidaba a pesar de que en la infancia me habían pasado muchas cosas.

Después de la gira conduje con mi hermanito y alguien que necesitaba que lo llevara por la autopista de la costa Este hasta Texas, para ir a la reunión del arcoíris. Conocí a Tom en Wisconsin en uno de los espectáculos y nos hicimos amigos del alma. Tom era un niño rico de una familia élite en Chicago. Era de piel súper clara, con cabello largo castaño, jamás usaba zapatos y cargaba con su guitarra todo el tiempo. Yo siempre hacía amigos dondequiera que iba. La familia del arcoíris es un grupo de ideas afines cuyo propósito es crear paz dondequiera que va, y educar a la gente acerca del planeta. La calcomanía grande que tenía en el salpicadero de mi jeep decía: "La Madre Tierra te ama". Ellos se reúnen del 1-6 de julio. Siempre escogían un lugar del campo en lo profundo de un bosque nacional.

Nunca se intercambiaba dinero; ellos dependían por completo del sistema de trueque. La gente creaba cocinas y la comida era gratis; tú llevabas tus platos y utensilios. Siempre pensé y todavía creo que era muy sorprendente estar en medio de un bosque y poder comer pizza a veces. El 4 de julio, todos se reunían alrededor de la hoguera en círculo y tocaban tambores. Se tomaban de la mano y meditaban sobre la paz mundial durante 30 minutos. Imagínate a todo tipo de persona y cultura. Se reunían más de 3.000-4.000 personas para tomarse de la mano y meditar sobre la paz.

Cuando terminamos la gira, mi cabello era casi rubio por conducir más de 6.437 kilómetros con la capota de mi jeep abajo. Mi piel quedaba tan morena como un grano de cacao, y mi cabello parecía rastas. Perdí 9 kilos. Terminé con un peso aproximado de 48 kilos y para alguien que mide 1.70m eso es poco. Todos los presentes decían: "Yo cuido de tu familia". Jamás había visto algo así. Mi familia en Arkansas me hacía falta y tenía un anhelo interior de estar conectada con la gente.

Después de tres noches de estar allí y de dormir en la carpa de cualquiera, supe que estaba enferma. Durante más de un mes había dormido en el suelo, en mi carro, en hoteles al azar y me desgasté. Llegué a la ciudad que estaba a una hora de camino por el bosque, y a otra hora adicional conduciendo hasta la civilización. Encontré un teléfono público y llamé a mi mamá por cobrar. Le dije: "Mamá, ven a buscarme, todos los que se supone que se irían de regreso conmigo a California ya se fueron". ¡Obvio que Esther Jean tomó el próximo vuelo hasta allá! Vi a mi mamá y simplemente colapsé en sus brazos. Estaba tan exhausta y tenía principios de malaria. Nos registramos en un hotel y me sumergí en la bañera durante 2 horas. El agua quedó negra y olía a pies. Mi mamá desinfectó mi auto y se cercioró de que no le fuera a dar sarna al montarse en él. Nos fuimos como las de la película Thelma y Louis, y ella condujo a través de la parte más calurosa del país en esa casa jeep. Mi mamá siempre ha sido mi Roca. Ella era mamá y papá.

Cuando regresamos a Newport descansé y volví a estudiar, todavía como hippie y descalza. En septiembre llegó la gira de otoño. Ya mis huesos habían reposado y era hora de volver montarme en mi vehículo para seguir "Trucking on" (sí esa es otra canción de los "Dead"). El señor por el cual nos habíamos mudado a California había desaparecido, mi mamá estaba trabajando para una nueva empresa y pensando en montar su propio negocio. Ambas estábamos creciendo y experimentando cosas nuevas. Cuando andaba por fuera, huyendo, me sentía más segura, de eso no hay duda.

Llegó la gira de otoño, cargué mi pequeño jeep y me fui. El recorrido desde Newport hasta el norte de California fue de solo 7 horas, la distancia perfecta. Santa Cruz era el punto de encuentro de los hippies en la costa oeste y ahí fue donde conocí a Ryan (quien ahora es mi esposo). Yo no le había contado a nadie nada sobre mi papá hasta que le conté a él. Simplemente confié en él desde el principio y sentí una profunda conexión pues sabía que con él estaba a salvo. Nosotros nos encontrábamos en los shows y bailábamos juntos, pero nunca nos besamos. Esos shows fueron en septiembre y cuando terminaron volví a Newport y esperé hasta la gira de invierno en diciembre.

La gira de invierno llegó y allá fue donde conocí al tipo que al que le entregué mi preciosa tarjeta de "V". Estábamos en los espectáculos de Long Beach en el 88, a solo una hora de mi casa. Todas las personas estaban bailando dentro del show con grandes cantidades de éxtasis y escuché una flauta, cuando he aquí esta criatura mágica que tocaba la flauta para todas las cabezas muertas y que estaba toda vestida de blanco. Él tenía el pelo castaño largo y ondulado, ojos azules penetrantes, y una barba desaliñada. Por supuesto que conecté de inmediato con él. Esa noche fui a casa y le dije a mi mamá que había conocido a alguien que vivía en el desierto y que él **era el indicado**. Yo estaba tan desubicada y mi cabeza estaba tan afectada por las drogas, que hubiera pensado lo mismo si Charles Manson hubiera llegado donde yo estaba.

Me subí a mi pequeño jeep dorado y conduje hasta el desierto alto tres días después. Luego de salir de la autopista, manejé 30 minutos por un camino de tierra y pasé rocas gigantes, autos averiados y viejas casas de metal que parecían estar en un país del tercer mundo. A los 19 años, yo todavía era inocente, muy ingenua y confiaba en todo el mundo. Me detuve en el lugar de Indra (ese era el nombre de mi nuevo amor hippie). Era el escondite de su amigo, quien estaba escondido allí para que la policía no lo volviera a llevar a la prisión. Mmm… ¿te suena familiar? Elegí una situación que me resultara tan familiar como mi papá.

Cuando me detuve donde él se estaba quedando, allí había un bus escolar averiado que habían añadido a la choza a punto de colapsar, para tener habitaciones adicionales. Íbamos a dormir allí. Esa fue la noche en la que entregué mi virginidad. La había guardado todos estos años y quería conservarla hasta el matrimonio. Se la entregué a un drogadicto, al Charles Manson mendigo, en un autobús escolar averiado oxidado conectado a una choza en el desierto. ¡WOW! Se la di a un hombre que era 13 años mayor que yo, que no tenía hogar, porque pensaba que era un iluminado y algún tipo de gurú espiritual. ¡Huy no! Por favor recibe el consejo que te da mi yo ahora que soy más adulta. ¡Espérate y guárdate! Tu virginidad es tu posesión más preciada y una vez la entregas, no la puedes recuperar. Me desperté, me sentí sucia y avergonzada incluso así con mi cerebro alterado. Sabía que había sido una forma asquerosa de renunciar a algo tan especial.

Conduje de regreso a casa tres horas hacia el sur de California y le dije a mi mamá que iba a estudiar en la universidad de Santa Cruz (California). Ella estaba triste, pero yo ya había terminado con el Community College. Dios siempre me dio gracia. En medio de las drogas, los hippies, la cocaína, y la gira logré sacar adelante mi diplomado de dos años en Artes (AA, por sus siglas en inglés, N.T). No, en esa época no había clases virtuales. Uno tenía que estar allí de manera presencial. Cuando tienes una perturbación en tu ser interior siempre tienes como algo que hala dentro de ti. Yo sabía que me estaba equivocando en algunas áreas, pero para demostrar que todavía estaba bien, lograba cosas para no sentirme como una verdadera perdedora. Hoy en día todavía lo hago. Mientras escribía este libro sentada en cuarentena durante las últimas siete semanas, supe que este era el momento para hacerlo. Noto que esa niña que siempre estaba tratando de demostrar que no era una perdedora todavía insiste y se manifiesta. Conozco herramientas que ayudan, pero aquello siempre está ahí.

Era la época navideña. Me fui en el jeep con toda mi ropa hermosa justo después de Navidad. Empecé a quedarme en la furgoneta de mi nuevo novio con todos sus amigos justo afuera de Berkeley, a la espera de enero para comenzar a estudiar en Santa Cruz. Nos detuvimos en Oakland para el espectáculo de año nuevo, y escuché un golpe en la camioneta de alguien que preguntaba por Polly Angel. Ese era mi nombre hippy. Era Ryan. No me había visto con él desde todo lo sucedido. Ryan me dijo que tenía que irme con él. Caminamos por el estacionamiento, me dio una tarjeta y me dijo que no la leyera hasta que se fuera. Me dijo que yo estaba arruinando mi vida por andar con esos perdedores. Solo pensé que él era muy insistente y lo ignoré. Volví a la furgoneta y leí la tarjeta. Decía que nunca había sentido la conexión que teníamos y que era real. La firmó así: Yo amo, Ryan. No decía: te amo. Así que solo dije: "Bueno, supongo que él se ama a sí mismo": No lo volví a ver sino 25 años después. Ese relato es parte de mi hermoso próximo libro.

Parte de no tener un papá o de no experimentar el amor de un padre es que no siempre tienes el mejor juicio o discernimiento en las situaciones. Eso es lo que hacen los papás, te ayudan a sentirte seguro y te enseñan sobre el mundo desde la perspectiva de un hombre, para que puedas tener discernimiento y tomar decisiones sabias y que seas capaz de salir del peligro. Me gustaría haber sabido lo que ahora sé por esos días. Claro que no hubiera pasado por todas las pruebas en las que me metí y no estaría escribiendo este libro. Tal vez lo hubiera escrito, pero sería mucho más aburrido. Ten presente que toda esta locura podría haber sido una vida llena de alegría, no solo de aventuras salvajes en las que de verdad habría podido salir lastimada o incluso muerta. Pero todo está bien. La vida es una travesía, no un destino.

Indra y yo parqueamos en San Francisco esa noche y yo, con mi ingenuidad y probablemente estupidez inducida por las drogas, dejé todos mis regalos de Navidad en el coche. Nunca pensé en los ladrones. Todavía estaba muy drogada por los espectáculos de los que acabábamos de salir. Intrínsecamente yo solo pensaba que la mayoría de la gente era buena. A la mañana siguiente, me levanté y toda mi ropa había desaparecido. Mi mamá me había comprado cosas en Niemen Marcus para regalármelas de Navidad, y mi hermosa ropa ya no estaba. Ella quería que recordara las cosas buenas de la vida para tratar de sacarme de esa fase hippie. Esa mañana me levanté y no había nada. Vi vagabundos en la calle con chaquetas de $1.000 dólares. Recuperé algunas cosas, pero la mayor parte ya no estaba. Ese año, justo antes de Navidad, mi mamá había perdido su contrato con la empresa para la que había estado trabajando. Yo no sabía lo arruinadas que estábamos. Ella gastó el poco dinero que le quedaba para asegurarse de que a pesar de todo, yo tuviera una gran Navidad ese año. Tragarme esa "pepa" fue difícil. Ella me lo contó varios años después.

Ya era suficiente. Dejé el área de la bahía para volver a Newport a despedirme de mi mamá una vez más, antes de irme a estudiar en Santa Cruz. Para entonces, Indra era mi novio. Mi mamá no tenía ni idea de que yo ya le había entregado mi tarjeta de "V" en un bus escolar en ruinas. Tuve que ir a recogerlo al desierto en el que había tenido lugar la primera fabulosa vez, porque allí era donde se estaba quedando mientras me esperaba. Yo quería llevarlo a Santa Cruz conmigo, así que fuimos juntas a buscarlo. Claro que su verdadera razón para viajar hasta BFE era protegerme de Charles Manson (así le decía ella). ¡Dios mío!, las cosas por las que he hecho pasar a mi mamá.

Mi mamá se subió al Jeep y condujimos en un hermoso día soleado y frío de California hasta el desierto alto. Pasamos por delante de todos aquellos cementerios de carros, casuchas sucias y en ruinas, hasta que por fin llegamos a un rancho en medio del desierto alto. Digamos que lucía como los Beverly ricos antes de tener riqueza. Llegamos allí al anochecer y mi mamá tenía buena actitud y fuerza. El único lugar para dormir era una mesa de billar, así que nos dormimos allí. Que mi dulce mamá durmiera en medio de lo que llamaban la guarida, que en realidad era la única habitación en la choza, fue un viaje entero. La única fuente de calor era la estufa de leña de la esquina. Era evidente que no estábamos en el hotel Ritz.

A la mañana siguiente, ella se fue de excursión con nosotros a los manantiales nudistas de agua caliente del valle. Mi mamá estaba determinada a impedir que yo me quedara a solas con ese tipo. Ella sabía que haría la caminata hasta los manantiales. En la parte alta del desierto hay un lugar hermoso llamado las aguas termales Deep Creek. Son aguas termales naturales, asentadas, encaramadas en la ladera de una montaña y parecen pequeños estanques junto a un furioso río. El agua es caliente por causa de la lava que está debajo del suelo. Para llegar allí, tienes que caminar alrededor de 2.5 km por un acantilado y cruzar un río helado. En el invierno todavía hace frío en el desierto alto en California y por lo general, el río tiene hielo. Aquí está el truco, tienes cruzar desnudo el río para no mojarte la ropa y llegar a las aguas termales.

Esther se iba a asegurar de que yo no cruzara sola ese río con ese muchacho. Así que caminó todo el recorrido, se quitó la ropa, la dejó en la playa y cruzó el río helado desnuda con alguien que se parecía a Charles Manson. Se metió en las aguas termales, se sentó justo en medio de los dos, y terminó una botella de champán con nosotros dos. Ella afirmó que cuando vio a ese tipo desnudo de pie al otro lado del río con algo que sobresalía, ella se apresuró a cruzar el río para asegurarse de que no se me fuera a acercar con esa cosa. Yo tenía 19 años y mi madre tenía unos 45. Esa fue la vez que vi que mi mamá hacía algo con tanta rapidez. Nos ganó a los dos por el acantilado, se puso la ropa y simplemente salió corriendo de allí. Ella no permite que me olvide de lo bien que se sintió después de la experiencia en las aguas termales.

Eso fue todo. Llevé a mi mamá a casa, me despedí y tomamos la carretera de nuevo. Indra y yo arrojamos hongos en nuestro viaje por la autopista cinco, un recorrido que duró 8 horas hasta Santa Cruz. Algunas cosas de la basura hippie que él escribía eran tan hermosas que me inspiraron para comenzar a escribir de manera más creativa. Incluso conservo una copia de un poema que escribí en el viaje mágico a Santa Cruz y que se llama:

Pon tu ceño fruncido al revés (sonríe)

La lluvia está cayendo sobre mí,

supongo que estoy justo donde se supone que debo estar,

parece que lo estoy haciendo bien.

Mi hogar está justo aquí en mi corazón.

¿Podría ser este el lugar por donde debería empezar?

Estoy batiendo mis alas por primera vez,

¿Cómo voy?

¿Estoy volando como un águila, o estoy cayendo como una paloma recién descubierta?

¿Cuáles son estos sentimientos? ¿Podrían ser amor?

Siento que todo alrededor ha puesto mi vida patas arriba,

parece que lo estoy haciendo bien.

Así que toma las semillas del miedo y la duda y sí, tíralas de inmediato

¡hacia la eternidad y permítete ser eternamente libre!

¿Acaso eso no es una mierda hippie? Realmente desearía poder encontrar de nuevo a Indra, pero escuché que falleció. Él escribió el libro más hermoso de todos, cuyo nombre era "Las aventuras de Tickle Bug Love en Giggly". Si alguna persona lo conoce y leyó el libro, su nombre era Ronald Humberg. Él siempre cargaba consigo su maleta de arte y todos sus escritos, y fue el autor de la historia más hermosa que yo haya escuchado. Lloré durante tres horas mientras conducía hasta el norte de California pensando en la belleza de esa historia. Era un relato sobre el amor y la inclusión, y creo es algo que todos podríamos usar en nuestra vida ahora. Incluso si el mensajero está equivocado, siempre podrás encontrar un mensaje que puedas usar para bien.

Cuando recién llegamos a Santa Cruz, Indra y yo dormimos en el jeep muchas noches, en habitaciones de hotel y en el piso de la casa de la gente. Yo actuaba como si fuera alguien sin hogar en ese entonces. Eso era muy raro. Se suponía que tenía que empezar en la universidad, pero estaba demasiado hippie y me divertía al máximo. Me sentaba en el centro comercial de Santa Cruz mendigando por dinero y luego iba al basurero para sacar las frutas y verduras orgánicas sobrantes. Me quedaba de pie junto al teléfono público del centro comercial esperando noticias sobre las próximas fechas de gira de los "Grateful Dead". Yo estaba loca tratando de convencerme de estudiar allá. Mi obsesión era huir. Todas las drogas y toda la diversión que tenía, buscaban que yo pudiera escapar físicamente de todo lo que en realidad sucedía en mi interior. Para entonces era más fácil así, ¡pero hombre! todo tu equipaje levanta su desagradable cabeza más adelante en la vida, si no lidias con el asunto de joven.

Vi a Ryan un par de veces en Santa Cruz, pero a decir verdad no salimos mucho porque ahora tenía a este muchacho en mi vida y él le decía el equipo del choque. Yo sabía que no podía ir a la escuela en el invierno. Estaba muy loca. Por lo tanto, todos los hippies compramos vuelos de ida a Hawái, la gran isla. Yo no tenía ni un dólar en el bolsillo y tenía conmigo solo una mochila, pero estaba decidida a irme a vivir de la tierra junto a todos los hippies.

Estaba en busca de lo que mi padre me contaba en las cartas que escribía en la cárcel. Mira, cuando mi papá era un fugitivo y estaba huyendo, vivió un tiempo en Hawái. Mientras vivía allá, compró una propiedad, cultivó marihuana y estaba bajo otro alias: "Lucas Harmony". Él se llevó para allá a mi hermanito, a mi hermanita y a mi madrastra. Ella fue la que lo ayudó a fingir su suicidio y la que por muchos años condujo a los investigadores federales por un camino diferente, para que mi papá pudiera escapar e ir a prepararles un lugar.

No hay duda de que cuando mi papá volvió a la vida, ese hecho metió otro clavo en el ataúd de mi autoestima. ¿Por qué se había llevado a mi medio hermano, a mi media hermana y no a mí? ¿Qué era lo que estaba mal conmigo? Incluso albergué rencor hacia mi mamá durante años. Pensaba que yo no tenía una relación con él porque ella lo había dejado.

Ahora sé que eso fue pura mierda. Cuando yo pensaba eso, mi mamá en realidad nunca me había dicho todas las cosas horribles que él le había hecho antes y durante su matrimonio. Eso es lo que hacemos a veces para proteger a ese niño que llevamos dentro y que se siente abandonado. Culpamos al padre que permanece, porque sabemos que no se irá. El rechazo no tiene nada que ver contigo cuando eres niño, ni con esa idea de no ser lo suficientemente bueno. Solo tiene que ver con la incapacidad de la otra persona para mantener su palabra y con su egoísmo.

Yo sabía que mi padre tenía una propiedad en Hawái y estaba desesperada por encontrar cualquier pieza que me diera pistas sobre quién era este hombre. Mi mamá nunca me había contado a fondo todas las cosas horribles que él había hecho; ella solo me dejó encontrar las respuestas por mi cuenta. Mi mamá esperó hasta que yo fuera mucho mayor. Ella necesitaba decirme la verdad. Yo empecé a idolatrar a mi papá. Pensaba que él era una especie de héroe real, un pandillero que transportaba drogas para el cartel y para Pablo Escobar. Recuerdo una vez que yo estuve en el Warfield en San Francisco, en un show de la banda de Jerry García y, mi pequeño jeep no se aseguraba para quedar bloqueado. Yo estaba tan drogada como una cometa en el parqueadero, me perdí el espectáculo, me metí en el carro y me tapé la cabeza con las cobijas. Todos sabían que mi papá tenía gente detrás de él, y el mejor lugar donde podía esconderme era con los hippies de los Grateful Dead. Mientras estaba acostada en la parte de atrás de mi jeep escuché a dos hombres decir que ese era el auto de Betzner y que necesitaban encontrarme. Me acurruqué aún más como una bola y disminuí la velocidad de mi respiración para que no se dieran cuenta de que yo estaba allí. Finalmente, después de asegurarme de que se habían ido, les pregunté a todos si habían visto a algún personaje extraño en el lugar. Me dijeron que habían visto dos tipos con gabardinas largas que parecían colombianos. Me enteré de que eran dos tipos procedentes de Colombia, que habían sido enviados por el cártel para secuestrarme y pedir un rescate, de modo que mi papá no los delatara en prisión. Ahora sé que Dios siempre me ha protegido y que por ser el Padre que es, cuidó de mí incluso en medio de mi locura.

Retomando mi historia con Indra, ambos nos subimos al avión con otros 20 hippies y tomamos nuestro vuelo de ida a

Hawái. Aterrizamos y uno de los amigos de mi papá nos recogió. Era un tipo muy buena onda, muy involucrado con la salud natural y nos llevó a un parque. Nos detuvimos y había gente hermosa bailando y brillando, personas dadas a lo natural y proveniente de la tierra por todas partes que ondeaban banderas, sosteniendo pareos, comiendo cocos. Ese parque y una carpa para acampar se convirtieron en mi hogar durante los siguientes meses. Literalmente, yo me levantaba por la mañana con todos los hippies y salíamos a buscar nuestra comida en el bosque. Recogíamos piñas, aguacates, mangos y comíamos como glotones todo el día.

Un día fuimos a casa de un amigo que estaba cerca y en su propiedad tenían una cueva escondida. Mientras caminábamos por el bosque de regreso a esa cueva, recuerdo que miré el suelo y pensé que allí no podía haber nada. Cuando el tipo empujó lentamente hacia atrás un trozo de madera contrachapada miré hacia dentro. Había una escalera y vapor saliendo del agujero Dije: "Vamos por ello". Caminé hacia abajo en el agujero y había un hermosa caverna llena de velas y aguas termales que colmaban el lugar hasta donde te daba la vista. Fue glorioso. Nos empapamos del lugar todo el día. Yo nunca había visto nada tan hermoso y misterioso.

Entre más tiempo pasaba en Hawái, el alcoholismo de Indra se hacía más evidente. Me di cuenta de que solo estaba haciendo un trabajo de niñera que tarde o temprano iba a terminar. Hawái era uno de los lugares principales del mundo para el cultivo de marihuana, pero todavía no era legal. En abril, cuando llegaba la cosecha de marihuana y de la tipo "light", todos los granjeros echaban todo el recorte y las hojas en bolsas de basura gigantes y las botaban a la basura. Como buenos hippies, nosotros recogíamos todas las bolsas de basura de 55 galones llenas de hierba (eran como 20 bolsas) Yo no tenía ni idea de lo que íbamos a hacer con todo eso, pero era claro que Indra sí. Manejamos de regreso en medio del bosque hacia una finca comunal de vida intencional. Recuerdo claramente la forma en que toda la gente que estaba allí hablaba de cómo íbamos a hacer aceite de hachís. Yo no había visto el aceite de hachís. Todo eso me sonó emocionante. Dijeron que sería un proceso de 24 horas y que todos íbamos a tener que permanecer despiertos todo el tiempo. En mi cabecita yo pensaba: "Dejé la cocaína y no tengo idea de cómo voy a hacer para estar despierta 24 horas, y trabajar para hacer este aceite de hachís".

De repente, este hippie que había ido a un concierto de Woodstock en los 60, abrió su congelador. Todos miramos con asombro al ver que había guardado un golpe de ácido desde 1971, el llamado sol amarillo. Tenía 5.000 microgramos en un golpe. Hoy en día, un golpe de ácido tiene más o menos 100 microgramos, y esa es la dosis habitual que consume la gente al usar esa droga. Haz los cálculos matemáticos para ese ácido. Él lo dividió en 5 partes, lo que significa que yo me tomé 1.000 microgramos, que al día de hoy serían 100 golpes de ácido. Digamos que yo no tenía ni idea de lo que me esperaba, y que me quedé despierta durante mucho tiempo.

Cuando comencé a toparme con todos los hippies que habían estado en el concierto de Woodstock, cargué una camioneta Tacoma y conduje hasta un lugar llamado el Estanque Millonario. Es un estanque justo al lado del océano, tiene 0.5 hectáreas de ancho y su temperatura era de cien grados. Cuando te detenías, podías escuchar ranas porque recuerda que es un estanque de agua dulce en medio de la nada justo al lado del océano, ubicado también en medio de la nada. Podías escuchar las olas rompiendo sobre los acantilados que venían del costado hacia el agua. El sonido era glorioso, en especial con mi elevado sentido de conciencia.

Lo siguiente que supe fue que ahora yo era una rana. Literalmente pensé que era una rana. Salté al agua y estuve croando como una rana durante horas enteras. Nos quedamos allí durante horas y horas, y jugamos. Yo era una sirena. Era una rana. Era un animal acuático. Estoy súper segura de que me transformé en todos los personajes que te puedas imaginar. Me demoré unos días en poder traer de regreso mis palabras y en poder hablar inglés de nuevo. No puedo creer que Dios arregló mi cerebro y que no quedó "frito" para siempre, pero esa fue una experiencia que nunca olvidaré.

Habíamos hecho autostop alrededor de la isla porque no teníamos auto y terminamos quedándonos con uno de los amigos de mi novio al otro lado de la isla. Tuve un caso severo de picaduras de mosquitos porque se me comieron las piernas y los brazos, y mi novio estaba demasiado borracho como para ayudarme. Nos quedamos en la trastienda de un local de cosas de segunda mano y recuerdo que su amigo echó algo sobre mi cuerpo, me untó mucho aloe y me ayudó a poner mi cerebro en orden y a sanar mis picaduras. Yo supe que necesitaba regresar al otro lado de la isla.

El único contacto que podía tener con mi mamá era si la llamaba desde un teléfono público una vez a la semana, pero ella no tenía manera de contactarse conmigo. Yo no tenía teléfono, ni dirección, y sabía que ella debía estar muy preocupada. Yo ya llevaba allá más o menos 3-4 meses y una noche nos fuimos a otra comuna en el océano. Vi a una amiga que no había visto hacía años. Su nombre era Tejedora de Corazones y ella tenía más o menos mi edad. Para entonces, yo no estaba caminando con el Señor, pero Él estaba conmigo. Esta joven no sabía nada sobre mi situación, ni sabía que mi madre era la única de mis padres involucrada en mi vida. Ella no tenía idea de que mi relación con mi mamá era tan cercana. Yo solo la conocía porque bailamos en los pasillos de las giras en Estados Unidos.

Ella me acompañó por el bosque y me sentó en el lado del acantilado y dijo: "Tengo un mensaje. Yo no tenía ni idea para quién era, pero ahora sé que es para ti". Prosiguió: "Mientras estaba sentada aquí de cara a la costa de California, pude ver a una mujer sentada allá en la costa californiana, gritando el nombre de su hija: ¡Polly ven a casa, llámame!". Me preguntó: "¿Eres de California?" Le dije que sí. Me volvió a preguntar: "¿Tu madre tiene el pelo rojo?" Le contesté que sí. Entonces me dijo: "Tienes que irte a casa. Ella te está llamando y está llorando en la playa".

A la mañana siguiente, llamé a mi mamá desde un teléfono público en la única tienda que quedaba en ese lado de la ciudad. Cuando contestó el teléfono estaba llorando porque yo llevaba semanas sin llamarla. Yo podía escucharla llorando, lo cual no sucedía a menudo. Mi mamá me dijo: "Polly, tienes que volver a casa". Tomé un avión ese día y volé a casa. La experiencia de ver a mi mamá fue como cuando la vez que aterricé en sus brazos, luego de que llegara a buscarme después de andar en la reunión arcoíris donde me dio malaria. Mi carita pequeña estaba tan gorda como la de una ardilla por todas las frutas y verduras que había estado comiendo y que se cultivaban en la tierra, y mi piel estaba tan morena como un grano de cacao.

Ella había fundado su Asociación y cada vez tenía más éxito. Mi mamá tenía la certeza de que California nunca sería buena para mí y de que yo seguiría por esa senda. El hombre por el que ella había ido hasta allá desapareció, no tenía forma de encontrarlo y estaba devastada. Ambas extrañábamos mucho a nuestra familia del sur. Así que mi mamá y yo nos sentamos una noche y tuvimos una larga charla. Abrimos un mapa y ella dijo: "Cierra los ojos y escoge". Cerré los ojos y elegí, señalando a Atlanta, Georgia (USA). Ninguna de nosotras había vivido allí antes, pero todos nuestros familiares estaban todavía en Arkansas y Memphis, así que sabíamos que era un asunto definido. Atlanta solo estaba a 7 horas en auto y no había duda de que era mucho más cerca que conducir durante dos días. En dos semanas empacamos todas nuestras pertenencias y nos fuimos. Polly y Esther condujeron por todo el país para mudarse de vuelta al sur. Mi pequeña y salvaje estadía en California había terminado, y ahora nosotras estábamos de regreso en el sur.

CAPÍTULO 7

DIVERSION, COMIDA FRITA Y CITAS MISIONERAS EN ATLANTA SEGUNDA PARTE

Yo entiendo que hasta que finalmente consigamos nuestra verdadera libertad en cielo, todos necesitamos libertad tan solo para escapar temporalmente de este miseria que llamamos tierra. En el libro de Romanos dice: "Todos están destituidos de la gloria de Dios" (Rom.3:23, KJV). De niña, yo meditaba a menudo en ese versículo. No sabía lo que significaba. Ahora sé que implica que cuando entiendes todo lo que te ama Dios, tu Padre celestial, puedes experimentar ese tipo de libertad. Pretender obtenerlo corriendo hacia cualquier lado que no sea Su plan, es como orinar en el viento, porque no cumplirás tu propósito en la tierra. Todo lo que no corresponde a Su voluntad será totalmente insatisfactorio, y por lo general, termina causando mucho más dolor que alegría, lo cual nunca fue el plan de Dios para tu vida. Todo buen padre solo quiere felicidad y alegría para sus hijos.

Por lo tanto, comprender que siempre tuve un Padre celestial que me había estado cuidando siempre, me dio una paz interior y la certeza de que soy suficiente así como soy, y también como no soy. ¡Estoy bien!

Bueno, digamos que aunque durante mis días hippies en California desarraigué por fin el dolor profundo que estaba dentro de mí, yo todavía no había sido restaurada a mi configuración original.

En Atlanta, opté por restablecer mi configuración predeterminada, es decir, me puse mi cara feliz y salí a aventurarme, sin pensar en por qué me metía en situaciones que eran realmente peludas. Mi configuración predeterminada también evidencia por qué escogía cosas que me podían hacer daño y conducirme por un camino oscuro. Mi configuración predeterminada era la de sabotear lo bueno que hubiera en mi vida, para que así se pudiera cumplir el pensamiento que tenía desde que estaba pequeña, y que decía que ¡yo no era lo suficientemente buena! Eso es lo que hacemos cuando estamos lastimados. Desafiamos la vida y las situaciones y retamos los límites. Atlanta era una nueva libertad. Yo pensaba que todas mis experiencias en California y Nueva York me daban una ventaja sobre la mayoría de la gente del sur. Sabía que podía abrirme para que ellos vieran las cosas como yo, y sentí que eso era ¡mucho más genial y divertido! Ahora mirando hacia atrás, era claro que era muy arrogante e inmadura.

Esther y yo llegamos a Atlanta en verano. Nos mudamos a un hotel increíble con piscina cubierta. Recuerdo que íbamos a un restaurante lindo y pequeño, y que me tomaba dos malteadas de chocolate al día. Gané 7 kilos el primer mes allá.

Pero déjame decirte que perdí ese peso con mucha rapidez. Nos mudamos a esta querida casita y yo tenía todo el piso de arriba para mí sola. Era de ladrillo y tenía dos pisos. Teníamos un jardín hermoso con muchos cornejos. Estaba en un callejón sin salida junto a otras casas tradicionales bonitas. La casa estaba en un barrio de un suburbio típico del sur. Me sentí sola, pero estar de regreso en el sur me alegraba mucho, porque sabía que mis abuelos, tías, tíos y primos estaban a solo siete horas de distancia.

Yo quería un perro, así que fuimos a la Sociedad Protectora de Animales y vi al perrito más precioso de todos, mitad labrador, mitad chow chow, un pequeño cachorro de bola, con pelo color negro sólido. Lo llamé Cassidy porque esa era mi tercera canción favorita de los "Grateful Dead", por supuesto. Mi mamá estaba empezando a tener más éxito y yo sabía que tenía que recomponerme.

Un fin de semana, ella salió de la ciudad. Yo fui a un concierto hippie en el centro y allá había un buen hombre mayor, que preguntó si podía quedarse en mi casa porque iba a llover y él necesitaba un lugar para pasar la noche. Yo y mi tonto yo respondimos: "Por supuesto. Ven a quedarte en mi casa". Yo no sabía que la verdad era que él era un mendigo y que no tenía hogar. Entonces mi cachorrito y yo estábamos pasando el rato en la casa y lo siguiente que supe fue que su perro gigante atacó a mi cachorro, y le sacó el globo ocular de un mordisco. Yo estaba horrorizada. No podía creer que algo tan malo hubiera pasado, pero perdoné al hombre y le pedí el favor de que se fuera. Llevé sola a Cassidy en mi regazo un veterinario para ver si podían salvar su ojito. No fue posible. Yo me sentí terrible: "¿por qué mi compasión tenía que causarle dolor a mi inocente perro?". Mi mamá llegó a casa al día siguiente y ambas decidimos que estar en casa no era un gran plan.

¡Mi dulce Cassidy!

Por lo tanto, publicamos un anuncio en el periódico local en busca de una compañera de habitación para la universidad en Athens donde está UGA (Universidad de Georgia, por sus siglas en inglés, N.T). Yo sabía que iba a ir a esa universidad, la cual está a solo una hora de Atlanta, no muy lejos en realidad si tienes en cuenta que mi mamá y yo habíamos sido tan codependientes al regresarnos juntas. Una mujer increíble respondió al anuncio y pude ir a conocer a su hija. Ella era genial, bonita y divertida. Su mamá simplemente no quería que ahora que su hija estaba creciendo, sus compañeros de habitación fueran los mismos de su escuela secundaria, quería que fuera alguien nuevo.

Y entonces nos fuimos las dos. Nuestro alquiler era de $500 dólares por un apartamento de dos habitaciones y dos baños, que estaba ubicado a las afueras del pueblo. Era perfecto. Yo todavía estaba en mi temporada hippie y aún no tenía citas "misioneras". Solo había conocido a algunas personas. Aquella jovencita que se convirtió en mi mejor amiga, fue alguien sobre la que me senté al subirme al bus para ir a clases, y hoy en día todavía somos amigas. Dios siempre da pequeñas bendiciones de maneras que a veces ni siquiera pedimos pero necesitamos. Eso es lo que hacen los papás: saben con antelación qué es lo que necesitas, y luego se aseguran de hacer lo mejor de su parte para dártelo.

**Alison y yo durante la segunda vez que salimos
de noche. ¡Ella siempre era la genial!**

¡Ay, Dios mío!, las aventuras con Allison fueron divertidísimas. Ella era una rockera punk y yo era una hippie. Estábamos destinadas para grandes cosas. No pasaron más de 5 meses luego de que nos conociéramos, para lograr convencerla de que fuera a una reunión de arcoíris en el interior de la Florida. Justo cuando llegamos allí, ella se conectó con estos tipos llamados Snot y Trash. Eran los únicos rockeros punk que estaban allá. Ella estaba tan sorprendida por los hippies peludos desnudos con los que se topó, que tuvo que encontrar alguien con quien tuviera algo en común. Nos acercamos mucho durante esa pequeña aventura, así que decidimos volver a casa, cargar de nuevo y regresar en pos de otra travesía.

Yo quería ir a Tampa a ver a mi hermana durante las vacaciones de primavera, justo un mes después de nuestra última aventura, pero en realidad yo no la conocía tan bien y ella es mi media hermana. Yo le digo a ella una de las OG (las originales de Gary).

Allison y yo siempre nos divertíamos mucho y a ella le gustaba medir los límites. Nuestro recorrido en auto desde Atlanta a Tampa era de 9 horas, así que decidimos que sería una buena idea tomarnos una botella entera de Robitussin. Si alguna vez has hecho algo tan loco, eso te vuelve completamente lúcido y es casi como un viaje de LSD. No te sugiero que lo hagas, ni tampoco lo condono. En realidad no me importaba el resultado. Solo estaba pasando el momento y a decir verdad no pensé en lo mal que podrían salir las cosas. ¡Dios, —mi verdadero Papá— siempre me protegió de mi locura!

Durante el viaje y mientras íbamos tan elevadas como una cometa, tuvimos la brillante idea de ir a un bar sin saber que era un bar gay alternativo. Yo solo quería mostrar los pasos de baile que había aprendido en California en el programa Soul Train. Cuando nos detuvimos frente al club dije: "Alison, ¿los bailarines de Soul Train usan cuero? Cuando paramos, me pareció ver a un hombre con un afro gigante asomándose por el techo corredizo. Luego me di cuenta de que yo estaba mirando la chaqueta de cuero de Alison, y que su brazo se había transformado en un bailarín del Soul Train. Digamos que yo no tenía ni idea de lo que estaba hablando, porque estaba alucinando con que había bailarines del Soul Train al frente, cuando en realidad eran hombres homosexuales blancos aficionados a la música electrónica, conocidos como "New Weavers". Nos fuimos porque nos reíamos tanto que ni siquiera podíamos distinguir géneros de música o la apariencia real de la gente. Si nos hubiéramos quedado, es probable que nos hubieran dado una paliza, que hubiésemos terminado en prisión o en el manicomio.

Jóvenes y tontas, no pensamos con demasiada anticipación, así que no teníamos un lugar para dormir esa noche. Como hace cualquier joven inteligente, nos fuimos al parque del sector. Observé el panorama y dije tan en seria como pude: "Dios mío, Allison. ¡Mira! En este campo gigante hay toneladas de bolsas de basura, para que podamos dormir aquí".

A ella también le pareció una gran idea. Las bolsas comenzaron a moverse tan pronto nos acercamos. Ambas pensamos que estábamos alucinando de manera intensa otra vez. Entonces nos dimos cuenta de que por todas partes había cuerpos durmiendo. Era un parque lleno de vagabundos, ¡perfecto! Encontramos una cama inflable en nuestro automóvil, la armamos en medio del parque y dormimos allí junto a todos los habitantes de la calle. Que no hubiera pasado nada esa noche es un milagro. A eso me refiero: tu Padre celestial siempre te protege incluso cuando tú no lo haces.

A la mañana siguiente decidimos seguir conduciendo y fuimos a ver a mi hermana. La mayor parte del tiempo yo era muy temeraria y me encantaba exponerme al peligro. Entramos en un local de tatuajes porque Alison y yo queríamos uno y mi hermana también. Sentimos que era algo perfecto para tenerlo como recuerdo de nuestra loca aventura. Yo estaba acostada sobre la mesa con mi trasero al aire, lista para mi primer tatuaje. Allison me dio un codazo y me dijo: "Polly, mira su camiseta". El hombre que estaba a punto de marcarme de por vida tenía en la parte delantera de su camiseta "Al menos un sueño hecho realidad" con una foto de Martin Luther King muerto y con sangre por todas partes. No soy racista, así que quería asegurarme que esos campesinos blancos se enloquecieran. Vaya manera de pensar tan inteligente, justo cuando alguien va a plasmar en tu cuerpo una pieza de arte que te acompañará de por vida. Le dije al muchacho: "Huy, este lugar es realmente genial", para abrir el diálogo con él. Me preguntó si era soltera, así que mi culo inteligente y yo dijimos que no, que no. "Tengo un novio increíble que se llama Tyrone". Sentí que su garganta se ahogaba y me contestó: "Tyrone, ¿qué clase de nombre es ese?". Yo repliqué: "Es el de mi novio afroamericano, que es un liniero defensivo para los Bucaneros de Tampa Bay". El muchacho casi se vomita y entonces me contestó: "En realidad, por aquí no nos gustan ese tipo de personas. Soy un verdadero racista". Esas fueron sus palabras literales. Yo le dije: "Bueno, está bien, solo hazme mi tatuaje".

Todavía tengo ese tatuaje y cargo con las bromas al respecto, porque después de años y años de preguntarme por qué a veces tenía mala suerte ahora lo sé. Se suponía que la luna y la estrella de mi trasero deberían ser lindas, pero en realidad se parecen al símbolo de Isis. ¡Ay Dios mío, por esos días nos reímos mucho sobre eso! Cuando miro el recuerdo aquel, creo que tuve mucha suerte, porque no terminó siendo peor. Allison decidió no tatuarse allí, porque ella era inteligente, y entonces nos regresamos a Atlanta.

Después de seis meses de no ir casi a clase ese semestre, no había duda de que había perdido todas las materias con la nota más baja. Conocí algunos amigos nuevos que se podrían ir conmigo a la gira de los "Grateful Dead". Yo sabía cómo sacar adelante mi estrategia de juego, que era seguir andando. Conocía esa sensación de ser libre de todo dolor y de los recuerdos de mi pasado que había tenido en la gira y en Hawái, así que si podía ir hasta ese lugar de mi interior, lograría seguir empujando todos mis problemas hacia abajo. Créeme, con el tiempo ellos asomarán su horrible cabeza. Puedes correr y huir, pero no te podrás esconder.

Llené mi pequeño Jetta porque había dejado el jeep en California y nos fuimos. En mi carrito íbamos rumbo a los espectáculos el muchacho del que estaba enamorada, otras tres personas y yo. Después de la primera noche, R y yo por fin estuvimos juntos. Me alegraba mucho tener por fin un novio hippie de pelo largo pero, por supuesto, él vendía marihuana por los lados y era solo una repetición de lo que siempre había elegido. Era probable que él fuera una representación de lo que yo pensaba que era mi papá.

Todos nos estábamos quedando sin dinero, así que decidimos conducir de regreso a Georgia y recoger hongos en medio de la noche. Yo accedí de nuevo, como si esa fuera una buena idea. Creo que recogimos 5 libras de hongos, los secamos y conducimos de regreso a Chicago, un viaje que tardó 13 horas. En total teníamos 3 libras de hongos, divididos en cuartos de bolsa, lo que equivale a 180 cuartos. Solo haz los cálculos. Vendimos cada 1/4 a 40 dólares. Creo que me gané siete u ocho mil dólares en un día.

El espectáculo en Soldier Field fue increíble y ese estadio era hermosísimo. Cuando salimos de allí, sobre nuestro vehículo había toneladas de personas sentadas. Lo primero que pensé fue que tal vez querían más. Pero esto fue lo que sucedió: nosotros no habíamos probado los hongos antes de vendérselos a ellos y supongo que la mitad de los hongos no estaban buenos. Créeme cuando te digo que esa noche devolvimos mucho dinero. Estimo que todos partimos con unos $5.000 dólares, y ese fue el final de la gira de verano, pues no queríamos que nadie más viera nuestra cara, así que regresamos a Athens. Dios siempre me protegió incluso cuando era una idiota ¡En realidad nos hubieran podido dar una paliza!

Yo tenía la esperanza de que R se convirtiera en mi caballero de armadura brillante. Teníamos un pequeño apartamento en el centro de Athens. Estaba justo encima de un bar y nosotros vivíamos con Alison, mi mejor amiga. Digamos que la dinámica de vida no era muy propicia para estudiar. Después de un año nos mudamos a Atlanta. Teníamos un pequeño apartamento, lo convencí de que se cortara el pelo y de que consiguiera un trabajo en un "lugar normal". La gente solo cambia cuando quiere. Si intentas que siente cabeza antes de que esté listo, te conviertes en una clásica misionera que tiene citas para rescatar a esas personas. Entonces, si estás leyendo esto, quiero que te preguntes, ¿tú haces eso? En tus relaciones dices: "Bueno, sé que él o ella puede cambiar porque yo lo(a) amo mucho". Solo hay algo que puede cambiar a una persona y se trata de un verdadero Salvador, y nosotros no lo somos. Nosotros somos humanos. Sí, necesitamos ver a las personas con base en todo su potencial y guiarlos en la dirección correcta. ¡Pero eso no significa que tengamos citas con ellos para que lleguen a alcanzarlo!

Él se sentía miserable tratando de ser algo que no era. Yo anhelaba mucho poder ser tan suficiente para mi amor, como para que él cambiara. Él tenía sus problemas por resolver y yo estaba tratando de forzarlo. Yo trabajaba en distintos bares como camarera de cócteles, con mi mejor amiga Alison. Ella también estaba en casa tratando de ganar dinero. Nos tomamos algunas fotos bonitas e hilarantes, una de las cuales se vendió por $10.000 al proyecto Aids y que ahora está en un bar de lesbianas en Atlanta. No, no éramos lesbianas pero por caridad posamos como si fuéramos.

Mi vida estaba llena de locura. Desconocía que la adicción de mi novio había alcanzado un máximo histórico. Así es, se repitió por segunda vez y en esta ocasión eran las drogas. Yo pensaba que con el apoyo de suficiente amor y lealtad hacia él, iba a poder cambiarlo y convertirlo en quien yo quería que fuera. Tomé un curso llamado "Life spring" y cuando me preguntaron qué drogas había ingerido durante los últimos tres meses, levanté la mano para responder de modo afirmativo para casi todas las que mencionaron. Yo las consumía de manera casual aquí y allá. No pensaba que eso fuera un problema. Entonces la señora me preguntó si tenía un deseo de morir. Yo ni siquiera había pensado en eso, lo único que pensaba era en que me estaba divirtiendo, pero tal vez en el fondo en realidad no me importaba si vivía o moría. Creo que la líder de ese curso fue otro ángel enviado para que yo diera un paso atrás. Empieza a darle una mirada a tu vida y recuerda a esas personas que fueron puestas en tu camino para ayudarte; son ángeles enviados del cielo para guiarte y traerte de regreso al camino verdadero.

Mi mamá vivía a unos 3 kilómetros de distancia de R y de mí. Yo en realidad no le contaba todo. Me la pasaba en busca de qué era lo que me estaba pulsando por dentro, porque sabía que había algo que me estaba reteniendo y me hacía fracasar. Mi mamá sabía que la única manera de sacarme de esta relación tóxica era ponerme "una zanahoria" al frente. Ella quería intentar ayudarme a recordar de dónde venía. Mi mamá tuvo esta gran idea de que si yo me mudaba a casa, podría participar en el concurso de Señorita Georgia. Propuso llamar a todas las personas con las que había crecido en Federal Express y en diferentes negocios que conocía, para ver si podían ser patrocinadores. Por lo tanto me mudé a casa y mi novio se quedó viviendo solo, mientras intentábamos resolver las cosas.

Llegó el concurso de Señorita Georgia y yo me sentía hermosa. Sin embargo, no era alguien tan correcta políticamente como para ganar. Para esa época, mi hippie se había transformado en mi yo de discoteca, y no había duda de que poco a poco pero de manera inevitable, mi novio y yo estábamos terminando.

Un amigo cercano de mi ex murió justo en nuestro apartamento solo tres meses después de haberme ido. R no tardó en volver a ser el chico de bar de cabello largo. Ese era el punto en el que él estaba en su travesía personal. Seguimos siendo amigos y si no te he pedido perdón R, aprovecho para hacerlo aquí. Siento mucho haber querido cambiarte y no haberte aceptado tal como eras. Yo quería el cuento de hadas y quería ser suficiente para hacerte cambiar, y convertirte en mi príncipe azul para reparar esas cicatrices de papá que tenía por dentro, esas que me hacían sentir que yo no era suficiente. Para mí, tú eras un hombre muy dulce, y jamás olvidaré ese verano que pasamos juntos. Tú eres una persona preciosa, siempre tenías ideas muy ingeniosas y demasiada compasión. Espero que me perdones si de alguna manera te lastimé. Dios te bendiga.

Gira de verano de 1991

CAPÍTULO 8

CONOCIENDO AL PRIMER ESPOSO

Aquella Navidad R y yo terminamos las cosas. No fue bonito, él estaba muy triste por la muerte de su amigo y luego yo me fui también, pero yo sabía que era el momento adecuado. Había iniciado un nuevo camino. Empecé a modelar de nuevo. Conseguí un trabajo con Miller y era la chica de Miller Cold Patrol y de muchas otras empresas de bebidas alcohólicas. Iba a los bares y veía si los hombres querían comprar cerveza o cualquier alcohol que yo estuviera representando ese día, y tenía que ser lo suficientemente sexy como para hacer que desearan el producto. No tenía control alguno sobre la tormenta que estaba en mi interior, pero sí podía controlar mi exterior, así que me enfoqué en eso.

Mi cabello estaba súper largo y abundante de nuevo, yo estaba bronceada, flaca, y me sentía genial (más o menos). Las apariencias no lo son todo, pero en ese momento de mi vida pensé que eso me haría feliz. Recuerda que de niña yo era la Preciosa Polly. Si luces bien por fuera, entonces es porque debes estar bien por dentro. La apariencia siempre fue mi opción. ¡Gracias a Dios que había vuelto a ser linda!

Empecé a salir con algunas personas, una de las cuales era el gerente de la banda Boyz II Men, un hombre 15 años mayor que yo, y que tenía algunos Ferrari. Él era muy adinerado, y era muy diferente a cualquier chico que hubiera salido conmigo hasta ese entonces. Era demasiado normal para mí (y viejo). Creo que yo necesitaba algo salvaje de nuevo. En otras palabras, él estaba sano, quería cuidarme y quererme. Mis heridas no se habían sanado y ¡todavía no podía aceptar a alguien así!

Yo trabajaba ahora para Jim Beam, y me contrataron para ir en una limusina y viajar de Atlanta a Athens para promocionarla. La idea era que yo firmara autógrafos y botellas de Jim Beam para todos los jugadores de fútbol, y para todos los que asistieran al evento posterior a un partido de Georgia. Kim, una de mis mejores amigas y con quien todavía tengo una amistad, me dijo que de verdad quería que volviera a encontrarme con alguien. Yo ya lo había conocido antes a él, pero en realidad no me acordaba. Lo conocí acostado sobre el piso de la casa de ella mientras miraba láseres en el techo, pero eso había sido en mis días hippies la primera vez que viví en Athens. A este chico le interesaba todo lo superficial de las tetas y las nalgas, y eso era lo que él quería, y esa vez que lo conocí yo no era nada de eso.

Como ahora yo ya estaba en eso de las tetas y las nalgas, era el momento de volver a conocer a mi primer esposo. Esta historia es muy divertida. Estaba haciendo una promoción de Jim Beam y allí había 100 tipos en la fila pagando para hacer tragos en mi estómago. Theodore se metió en la fila y dijo: "Ya no necesitas hacer esto, necesitas venir a sentarte en mis piernas". Eso hice y el resto es historia. Pasamos toda la noche juntos y festejamos como estrellas de rock. Bailamos la canción New York, New York y le dije esa noche que me iba a casar con él. Muy osado como para decirlo en una primera cita, ¡pero de alguna manera lo sabía! Tenía la certeza de que jamás volvería a estar con R, y por alguna razón pensé que este, este sí iba a funcionar. Recuerdo que a mis 20 intentaba tener un sentido práctico en mi mente. Pensé: "Bueno, sus padres todavía están casados después de 40 años y él está en la universidad". Sentí que era algo normal. Ten presente que no había vuelto a terapia desde la vez aquella en California. Yo iba por la vida en piloto automático.

Yo todavía vivía en casa en Atlanta y él estaba en Athens. Yo estaba modelando para diferentes empresas y una de las empresas decidió que si yo iba a ganar mucho dinero con la NASCAR, necesitaba operarme los senos, así que ellos pagaron por ello. Theodore y yo no éramos totalmente exclusivos todavía, y yo seguía saliendo con el hombre del Ferrari. Mientras yo me recuperaba en mi casa, él trajo a los Boyz II Men para que me cantaran en la sala y me hicieran sentir mejor. Mi mamá estaba sorprendida, ni siquiera podía creer que esta gran banda me estuviera dando una serenata en la sala de estar, un espacio que medía como 6 x 6 metros… Al día siguiente vino Theodore y me despedí de Sr. Ferrari. Fui a una fiesta en un establo con un universitario rico que me adoraba. A menudo me pregunto cómo habría sido mi vida si hubiera aceptado a alguien que era común, y que me trataba con honor y respeto. La vida es un viaje, no un destino…

Cuando creces sabiendo que tu papá te ama y te protege, tiendes a tener mucho mejor discernimiento y tu "selector" es mucho mejor, de eso no hay duda. Cuando en realidad no has abordado tus problemas con papá, tiendes a elegir a alguien que te ayude a facilitar el proceso. No me imaginaba que él se parecía más a mi papá de lo que yo pensaba, era muy manipulador, tal como mi padre. Él sabía cómo torcer las cosas para hacerme sentir siempre que todo era mi culpa y que yo estaba loca.

Yo conducía de ida y vuelta de Athens a Atlanta para verlo todos los fines de semana, y trabajaba en medio de esa rutina. En esa época asistía a la universidad de Atlanta. Después de hacer el curso de Life spring, supe que quería obtener una licenciatura en Arte. Cuando estaba en la UGA, iba a entrar a psicología, lo que en retrospectiva hubiera sido un camino que me habría funcionado, pero quería hacer mercadeo y comercio de moda.

Después de salir solo durante 2 semanas, entré en el concurso de Miss Howard Stern. Él es un personaje de la radio que es muy alocado. Participé en el concurso en Georgia y gané en todo el estado. Ahí, Theodore y yo éramos una pareja nueva y viajamos en avión hasta Nueva York para el concurso. Supongo que no había sido casualidad que en nuestra primera cita hubiéramos bailado la canción New York. Cuando aterrizamos y llegué al hotel, me quedé impactada. Ahí estaba como jurado el hombre al que su esposa le había cortado el pene. Tenían también sado masoquistas y músicas lesbianas desnudas que tocaban las congas. La lista era interminable. Theodore estaba en el cielo; esto era locura pura a otro nivel. Los productores querían que hiciera algún acto desagradable como si fuera mi talento pero yo no estaba interesada en eso. Fingí que estaba enferma y nosotros exploramos la ciudad y nos enamoramos. Yo sabía que me iba a casar con él. Entonces, si estás con un tipo que vuela contigo a un espectáculo de circo de locos luego de tan solo dos semanas, y piensa que es pervertido y genial ¡HUYEEE!

Un fin de semana, después de unos días de fiestas salvajes y de trasnochar, me sentía enferma y no podía dormir. Él y yo habíamos estado saliendo durante cinco semanas y una mañana me desperté. Estaba sangrando profusamente. No tenía idea de qué estaba pasando. No había tenido el período como en seis semanas. Le dije que pensaba que tenía que ir al hospital. Me llevó hasta allá y yo sangraba. Tenía un embarazo de seis semanas, lo que significaba que el bebé no era de él. Resulta que estaba embarazada de gemelos y estaba teniendo un aborto espontáneo. ¡Mierda! Justo estoy con el tipo que creo que es el INDICADO y entonces salgo embarazada del bebé de otro hombre, ¡RAYOS! Yo estaba horrorizada y esperaba que él le hiciera el quite a la situación. Lo que realmente selló el trato fue que él se quedó conmigo durante todo el proceso. Me dijo: "No quiero que le digas nada a tu ex. Voy a pasar por esto contigo y vamos a estar bien". Jamás había sentido un consuelo semejante de parte de un hombre, así que ¡sentí que él debía ser el QUE ERA!

Experiencias como esa te unen con la gente, pero necesitas ser consciente de qué es **exactamente lo que te** une a alguien. Desde mi perspectiva, si contemplo toda la situación, yo estaba destrozada. Yo me estaba uniendo a un hombre porque él se preocupaba por mí y no quería perderme, ni siquiera aunque estuviera embarazada del bebé de otra persona, y me encontrara atravesando por un aborto espontáneo. Esa es una razón muy descabellada para vincularse con alguien ¿no crees? Una relación sana no está plagada desde el principio de tanto drama y con tanta frecuencia. La forma en que comienza una relación suele ser un buen indicativo de cómo va a seguir. Yo no estaba acostumbrada a la paz, el drama me parecía normal. Yo seguía creyendo que si Dios me había llevado a eso, entonces Él me llevaría a través de tal o cual situación. A pesar de que mi vida era un completo lío y carecía de Dios, yo siempre supe que podía pedirle a Él que me guiara.

En el momento en el que entras al territorio de "parece correcto", allí te alejas de la verdad y la vida se tuerce. Si parece ser la filosofía correcta, por lo general es un camino que conduce a la muerte (no necesariamente la muerte real, sino a la muerte del camino que Dios tenía para ti en realidad). El diablo viene y te saca del camino de tres formas:

1. Te engaña.

2. Te acusa.

3. Te persigue.

Estoy muy segura de que toda esa situación fue un engaño, pero Dios siempre hace que lo que tenía intención de dañarnos obre para bien. Tuve un aborto espontáneo, y él y yo seguimos juntos: nuestra vida era una locura, Dios no estaba en ella en absoluto, no íbamos a la iglesia y en la única parte de nuestra vida que aparecía Dios a veces, era en alguna oración ocasional cuando peleábamos.

En ese momento, yo vivía en Atlanta y los fines de semana manejaba de un lado a otro para verlo. Estaba en la universidad en Atlanta y finalmente me gradué y obtuve mi título. Él se graduó cuando ya teníamos seis meses de relación, se mudó a Atlanta y conseguimos un apartamento pequeño. La vida era una locura.

Él estaba haciendo cosas que no se mencionarán en este libro porque no tengo su permiso para hacerlo, pero digamos hacía cosas que no formaban parte de la descripción de su trabajo cuando se graduó de la universidad. Después de la operación de mis senos, NASCAR me contrató para hacer todo tipo de eventos en donde firmaba autógrafos en distintos escenarios. Probablemente una de las historias más divertidas que te puedo contar, sucedió después de otra noche de fiesta.

Teddy y yo habíamos salido con unos 15 amigos a diferentes discotecas la noche anterior a mi gran actividad del año. Terminamos en un bar travesti donde hacían espectáculos de drag llamados Backstreets. Eran un hito en Atlanta. En la madrugada, casi a las 5 de la mañana, me di cuenta que tenía que estar en la pista de carreras de Talladega (Alabama) a las 8 a. m. Nosotros habíamos estado tomando éxtasis o lo que ahora se conoce como Mollie todo el día y toda la noche. A las 3 a. m., mi brillante idea fue que simplemente iba a irme conduciendo hasta mi casa, me rociaría un poco de bronceador en aerosol, tal vez tomaría otra pepa de camino a la pista y conduciría directo hasta Talladega luego de haber estado de fiesta toda la noche.

Mujeres, si están leyendo esto y tienen un novio que les permite montarse al auto pese a que no han dormido en 24 horas, para que conduzcan dos horas en plena oscuridad, drogadas a morir, es probable que él no sea una gran elección de hombre. Es posible que estés con el hombre equivocado si él accede a eso, y es consciente de que vas a estar donde habrá cientos de miles de personas locas por conocerte.

El trabajo del hombre es protegerte, incluso de ti misma. Cuando creces sin un papá en casa o tienes un papá que no te trata con amor, ni siquiera te das cuenta de lo que es apropiado y de la forma en que te deben proteger.

Llegué a la NASCAR y mi jefe me vio y pensó: "Ay, Dios mío". Pero él sabía que las graderías estaban llenas de gente y que yo iba a estar lejos porque tenía que estar sentada en el auto que lideraba dando vueltas en el autódromo. Y en efecto allí estuve, sin haber dormido en 24 horas, con un traje de baño rojo, blanco y azul, más elevada que una cometa y a punto de sentarme en el auto líder en la pista de carreras de NASCAR en Talladega. Escuché que decían: "¡Listo, señores! Acérquense a su auto". Esa era mi entrada para arrastrar mi trasero por la rampa, subirme al auto y darle la vuelta a la pista de carreras. La pista de carreras no es plana, tiene un ángulo de 45°, así que básicamente yo iba inclinada aferrándome al capó del carro saludando a todos los fans que gritaban una y otra vez: "muestra tus tetas". Yo estoy sonriendo, intentando aferrarme a mi querida vida, saludando mientras mis ojos dan vueltas hacia atrás. Justo en el momento en que mi trasero golpeó el capó de ese auto, el segundo golpe de éxtasis hizo efecto. Yo estoy pensando que todos son muy hermosos y que todo es mágico. Si lograron obtener un primer plano de mi cara, probablemente fue súper aterrador, los dientes se veían rechinando y pupilas enormes. ¡Huy no! Cuando el auto de seguridad terminó su vuelta nos detuvimos y, por supuesto que vomité por todas partes. Mi jefe me llevó hasta la torre donde ya nadie podía verme y desde donde yo podía mirar la carrera hasta que todos se fueran. Él también se quería asegurar de que nadie viera lo prendida que estaba. Yo estaba allí para firmar autógrafos y por supuesto que eso no sucedió. Debo admitir que montar en el auto de seguridad fue muy impresionante.

Sí, la de la foto soy yo, y esa fue la pinta que usé en el capó de ese auto. Pues bien, a veces la NASCAR y sus similares son plataformas de lanzamiento para otros trabajos de tipo exhibicionista. Muchas jovencitas que son abusadas toman distintas direcciones, algunas se vuelven lesbianas, otras se prostituyen, y hay quienes se vuelven exhibicionistas. Yo me convertí en una exhibicionista hippie de espíritu libre.

En Atlanta había un club nocturno llamado "The Cheetah" que era el bar de striptease elegante de la ciudad. Pensé que ir allá era una buena idea. Podría pagar el resto de mi universidad bailando. Jovencita, si estás con un chico que permite que hagas algo así para pagar por cosas, entonces estás con el hombre equivocado.

Estaba ganando muy buen dinero y nunca sentí que tenía que vender mi alma para hacer cualquier cosa que comprometiera mi moral (como la prostitución), de modo que de cierta forma justificaba mis desnudos. Regresaba a casa con toneladas de efectivo, y mi novio y yo íbamos de fiesta o hacíamos alguna tontería con el dinero. Parte de eso tuvo como destino el pago de la deuda universitaria. Eso duró alrededor de un año y medio. Yo siempre fui una buena nudista. Volvía a casa donde mi novio cada noche, no bebía demasiado en el trabajo y jamás sacaba citas de negocios con clientes fuera del trabajo, porque no quería faltarle el respeto a mi hombre. ¡Qué locura esa, me tenía preocupada incluso no llegar a irrespetar a mi hombre!

El tiempo pasó y nuestra relación se volvió cada vez más tóxica. Una noche salimos y tuvimos que tomar el tren a casa. Nos habíamos puesto a discutir a lo grande, y él estaba como loco, y yo no quería que él volviera a casa porque le tenía miedo. Lo dejé en el tren y pensé que encontraría un aventón a casa. Cuando por fin llegó estaba furioso y yo sabía que las cosas iban a terminar mal. Tan pronto entró a la casa, empezó a hacer agujeros en la pared y comenzó a tirar mis cosas, incluso lanzó mi televisor por el balcón. Llamé a mi mamá para que viniera a sacarme de allí, y así lo hizo. Ella se detuvo en el estacionamiento de los apartamentos como si hubiera visto un fantasma. No podía creer lo que vio. Subí a su auto rápidamente y nos alejamos a toda velocidad. Llamé a los padres de mi novio para decirles que tenían que venir a buscar a su hijo. "Voy a llamar a la policía. Su hijo necesita rehabilitación". Me suplicaron que no llamara. Parte del problema era que siempre habían sido condescendientes con su hijo, en especial su madre, lo cual sin duda alguna fue algo que más adelante en la vida no le hizo mucho bien.

Él también distorsionaba la verdad para que yo siempre estuviera insegura con respecto a lo que había pasado en realidad. ¿Recuerdas que dije que el diablo nos saca de nuestro camino de tres formas? Bueno, todo esto fue engaño puro todo el tiempo. Yo no sabía cómo ver a través de las cosas. No confiaba lo suficiente en mí misma para defender la verdad y evidenciar lo que era una mierda entera. Yo sabía que la relación era tóxica pero no sabía salirme de allí. Sabía que sus padres todavía estaban casados. Esa fue la roca sobre la que yo construí mis cimientos y de alguna manera en mi mente pensé que él y yo seríamos capaces de salir adelante.

Esa Navidad él viajó conmigo a England (Arkansas) y me propuso matrimonio delante de toda mi familia. Fue hermoso. Mi familia celebró la Navidad en la casa de mis abuelitos hasta que yo tuve 35 años. Yo acepté la propuesta y empezaron los planes de boda. Bueno, mi mamá fue la que organizó todo prácticamente. ¡Ella es muy buena planeando eventos!

Mi mamá y yo coordinamos la boda y fue hermosa. La iglesia estaba justo en el corazón de Atlanta, en la calle llamada Peachtree. Era una iglesia presbiteriana antigua. La iglesia era gloriosa, tenía campanarios de 3 pisos y vitrales de 9 metros de altura en todas partes. La escalera frontal era empinada y palaciega y parecía una escalera al cielo. Teddy y yo tuvimos que hacer seis semanas de consejería con el pastor antes de casarnos. En una de nuestras sesiones, él sacó un artículo sobre personas que habían vivido juntas antes de casarse. El artículo decía que la gente que vive junta antes de casarse tiene 10 veces más probabilidades de divorciarse. Recuerdo que el pastor dijo: "Los voy a casar, pero ya conocen los datos". Yo no estaba caminando con Dios en absoluto en ese punto y simplemente pensé que era un viejito anticuado. En retrospectiva, él tenía razón.

El día de mi boda cuando todas las damas de honor se estaban peinando en el salón de belleza, recibí una llamada allí. Esto sucedió antes del internet y de los celulares. Esa llamada fue un milagro. Un muchacho al que yo era muy cercana en California me llamó. Su nombre era Adán. Me empezó a decir que había guardado en su vehículo militar mi foto de modelo durante toda su gira por Irak, para que le diera esperanza de volver a casa. Dijo que todavía estaba allá, pero que por alguna razón me tenía que llamar ese día. No nos habíamos visto ni hablado en 5 años y para entonces ambos vivíamos al otro lado del mundo. Él llamó al único número que conocía, que era el teléfono de mis abuelos. Ellos le dijeron dónde estaba y así fue que me encontró en la peluquería.

Recuerdo que la recepcionista del salón me pasó el auricular y él dijo: "Polly, ¿qué te pasa? Tenía que llamarte hoy". ¡Le respondí que me estaba llamando el día de mi boda! Me habló de la foto que había conservado para tener esperanza, y me dijo cuánto valía yo y todo lo que me apreciaba como persona. Añadió: "Polly, no te debes casar con ese muchacho, ese matrimonio te va a causar mucho dolor".

A esas alturas yo ya estaba muy involucrada. Amaba a Theodore y llevábamos casi 3 años juntos y PARECÍA que casarme era lo correcto. ¡Vaya! Tuve dos advertencias antes de casarme. ¡POR FAVOR escucha las señales que te rodean! porque el universo te enviará señales y advertencias. Mantente abierta a ellas y a la posibilidad de hacer un cambio incluso en el último minuto.

Tu Padre celestial quiere protegerte. Solo necesitamos tener los oídos para oír y aunque lo que estaba destinado a dañarte puede obrar a tu favor, ¿qué necesidad hay de irte por un camino que no te traerá alegría? Mis dos hijos hermosos son lo positivo de toda esa situación.

Tuvimos seis padrinos de boda, seis damas de honor y un cantante de ópera que interpretó el Ave María. Hubo 150 invitados y nuestros familiares de todas partes del país asistieron también. Las damas de honor usaron el vestido de la película Propuesta indecente de Demi Moore y tuvieron una sola flor de Cala. Para todos, la temática era blanco y negro. Fue perfecto. Mi vestido era tipo princesa con una diadema. En el momento en que les anunciaron a nuestros invitados que éramos marido y mujer, le susurré: "Dios mío, estás tan drogado como una cometa". Él había estado todo el día de fiesta con su padrinos de boda en la otra habitación y dijo: "Cállate perra, solo sonríe para la foto". Esas fueron nuestras primeras palabras de casados y deberían habernos dado una pista a ambos. Yo tampoco era un ángel perfecto. Estoy segura de que era bocona y que también hacía cosas que no eran perfectas, pero solo creía en que el amor lo podía vencer todo. Todos estaban en la recepción que se celebró en una hermosa mansión en Peachtree. Toda mi familia estaba allí celebrando, lo cual hizo que el drama bajara un poco, porque yo estaba muy feliz de que todos estuviéramos juntos.

Después de casarnos viajamos en avión a México, y sé que quedé embarazada en nuestra noche de bodas porque allá estuve tan enferma como un perro. Una de las noches de nuestra luna de miel noté que todas las chicas coqueteaban con mi marido, pero me sentía mal, así que fui a la habitación. Al día siguiente, sentía que la gente me miraba y susurraba, y me fui a buscar mi cámara desechable que él había dejado en el bar la noche anterior. Yo la quería porque allí estaban todas las fotos que habíamos tomado en nuestra luna de miel. Cuando volvimos a Atlanta fui a revelar el rollo y por supuesto, allí había fotos de él desnudo con todas esas mujeres. Yo estaba devastada. Ahora estaba casada y ya sabía que él me había engañado en la luna de miel. Ese fue el comienzo de una gran montaña rusa. Como ya dije, al diablo le encanta sacarte de tu camino, e intentará engañarte para que creas una mentira. Mi mentira fue, bueno, si sus padres están casados, entonces nosotros también tenemos esa posibilidad. En la Biblia, Juan 15:7 dice: "Si permanecen en mí y mis palabras permanecen en ustedes, pidan lo que quieran, y se les concederá" (NVI). Claro que a decir verdad, las palabras de Dios no habían permanecido en mí desde que tenía 17 años, cuando mi papá volvió a mi vida y fue a prisión. Yo ni siquiera sabía pedir lo que necesitaba en realidad.

Tus pensamientos proveen el combustible para tus palabras y tus palabras proveen el combustible para tu mundo. Lo diré de nuevo: tus **pensamientos** proveen combustible para tus palabras y **tus palabras** le proporcionan el combustible a tu mundo. Mis pensamientos siempre eran: "Esto tal vez funcione. Espero que no termine como mis padres". Tenemos que declarar lo que queremos para que sea una realidad o terminarás recibiendo lo que te caiga en las piernas.

CAPÍTULO 9

DE REGRESO A CALIFORNIA

En este punto de mi vida ciertamente ¡yo no declaraba ni invocaba la existencia de nada! De manera constante apagaba incendios, en especial los que yo creaba. Todavía no conocía una vida en paz. Theodore y yo vivíamos en ese apartamento y dos semanas después de nuestra luna de miel descubrí que estaba embarazada. Yo concebí ya sea en el carruaje que salió de nuestra recepción en Peachtree Street o en Playa Del Carmen (México). No estamos seguros en cuál de los dos. De inmediato dejé de salir con mis amigos, las drogas quedaron fuera del panorama y sin duda alguna dejé de beber. Sabía que esta pequeña vida dentro de mí era el comienzo de un cambio y gracias a ella, tal vez mi esposo y yo tendríamos una oportunidad real. Luego de graduarme de la universidad, conseguí un gran trabajo en una pequeña empresa de diseño llamada Creative Design. Ellos eran la división de diseño para Cort Rental Furniture. Su principal objetivo era diseñar los interiores de casas modelo. Mi título era en diseño y negocios, así que este era mi trabajo soñado. Podía vender aquello en lo que creía y lo que diseñaba. Ellos fueron maravillosos todo mi embarazo y no podrían haber sido más dulces. Teddy estaba avanzando en su carrera de bienes raíces y ahora trabajaba para uno de sus buenos amigos en bienes raíces comerciales. Imagínate que ambos estábamos ganando buen dinero sin vender drogas o desnudarnos, ¡Ja,ja,ja! A mí me aterrorizaba que las mujeres "normales" de mi nuevo sitio de trabajo se enteraran de mi pasado. Estaba repitiendo un patrón de nuevo. Cuando era joven yo era de una manera en la escuela y de otra en casa. No era que estuviera avergonzada, solo que no quería que esa parte de mí saliera a flote y arruinara mi nuevo comienzo.

No hay duda de que durante mi embarazo tuvimos algunas peleas. Para todos nuestros amigos y para mi esposo ese tema del embarazo fue muy difícil, porque yo fui la primera en quedar encinta. Nosotros éramos la pareja de la fiesta. Él era el Rey y yo la Reina. Él todavía quería hacer lo que siempre había hecho, lo cual era estar de fiesta en fiesta. Me acompañó a todas las visitas al médico y estaba súper emocionado. Ambos estábamos allí porque queríamos algo diferente y anhelábamos un cambio.

Un día, estaba en el trabajo de mis sueños y todo el mundo me miraba de manera graciosa. De camino al trabajo fui a la gasolinera a echar gasolina y mientras lo hacía, muchos camiones pasaron y me pitaron. Yo tenía más o menos ocho meses de embarazo. Ahora bien, ten presente que en mi cabeza, yo seguía pensando que me veía como cuando trabajaba en The Cheetah. Estoy segura de que (NO) era así. Al final del día finalmente una de las chicas de nuestra empresa de diseño se me acercó y me dijo: "¿No te das cuenta de por qué te hemos estado mirando todo el día?". ¡Yo no tenía ni idea! Creo que mi cerebro todavía se estaba reparando. ¡Me había puesto mis bragas de embarazo en la parte exterior de mi vestido! ¡Ay Dios mío! Allí estaba representada mi estrategia de que si te ves bien por fuera, por dentro todo debe estar perfecto, ¡JA,JA,JA!

Cuando habían pasado dos semanas de la fecha estimada de parto de mi niña, yo hice una lista de cosas que tenían que estar hechas antes de poder tener a mi bebé. Había 37 cosas en esa loca lista. Yo siempre tenía un conjunto de creencias que me repetía a mí misma. Les decía mis propios 10 Mandamientos.

Son cosas que rigen tu manera de vivir, algo así como cosas que tus padres dicen y a las cuales te mantienes fiel como si fuera tu evangelio. Uno de mis 10 Mandamientos era que la limpieza iba al lado de la piedad. Creé una lista de 37 cosas que tenía que hacer en la casa antes de que mi niña pudiera llegar al mundo. Si quieres saber cuál es mi segunda cosa, aquí está. Esta te hará sentir mejor si estás embarazada y sabrás que no estás sola en tu locura. La cosa fabulosa #2 era comprar árboles topiarios para poner en mi chimenea para que mi manta quedara enmarcada a la perfección. ¿No es una locura? De todas las cosas con las que podría obsesionarme, quería algunos malditos topiarios para poner sobre mi manta antes de que mi hija llegara al mundo. ¡Huy!, eso suena como si fuera una lunática.

Nuestra pequeña niña nació y Theodore quiso llamarla Carmen porque era probable que hubiera sido concebida en Playa Del Carmen. Yo también sabía que ella era mi angelito.

Cuando yo andaba de gira con los "Grateful Dead" mi nombre era Polly Angel.

Esos son algunos de los momentos más felices de mi vida, por eso el segundo nombre de mi hija es Ángel. ¡Ella me salvó la vida, literalmente! Me alejé de todo lo que era destructivo y todo mi enfoque era poder estar saludable para ella.

Su habitación era preciosa. Había pintado un océano en el fondo de las paredes y había puesto pequeñas estrellas de mar en ellas. Su cama era de sirenas y delfines con dosel de ojales blancos. Toda la habitación era completamente perfecta. Aunque vivía en Atlanta, todavía extrañaba el océano de California con desespero.

El día que llegó al mundo, habíamos comido berenjena a la parmesana en uno de los restaurantes italianos locales que decía que si comíamos eso, yo entraría en trabajo de parto. Habíamos estado yendo a unas clases para el parto que seguían el método Bradley, que se trata de respirar con tu pareja y del parto natural. Quería darle a mi niña la mejor oportunidad de entrar en el mundo. Mis abuelos, mi tía y mi tío, y todos mis amigos más cercanos aguardaron en la sala de espera mientras yo daba a luz. Fue hermoso, y mi mamá pudo estar en la habitación, aunque ella y Theodore tuvieron muchas peleas durante mi embarazo porque él pensaba no era apropiado que mi mamá estuviera allí. Yo no estaba dispuesta a hacerlo de otra manera. Siempre hemos sido ella y yo, y el parto no era algo de lo que ella fuera a dejar de ser parte. Mientras yo intentaba seguir con el plan de nacimiento y con un parto totalmente natural, sucedió algo.

Pasé por 42 horas de trabajo de parto sin medicamentos pero con graves dolores. Mi cuerpo estaba sufriendo y no podía dilatar, así que finalmente me dieron un Valium que me ayudó un poco. Luego me dijeron que a menos que dilatara, tendríamos que hacer una cesárea de emergencia. Yo dije: "Hagan lo que sea para asegurarse de que ella esté a salvo". Entonces me dieron una epidural ¡lo cual no era parte de mi plan de parto en absoluto! De inmediato, en seis minutos dilaté a 10 centímetros y ella ya venía en camino. Cuando hice ese empujón final y Carmen salió, Teddy solo me miró y dijo: "No te preocupes por eso".

Él parecía horrorizado. Supe al instante que me había defecado en la mesa de parto. Damas y caballeros si leen esto y están asqueados, van a tener que reírse. Esto es algo natural y les sucede a muchas mujeres en el parto, así que prepárate. Estoy muy segura de que eso tampoco era parte de mi fabuloso plan de nacimiento. Ella nació tras un último pujo.

Se llevaron a mi niña y la pusieron en una mesa al otro lado de la habitación. Dije: "Carmen, estoy aquí", mientras estaba acostada allí en mis estribos queriendo que supiera que yo estaba en la habitación. Mi pequeña niña levantó su pequeño cuerpo, me miró y luego la sacaron de la habitación a toda prisa. Así es ella todavía, siempre se preocupa por los demás.

Me empezaron a poner frazadas porque yo estaba temblando y sacaron a todo el mundo de la habitación. Mi placenta estaba adherida a la pared de mi útero y estaba sangrando. Pensaron que podría morir.

Mientras todos iban a ver a la bebé, nadie sabía qué era lo que pasaba conmigo. Gracias a Dios me pudieron administrar un poco de sangre y yo estuve bien. Entonces, familias, sean flexibles cuando estén atrapados en un parto, ¡porque puede que no salga como pensaban!

Salimos del hospital al día siguiente y nos dirigimos a nuestro nuevo lugar. Recuerdo que llegamos a nuestra casa y que estaba muy preocupada por saber cómo iba a entrar. Tenía una pequeña mecedora en nuestro dormitorio y no salí de esa habitación durante dos semanas. Lo llaman posparto. Yo le digo pos-locura. Mi mamá se quedaba conmigo pero yo no podía salir de la habitación. Mi cerebro tenía algo con el hecho de salir de allí. Así que empacamos y nos fuimos, y nos quedamos con mi madre durante un par de semanas, para que yo pudiera contar con algo de ayuda, porque mi esposo tenía que trabajar todos los días y mi mamá también laboraba desde su casa.

Algunas cosas cambiaron con mi esposo cuando di a luz, aunque no todo. No tuvimos sexo durante todo el tiempo que estuve embarazada de Carmen y él seguía de fiesta. Su trabajo iba cada vez mejor y yo sabía que iba a tener que volver a trabajar. Encontré una maravillosa niñera justo al lado de mi trabajo donde podía ir y ver a mi bebé durante mis descansos, pero dejarla allá me rompía el corazón. Simplemente no podía soportarlo. Quería ser esa mamá "Betty Crocker" que mi mamá no pudo ser por tener que trabajar todo el tiempo, pues tenía un ex vagabundo, alias mi papá.

Ella no recibió ninguna pensión para alimentación, así que no pudo estar conmigo. Para entonces, mi esposo y yo estábamos ahorrando para poder comprar nuestra primera casa y para ambos era importante trabajar. Después de algunas noches de trabajo "hasta tarde", supe que algo estaba pasando con mi marido.

Cuando Carmen tenía casi un año todavía estaba amamantando y él no vino a casa como en dos días. Yo estaba muy preocupada y esto sucedió antes de que hubiera celulares. No pude encontrarlo. Entonces tocaron a mi puerta. Era un taxista que estaba con mi esposo porque lo había encontrado en un estacionamiento boca abajo y había visto su identificación. Tenía vómito por todos lados. Lo entré a casa tan rápido como pude y opté por ponerlo en la ducha porque parecía que iba a necesitar ir al hospital.

Mientras lo cuidaba comencé a revisar sus bolsillos para ver si podía averiguar dónde había estado, pues él se comportaba de manera incoherente. Afortunadamente, mi bebé estaba dormida en la otra habitación y no tenía ni idea de lo que estaba pasando. Mientras miraba en sus bolsillos, seguí encontrando más y más recibos. Llevaba dos días entrando y saliendo del bar de striptease local y se había gastado $5.000 dólares. Esos eran todos nuestros ahorros para comprar una casa. Yo estaba devastada. Le dije que a menos que fuera a rehabilitación y pusiera su vida en orden no íbamos a tener una oportunidad de éxito en el matrimonio. Él estuvo de acuerdo e ingresó a terapia ambulatoria y yo también. Las cosas empezaron a mejorar un poco en nuestro matrimonio, comenzamos a vincularnos y acercarnos más.

Yo sabía que era probable que me hubiera engañado. Acababa de tener una bebé y no quería saber nada de eso. Yo quería una familia unida. Las heridas del pasado no se pueden sanar a menos que sean expuestas. Para que haya sanidad, debe limpiarse la infección. Cuando Dios te sana todavía contamos con nuestros recuerdos del pasado, pero a menos que se archiven de manera correcta, estos recuerdos se dispararán cuando se presenten situaciones similares. En mi caso, el hecho de pensar que no era lo suficientemente buena había vuelto a surgir, me preguntaba qué era lo que había mal en mí que ocasionaba que él se gastara todo ese dinero y que estuviera haciendo todo a mis espaldas. Ahora sé que no tenía nada que ver conmigo. Si le entregamos todas nuestras heridas a Jesús y somos completamente honestos con nosotros mismos, entonces habrá verdadera sanidad y restauración.

En este punto de nuestras travesías internas, ninguno de los dos estábamos ni siquiera cerca de ser sanados de nuestras heridas y derrotas pasadas. A duras penas rozamos la superficie de la sanidad de Dios y la limpieza de nuestras heridas internas. Dios nos concede una nueva perspectiva cuando no nos detenemos en el evento devastador. Yo todavía albergaba dolor y no podía creer que hubiera elegido a alguien que era parecido a mi papá. Mi esposo no era tan malo, pero sí había algunas similitudes. Me hubiera gustado estar sana en ese tiempo.

El trabajo de mi esposo era en una nueva empresa, no con su amigo y ellos pagaron por la rehabilitación. Durante algunos meses retomó su trabajo allí, pero siempre se sintió raro y avergonzado.

Todos nuestros amigos todavía estaban de fiesta y yo extrañaba California con desespero. Ahora solo tenía que trabajar unos pocos días a la semana y en mis días libres, me llevaba a mi pequeña a aventurar. Para este entonces, Carmen tenía unos 16 meses de edad. Un día fuimos a Chuck E. Cheese y la pañalera se me quedó allá adentro.

Me detuve frente al local en mi pequeño jeep Cherokee. Tenía el aire acondicionado a toda máquina y paré en un estacionamiento que estaba justo al frente. Yo literalmente entré por la puerta, me dieron la pañalera y salí en menos de un minuto. Cuando regresé al auto y pese a que el aire acondicionado estaba prendido, mi niña se había desmayado. El calor que atravesaba la ventana estaba tan caliente y la humedad era tan terrible que ella no pudo resistirlo. También me acababa de enterar que estábamos embarazados de nuevo. Eventualmente perdí a ese bebé por causa de un aborto espontáneo. No estábamos muy devastados. No sé por qué yo no estaba tan triste, solo sabía que todo estaría bien. Pienso que esto nos ayudó a tomar impulso para nuestro siguiente paso.

En ese momento yo supe que quería salir del sur y que anhelaba volver a California. Esa noche Theodore y yo nos sentamos en casa y yo dije: "Si nuestro matrimonio va a salir adelante, vamos a tener que salir de aquí. Creo que te encantaría California. Sé que tu mamá y tu papá se entristecerán porque están en Alabama. Mi mamá está aquí, pero con suerte nos seguirá si nos vamos primero".

Él se fue a California un mes después. Yo me quedé en Atlanta, para poder enviarle dinero de modo que él pudiera asentarse. Encontró un trabajo en San Diego y ese día de Acción de Gracias de 1999 llenamos el camión presupuestado y nos dirigimos hacia el oeste.

Mi mamá se quedó con mi bebé mientras tomábamos carretera. El viaje por carretera nos vinculó. Estábamos en una nueva aventura y fue como si el tablero se hubiera limpiado de todo el drama que habíamos tenido. Nos esperanzaba nuestro futuro. Nuestro camión de mudanza de U-haul se descompuso en Nuevo México, y nosotros jugamos minigolf y bebimos cerveza en un bar local para pasar el tiempo. Sentí que de nuevo éramos un equipo.

Cuando llegamos a San Diego encontramos un pequeño apartamento de una habitación y él se puso de inmediato a trabajar. Encontré un buen trabajo y mi mamá voló hasta California y trajo a nuestra pequeña. Después de un par de niñeras, Carmen lloraba de manera histérica cada que la dejaba. Yo ya no podía aguantarme eso más. Tres meses después de tener que dejarla y sin conocer a nadie en California, llegué a casa un día y dije que ya no podía seguir así. Propuse que vendiéramos mi auto e hiciéramos lo que fuera necesario para que me pudiera quedar en casa. Yo quería estar con nuestra pequeña niña. No quería que nadie cuidara de ella excepto nosotros. Él estuvo de acuerdo y un sucedió el milagro. Pon a tu familia primero y Dios se encargará del resto. A Teddy le subieron sus ingresos los siguientes dos meses en la cantidad exacta de lo que yo contribuía, así que nos fue mejor. Dios es bueno.

Las cosas estaban mejorando, él no estaba usando drogas, todavía teníamos discusiones pero no eran tan terribles y logramos adquirir una linda casita en Mira Mesa (California).

Teníamos un gran patio trasero con una pequeña piscina y un columpio. Contaba con un caballete de arte y una pequeña casa de juegos donde jugaríamos. Me sentía sola con frecuencia porque ahora era ama de casa. Con todo lo divertida que era mi hija, de todos modos yo extrañaba estar en el mundo laboral. Estaba acostumbrada a tener mi propio dinero y ahora tenía que sacar una mesada, lo cual fue duro y causó mucho rencor en nuestro matrimonio. Carmen durmió entre nosotros desde el principio. Estoy segura de que eso no le ayudó a nuestra vida sexual. Sorprendentemente, quedamos embarazados de nuevo. Leí el libro, "La cama familiar" y de ahí surgió esa idea de compartir lecho. También creo que yo todavía no había sanado a esa pequeña de 4 años que había dentro de mí, y que jamás iba a permitir que algo semejante le sucediera a mi niña.

Llamé a mi mamá en Atlanta y le rogué que se mudara. Para ese entonces, yo tenía 6 meses de embarazo. Mi mamá vino y se mudó a 15 minutos de nosotros. El día que ella llegó me sentí completa de nuevo. Sabía que podría contar con mi mamá durante todo lo que pasaría con Theodore, porque yo sabía que ya se avecinaba.

Carmen y yo íbamos a la playa y estábamos con mi mamá todo el tiempo. Cada día era una nueva aventura. Nuestra pequeña siesta era todos los días a las 2 en punto, y yo conducía mi minivan hasta que ella caía dormida en su sillita. Me encantaba ser mamá y me gustaba mucho estar con ella. Ser esposa era una historia diferente. De mi mamá yo había aprendido a ser una gran madre, pero nunca aprendí a ser una gran esposa. Mi esposo volvía de trabajar y la casa estaba perfecta. Carmen estaba lista para él y yo preparaba una buena cena. Cuando él llegaba a casa del trabajo, por lo general se retiraba al garaje para "poner su cabeza en orden".

Eso me molestaba. Yo en realidad nunca tenía un descanso. Cuando yo iba a la tienda, él la cuidaba como si se le fuera salir de las manos porque yo no estaba. Mis salidas y descansos eran cuando ella dormía y yo estaba exhausta. Si eres mamá, recuerda que necesitas TU tiempo y que es indispensable por el bien de todos. Eso golpeó mucho nuestro matrimonio.

Decoré la habitación de mi hija e hice que alguien viniera y personalizara la pared con un hermoso mural pintado. Era perfecto. Tenía todas las muñecas que había usado de niña en un pequeño estante y ella tenía su propia cama nido. Ted y yo necesitábamos sacarla de nuestra cama y meterla en la suya. Eso no funcionó. Ella quería estar con nosotros y los dos estábamos demasiado cansados como para pelear. De alguna manera extraña, ella era nuestra seguridad porque nuestro matrimonio no era lo mejor, pero tampoco era lo peor, y el hecho de que ella fuera feliz apaciguaba al vacío de nuestra vida amorosa.

Los fines de semana íbamos en viajes familiares a los cultivos de calabaza o al zoológico. Ella era mi mundo. Todavía estaba herida por causa del dolor del pasado de nuestro matrimonio, una pena con la que no había lidiado. Yo había levantado un muro que evitaba que fuera totalmente vulnerable en mi matrimonio. Ted y yo tuvimos muchas peleas. De verdad que yo era una queja constante con respecto a la casa y a su limpieza. Yo pasaba mucho tiempo en casa y cuando él volvía, yo simplemente me sentía como la criada, no como su esposa sexy o apreciada de manera alguna. Ahora sé que mi autoestima estaba muy baja. Esta historia subyacente estaba allí porque yo era un ama de casa y eso quería decir que era una perdedora. Yo solía llamar a las madres que se quedaban en casa *"fabricantes de pastel de carne"* y ahora yo era una. Estoy segura de que mi obsesión con los niños fue en parte para no tener que lidiar con nuestro fallido matrimonio.

Mi embarazo del bebé Wesley fue bueno. No tuve casi complicaciones. Todos los días Carmen y yo jugábamos en los columpios con los vecinos, dábamos largos paseos o íbamos a sus reuniones de "mami y yo" o a cualquier actividad que tuviera. En retrospectiva, el hecho de que yo estuviera tan ocupada, se debía a que estaba tratando de demostrar que era mejor que una mera fabricante de pastel de carne, y que era una súper mamá.

Cuando tenemos dolor desde la niñez sobre todo por no tener papá, vamos a luchar con la identidad. Luché con la sensación de que necesitaba justificar por qué estaba en casa. Hacía todo lo posible para demostrar que era buena, suficiente y que estaba bien que estuviera en casa.

Mi mamá ahora había iniciado esta organización y había podido trabajar desde casa durante 10 años. Así fue que pudo decidirse y dejar Atlanta. Antes de tener hijos, yo había ido a muchos viajes a Las Vegas con ella. Su organización era la voz de quienes prestaban el servicio de mantenimiento de computadoras. Por ejemplo, si tú querías que tu computadora se reparara y no querías ir a la empresa Del, y querías un tercero para que la arreglara, ella era una voz y tenía una organización para todos esos grupos. Cada año, ella tenía una conferencia internacional en Las Vegas y yo conté con tanta suerte que pude asistir a ellas.

Carmen tenía dos años, y este año fue particularmente importante porque Theodore y yo no estábamos muy bien. Yo estaba agotada. Invertía todo mi ser en ser mamá. Es probable que hubiera tenido que invertir más en ser una esposa, pero estaba muy enojada con él por muchas cosas. Estaba embarazada de Wesley y la conferencia era en marzo, así que tenía 6 meses de embarazo.

Ese año la conferencia fue en el hotel Caesar's Palace. Carmen y yo jugábamos en la piscina todo el día y en la noche nos reuníamos con mi mamá para la cena. Las Vegas tenía los mejores lugares para comer y a Carmen le encantaba ver toda la emoción en la cena. Había incluso un lugar que tenía un acuario dentro del restaurante justo al lado de nuestra mesa. Para mí, ¡poder tener este escape fue una bendición, porque logré mostrarle algo muy genial a Carmen! Durante el día, ella y yo caminábamos por el casino para conseguir un helado e ir a la piscina. Esa actividad es probablemente mi favorita con respecto a lo que hacíamos todos los años con los niños, y durante los siguientes 20 años pudimos ir con mamá y estar por ahí.

Ella siempre conseguía un pent-house o una suite premier porque llevaba mucha gente allá y nosotros nos podíamos quedar con ella. Carmen todavía no había sido entrenada para usar el baño. Era la primera vez que ella veía un bidé. Yo quería enseñarle a ir al baño antes de que llegara el nuevo bebé, así que este era mi gran oportunidad. Mi brillante estrategia fue entrenarla en el bidé. A ella le encantó la idea de saber que si no había nadie sentado allí, el agua salpicaría el techo. Bastó con que ella entendiera que se podía sentar en ese pequeño bidé y que su recompensa sería ver ese chorro de agua en el aire. Mi niña aprendió a ir al baño en el hotel Caesar's Palace gracias a un bidé. No conozco a ningún otro niño lindo de dos años que pueda decir eso. Ese fue nuestro último viaje de mamá e hija, antes de que el bebé Wesley llegara al mundo.

El día que Wesley nacía, nuestro vecino dijo que ellos podían cuidar a la niña por nosotros, y Ted y yo fuimos al hospital. Eso fue el 3 de julio y Wesley nació 12 horas después. No hubo complicaciones y su nacimiento fue el 4 de julio. Inmediatamente después del parto, se lo llevaron a la UCI porque tenía meconio en los pulmones. Teddy me llevó en la silla de ruedas hasta el estacionamiento superior del hospital para ver los fuegos artificiales. Yo no necesitaba preocuparme por mi bebé. Sabía que él también iba a ser un bebé especial. Hasta los 8 años, le dije que todos los fuegos artificiales del 4 de julio eran solo para él. En retrospectiva, esa no fue una gran idea. Mi bebé pasó dos semanas en la unidad de recién nacidos para ayudarle a sus pulmones a funcionar mejor, y yo iba a cuidarlo todos los días. Eso fue muy difícil. Yo me sentía muy dolida. Él se recuperó tras 15 días y por fin pudo volver a casa.

Mi esposo y yo no tuvimos nada de sexo durante todo mi embarazo. Yo recibí numerosas llamadas telefónicas de diferentes personas afirmando que él tenía aventuras con varias mujeres en la oficina, y no logré comprobarlo. Condujimos hasta la playa de Newport después de que naciera para reavivar las cosas.

Estábamos en un bar y una chica se me insinuó. Esa fue la primera vez que mi marido se interesó en mí en meses. Estaba devastada porque no era suficiente para él. Eso era lo que sentía mi corazón sin sanar y sin conocer mi verdadera identidad. Allí estaba yo con dos niños pequeños y ahora era una madre que se quedaba en casa y me sentía atrapada, devastada y enojada, todo al mismo tiempo. Me sentía tan herida en mi corazón y me preguntaba ¿por qué sería que él necesitaba de un poco más de estimulación por parte de otra mujer? Luego de eso no intenté encender ninguna llama. Digamos que dudé en intentarlo.

Simplemente aguanté, me guardé todos mis sentimientos en lo más profundo y estaba muy feliz de ser mamá y de tener a mis preciados Carmen y Wesley. Éramos los 3 mosqueteros. Los llevé a muchas aventuras. Ahora tenía dos pequeños que acostaba para que tomaran una siesta a las 2 en punto, mientras yo trataba de hacer todo lo que podía luego de nuestras divertidas excursiones matutinas. La habitación de Wesley también estaba perfectamente decorada y tenía una cama con estampados "animal print". Yo puse animales de safari por toda su pared para que luciera infantil. Él nunca durmió en su cama tampoco. Terminamos empujando una cama sencilla al lado de la cama King y así fue que tuvimos una cama familiar gigante. Nuestro matrimonio no iba tan bien, pero mi amor por esos dos niños, y el hecho de estar tan feliz por tener una familia era mayor que cualquier anhelo de amor romántico.

A veces, cuando no manejas lo que está pasando en tu relación y dejas que se infecte por dentro, todo termina siendo como mucha agua que pasa por debajo de un puente. Un matrimonio tiene que ser nutrido, así como tus hijos. Ya ninguno de nosotros dos intentaba hacer nada.

A temprana edad yo había aprendido a ponerme una máscara y yo me la había ido quitando poco a poco, pero de manera evidente. He aquí uno de mis poemas favoritos que resume lo que pasa por dentro cuando no lidias con tu trauma.

Por favor escucha lo que no estoy diciendo

No te dejes engañar por mí,

no te dejes engañar por la cara que llevo

porque llevo puesta una máscara,

1.000 máscaras que tengo miedo de quitarme

pretendiendo que es un arte, que es mi segunda naturaleza

pero no te dejes engañar,

¡por Dios!, no te dejes engañar.

Te di la impresión de que soy seguro

que conmigo todo está soleado y tranquilo, tanto por dentro como por fuera.

Que mi nombre es confianza y la tranquilidad es mi juego

que el agua está apacible y que yo mando

y que no necesito a nadie

pero no me creas.

Mi superficie puede parecer suave

pero mi superficie es mi máscara,

cada variación y cada ocultamiento

por debajo no tiene complacencia alguna.

Por debajo se encuentran la confusión, el miedo y la soledad.

Pero yo las escondo. No quiero que nadie lo sepa,

entro en pánico al pensar en que mi debilidad y mi miedo queden expuestos,

por eso es que con frenesí creo una máscara para esconderme detrás de ella,

una fachada despreocupada y sofisticada

para que me ayude a fingir,

para que me oculte de la mirada que sabe,

aunque tal mirada sea precisamente mi salvación

mi única esperanza y lo sé,

eso sí, si está acompañada por la aceptación,

si le sigue el amor,

eso es lo único que me puede liberar de mí mismo,

de mis propios muros de la prisión que construí, de las barreras que levanté,

eso es lo único que me va a asegurar lo que no puedo asegurarme,

que en realidad valgo algo.

<u>Escrito por Charles C Finn</u>.

Este texto describe la lucha que se presenta entre la imagen dañada y la imagen falsa antes de que puedas llegar a la imagen sana. Ten presente que cuando Dios nos creó, todos teníamos una imagen original, pero cuando en nuestra vida hay cosas que no están bien y nos causan dolor, la percepción que tenemos de nosotros mismos es que estamos dañados, que somos malos, negativos, y de verdad no queremos que la gente se nos acerque.

Sin embargo, cuando nos sanamos por completo, elegimos las personas adecuadas y abordamos esas narrativas falsas acerca de nosotros mismos. Nos quitamos nuestras máscaras para que podamos ser vulnerables y experimentar el mundo de verdad. Tú tienes que ahondar con respecto a cuál es la parte de mí que está escribiendo este libro.

Al llegar al núcleo de todo, es como si te sentaras a escribir tu historia y te dieras cuenta de que las cosas que sucedieron no te tienen que definir.

Oro para que elijas una pareja en función de tu yo sano, no de tu falso yo dañado, de modo que no tengas que pasar por el dolor que yo atravesé durante mi primer matrimonio.

Levanto una oración para que tengas discernimiento y sabiduría para ver patrones que no contribuirán con el futuro al que fuiste llamado. Tu verdadero destino es de plenitud, inmensa alegría y servicio a la humanidad. La vida transcurrirá y vendrán hechos tristes y dolorosos, pero aunque las cosas no salgan de manera perfecta, tú tendrás las herramientas y el amor de Cristo en tu corazón y sabrás que ¡Él te respalda y sostiene! Tendrás la certeza de que no escogiste un camino que llevará a tu vida directo a mucho más dolor. Ese es mi más profundo deseo para ti que estás leyendo este libro.

CAPÍTULO 10

UNA CASA CONSTRUIDA SOBRE LA ROCA NO SE DERRUMBA

Ahora bien, no me malinterpretes. Yo amaba al papá de mis hijos, amaba tener un familia, me encantaba tener suegros que amaran tanto a su hijo, y me encantó poder crear una familia y contar con alguien con quien pudiera compartir todo. Sin embargo, la verdad fue que no comenzamos bien, lo cual ocasionó muchos problemas desde el principio. Después de que llegó el pequeño Wesley al mundo, las cosas se tornaron todavía más difíciles. Luego sucedió el memorable 9/11, y yo me involucré más y más con los niños y con todas sus actividades.

Ted fue empujado más y más hacia un lado y cuando volvía a casa yo estaba enojada. Empezó a regresar cada vez más tarde y algunas noches eran las 9 en punto y yo estaba sentada en casa. Mi día lucía así: Despertarme con los dos niños, amamantar a Wesley, tratar de mantener ocupada a Carmen para que no se pusiera celosa, ir y prepararles el desayuno, ver Barney y los Teletubbies durante un par de horas, limpiar la casa, preparar todos los refrigerios, lavar la ropa y apenas eran las 9 a. m.

Básicamente vivíamos en el zoológico de San Diego y en el parque de animales salvajes. A mi hijo le encantaban los Legos así que íbamos allá al menos una vez al mes, solo nosotros 3 y tal vez una de las amigas de Carmen. Yo estaba muy involucrada con ser la mamá divertida.

Carmen tenía una mejor amiga que vivía al lado y que tenía una dificultad en el habla, motivo por el cual yo no lograba entenderla casi la mitad del tiempo que compartíamos. Ella quería a esa niña y ese era mi entretenimiento. Iba a la casa de ella y las veía columpiarse en el patio trasero durante horas, incluso cuando la temperatura era de 35° centígrados. Me sentaba con mi bebé que tenía cólicos, mientras lo mantenía atado a mí como un koala porque gritaba si lo bajaba.

A la 1 de la tarde ya había tenido demasiado y estaba exhausta. Volvía a casa y me acostaba con los dos y trataba de que ambos tomaran una siesta. A veces tenía éxito y otras ocasiones solo dormía Wesley. Con mucho sigilo, encendía el monitor para bebés y entonces era el momento de mamá e hija. Yo cargaba con tanta culpa por tener que prestarle mucha atención al bebé, que en lugar de hacer las tareas domésticas o cualquier cosa que tuviera que ver conmigo misma, me ponía a jugar con mi hija. Jugábamos a las Barbies o nos quitábamos toda la ropa y corríamos por el patio trasero, nos metíamos en la piscina y nadábamos, algo que ella pensaba que era lo máximo en el mundo entero. Yo la observaba conducir su jeep de Barbie por el barrio. Cuando mi hijo dormía siesta, nosotras teníamos dos horas entre mami e hija.

Luego se despertaba Wesley y era hora de darle de comer de nuevo. Para esa hora Carmen estaría cansada y malhumorada, y alrededor de las 4 en punto tocaba preparar la cena y organizar la casa para que todo luciera perfecto cuando volviera mi esposo. A veces nos aventurábamos a salir durante el día, pero eso era solo dos o tres días a la semana. Era maravilloso pero al mismo tiempo me perdí a mí misma. Cuando mi esposo llegaba tarde a casa en la noche yo estaba exhausta. Algunas noches me vestía con lencería solo para tratar de despertar su interés, pero él simplemente no respondía. Pensé que tal vez era porque yo estaba muy gorda o demasiado maternal o algo, pero parecía que simplemente él no estaba interesado. Yo entiendo la difícil situación de todas las mamás tratando de hacer malabares con todo. Mirando hacia atrás, si hubiera tenido más equilibrio y hubiera caído en cuenta que de vez en cuando está bien dejar caer la pelota, podría haber sido más feliz. Esa era la mentalidad de que si me veía lo suficientemente bien o que si todo PARECÍA perfecto por fuera, entonces yo estaría bien por dentro. ¡Era claro que no había experimentado la verdadera sanidad todavía!

Tenía un vecino muy guapo que vivía al lado de nosotros. Él era 10 años menor que yo, y era mi dosis diaria de emoción. Carmen y yo estábamos en el patio trasero y yo escuchaba a su perro ladrar afuera, y entonces los dos hablábamos por encima de la cerca. Me sentía como esa parodia de Seinfeld. Toda nuestra relación fue a través de la cerca durante 6 meses. Ay, ¡cuántas ganas me daban de que él saliera y me dijera lo hermosa que era y lo afortunado que era mi esposo!

Yo estaba hambrienta de atención y en realidad solo necesitaba mirar hacia dentro y darme cuenta de que para Dios yo siempre fui hermosa. Me dijo que nos escuchaba gritarnos por la noche todo el tiempo y que lamentaba mucho que en la relación hubiera tanto abuso.

De alguna manera, él me parecía encantador y yo me sentía justificada por estar siempre tan molesta con mi matrimonio. No tenía ni idea de que él estaba enamorado de mí. Yo estaba feliz de tener a alguien con quien hablar. Pasaron los meses y el color de mi cabello también pasó. Esa siempre ha sido mi opción, cambiar mi cabello y teñírmelo 1 millón de veces, porque tal vez eso me hará sentir mejor. Pasé al rubio platino del marrón oscuro con la esperanza de que eso excitara a mi marido y que así me deseara.

Mi vecino siempre me pedía que saliéramos a hacer algo y yo le decía a mi esposo: "El vecino piensa que soy linda" y él tan solo levantaba sus ojos y decía: "Es porque no te conoce". Yo solo quería alguna respuesta, como si recibir algo de atención fuera mejor que no tener ninguna. No hace falta decir que mi autoestima estaba por el piso. Yo sabía que mi marido había estado con muchas mujeres, porque ya había recibido demasiadas llamadas telefónicas. Yo me limitaba a ignorarlas. Como pensamos muchas de nosotras las mamás, tan solo queremos conservar a nuestra pequeña unidad intacta por encima de nosotras mismas y a veces tenemos que hacernos las tontas. En el fondo yo sabía lo que estaba pasando y me estaba destrozando. Eso no es lo que Dios quiere y esa no es la intención del matrimonio. Se trata de una sociedad, una historia de amor, un consuelo, un mejor amigo y un amante, todo en uno.

Después de muchos intentos, una noche mi vecino me preguntó si me gustaría ir a tomarme unas copas con él. Ese día yo me sentía particularmente vulnerable. Le dije a mi esposo como a las 6: "El vecino quiere sacarme a tomarme unas copas, así que tal vez tenga suerte". ¡Ja,ja! Yo estaba bromeando, pero jamás olvidaré lo que respondió mi esposo: "Bueno, es mejor que te engrases como la gran cerda gorda que eres y tal vez si lo emborrachas lo suficiente, él querrá comerte, porque a mí definitivamente no me apeteces".

Para entonces, no habíamos tenido sexo en más de un año y Wesley tenía 12 meses de nacido. Ese fue mi punto de inflexión; todo lo que sabía en mi interior lo eché por la ventana. Así hice 31 años de mi vida. Me engrasé como la cerda gorda que sentía que era y me acerqué a la casa del vecino. Salimos a beber a un sector joven de la ciudad y yo me sentí viva de nuevo, me sentí bonita de nuevo. Alrededor de la cuarta margarita me volví a sentir caliente otra vez. ¡WOW!

Esa noche tuve sexo con mi vecino en el estacionamiento del bar, en el callejón del bar de al lado, y luego en su automóvil de camino a casa. Recuerdo el incómodo recorrido a casa mientras él se preguntaba qué era lo que acabábamos de hacer. Sé que el tequila puede hacer que se te caiga la ropa, ¡pero mierda! Yo miré su dulce rostro de 22 años, él estaba sonriendo de oreja a oreja y me preguntó si yo iba a estar bien. Yo estaba feliz, enojada, triste y decepcionada de mí misma, todo al mismo tiempo. Una parte de mí sentía la sensación de venganza y otra parte sentía miedo de perder a mi familia. Tenía sentimientos encontrados. Mi abuelita siempre decía que dos errores no lograban un acierto. En realidad yo no estaba en la iglesia y a decir verdad no me sentía mal por nada. Sentía que mi marido se lo merecía.

Mi vecino pensó que yo iba a dejar a mi esposo por él y entonces las conversaciones por encima de la cerca se volvieron muy incómodas. Él tuvo que irse de comisión militar y me preguntó si podía cuidar a los perros durante los próximos tres meses, así que yo accedí. Esa era mi escapada. Yo iba a su casa y me quedaba allá sin que él estuviera, pues estaba justo al lado de mi casa, cuidaba de sus perros y disfrutaba de mi tiempo fuera de la casa porque era muy incómodo. Cuando regresó el vecino, Ted y yo habíamos remendado un poco las cosas a pesar de que yo no le había contado mi sucio secreto. Nuestra casa estaba construida sobre la arena y yo ahora podía sentir que todo se derrumbaba. A Teddy le estaba yendo mejor en el trabajo y en casa. Mis hijos estaban sanos. Yo sabía que no volvería a hacer eso jamás y que solo tenía que mantener mi boca cerrada.

Mira, el diablo es mentiroso y te dice que mentirte a ti mismo hará que todo esté bien, pero todo lo que hace es destrozarte por dentro. Es esencial que estés supremamente atento a lo que entra en tu mente todos los días, porque lo que escuchas afecta tu manera de pensar y aquello en lo que crees.

El profeta Isaías comprendió cuán importante es que llenes tus oídos con palabras que produzcan alegría. Con el tiempo, si escuchas algo de manera suficiente, terminarás formando una creencia y ella producirá una acción correspondiente. Todo lo que yo alcanzaba a escuchar era lo molesta que era, que era una mujer muy enojada, que ya no era realmente atractiva, y que ya nadie me iba a querer, así que era mejor que me aguantara.

Si permites que esos pensamientos negativos se apoderen de tu mente, te llevarán a un acto destructivo, por lo general un acto de auto-sabotaje como el que yo cometí. Si obtienes alguna cosa a partir de este libro, por favor que sea lo importante que es ser consciente de tus pensamientos.

Recuerda que los pensamientos causan acciones, así que permite que sea positivo todo que lo que te pasa por el oído, lo que ves y lo que sale de tu boca, para que puedas tener la vida que te mereces. Tus pensamientos son poderosos y tus palabras pueden cambiar el curso de tu destino.

Si en tu vida alguien te menosprecia de manera constante, necesitas alejarte de dicha persona. Si se trata del matrimonio, busca asesoría, entra en otra habitación y no escuches esas cosas. Escucha música positiva en tu teléfono, habla con un amigo que siempre te haga sentir mejor. No te concentres sobre esas palabras negativas y no las repitas para justificar tu tristeza; eso te lastima más el alma.

Después de que mi vecino regresó de comisión, me preguntó qué iba a hacer. Yo respondí: "Me voy a quedar con mi esposo, eso es lo correcto". Así que él se mudó y ese fue el final de aquella situación.

Mi marido estaba empezando a ganar mucho más dinero y compró un auto nuevo. Yo saqué de mi cabeza todas esas locuras. Podrías pensar que adquirir cosas nuevas, ir a lugares y ocupar tu tiempo, va a lograr borrar tu recuerdo, pero solo lo ubica en un archivo mental que no es tan saludable ¡Créeme!

Todavía tenía mi minivan y nos anotamos en una lista para un nuevo vecindario suburbano llamado 4S Ranch. Todas las personas que estaban empezando a ganar dinero se estaban yendo a educar a sus hijos allí, pues tenía un gran distrito escolar y parques maravillosos. No había que darle más vueltas al asunto. Yo sentí que había llegado y que por fin iba a tener la casa de nuestros sueños. Preparé brownies para el personal de ventas en la oficina de casas nuevas, y todos los días visitábamos con los niños para que así pudiéramos quedar ubicados dentro de las primeras etapas. Esto sucedió cuando el mercado inmobiliario estuvo muy movido en 2002, antes del colapso en 2006. Lo creas o no, entramos en la segunda fase de precios. Estábamos extasiados, conseguimos la casa por alrededor de $450.000 dólares. Tenía 2.800 metros cuadrados, cuatro dormitorios y tres baños. Para el sur de California, ese es un buen negocio. ¡Créeme! En el pequeño patio trasero podríamos tener columpios. Yo sabía que iba a haber familias con las que podría relacionarme y pasar el rato todo el tiempo. No cabía de la dicha por nuestra nueva vida.

El día de la mudanza Theodore tenía que trabajar. Tuve que resolver cómo equilibrar tener a mi hijo pequeño con todo y trasteo. Encontré una dulce señora que cuidaría a Wesley porque era pequeño. Mi mamá se había llevado a Carmen unos días antes de la mudanza para que yo me pudiera mudar sin lidiar con ella. Después de un día con la empresa de mudanzas fui a recoger mi bebé. Lo puse en su pequeño asiento de seguridad y conduje de regreso a la casa de antes para poder limpiar la alfombra con vapor. Necesitábamos que nos reembolsaran nuestro depósito, todavía estábamos luchando un poco a nivel financiero y necesitábamos esos 2.500 dólares para muchas cosas. Mientras conducía hacia allá, Theodore me estaba siguiendo. Él había estado bebiendo tequila en el trabajo. Pensó que yo le había robado la billetera. Estaba conduciendo justo encima de mi parachoques y prendía y apagaba las luces. Yo sabía que algo estaba mal y no lo había visto en todo el día. No conté con ninguna ayuda durante la mudanza. Finalmente me detuve, y cuando él se bajó del carro en el patio delantero de una persona desconocida, me comenzó a gritar muchos nombres asquerosos. Desde el incidente con el vecino, habían pasado más o menos ocho meses. Las cosas seguían mal en casa y nuestra vida sexual todavía no estaba en nada. Unas semanas antes yo acababa de recibir una llamada telefónica de parte de la misma mujer de su oficina, que me había organizado el "baby shower" para Wesley.

Ella me dijo que se estaba acostando con mi esposo. Yo lo confronté al respecto, y desde luego que me mintió. Yo tenía todo esto presente en mi mente así que le lancé un golpe, y él me golpeó justo en la cara. Uno de mis ojos quedó un poco negro. Lloré de manera histérica mientras barría los pisos de la casa de antes para intentar recuperar nuestro depósito. Me sentía desesperada a pesar de que estábamos a punto de mudarnos a la casa de nuestros sueños. Él no ayudó a limpiar para nada, sino que se fue y me dijo que yo tenía que hacer todo, pues él era el que ganaba dinero, y que yo solamente era la ayuda que pagaba. Recuerdo que el dolor de espalda me estaba matando, pero tuve que perseverar. En esa casa, mi niño chiquito estaba allí conmigo en su pequeño asiento de auto. Yo lloraba y miraba al otro lado de la habitación donde contemplaba su carita dulce y de repente, mi dolor y mi angustia se iban. Me alegraba mucho que Carmen no estuviera allí porque de lo contrario, habría sido testigo de todo esto.

Cuando todo estaba limpio y luego de haber tenido un día de 15 horas, me fui para nuestra nueva casa sola, y puse a Wesley en la cama a mi lado. Me acosté sin mi marido allí. Luego, en el medio de la noche él entró en el dormitorio y me dio una bofetada en la cara mientras yo amamantaba al bebé. Me dijo lo loca que estaba y torció todo lo que había sucedido como si todo fuera mi culpa. A decir verdad yo no contraataqué porque de alguna manera pensé que me merecía todo eso, que de alguna manera estaba bien que él me tratara así, por causa de lo que yo había hecho hacía casi un año. Aunque él no sabía, yo sentía que él me podía tratar así. Cuando no tratamos con la verdad y enterramos nuestros sentimientos de manera constante, permitimos que el diablo entre en nuestra mente y realmente distorsione la forma en que vemos las cosas.

Al día siguiente, cuando mi mamá voló de regreso a San Diego para ver nuestra nueva casa y traer a Carmen por primera vez, ella supo que algo estaba mal. Yo tenía una cinta blanca que atravesaba una de mis cejas. El dolor me carcomía por dentro de manera literal y yo pensaba que me merecía que él me tratara así. Me lo tragué todo y me puse la máscara así de bien como ya sabía hacerlo. Eso lo aprendí a edad temprana. Yo no había archivado nada de mi pasado de manera correcta. Cuando archivas tus traumas pasados en el lugar indicado, jamás aceptarás semejante comportamiento de parte de nadie, sin importar lo que hayas hecho.

NADIE tiene derecho a insultarte, o de tratarte de cualquier forma que no sea con respeto. Y no hay duda de que NADIE tendrá jamás el derecho a poner sus manos sobre ti. Lo único que yo quería era esta nueva vida feliz. Tenía la casa de mis sueños, mi nuevo cachorro y una familia unida, lo cual siempre había sido mi sueño. Yo solo sonreí y lo encubrí, y no le dije a mi mamá lo sucedido, pero como todas las mamás, ella sabía.

Nuestra pequeña y feliz familia no estaba realmente tan feliz. Sería nuestra primera Navidad, y yo estaba muy feliz de decorar nuestro jardín con la cosa favorita de Wesley: un Choo Choo Carmen. Yo siempre quería que nuestra casa fuera la que mejor estaba decorada y de hecho así era. Jamás juzgues un libro por su portada. Puede que pienses que tu amigo o vecino tienen una vida perfecta. No lo sabrás hasta que te des cuenta de verdad.

Así que mi vida estaba llena de cosas para ocupar el dolor interno. Nosotros seguíamos avanzado. Iba a tener la casa que soñaba y a tener una pequeña familia en los suburbios. Sabía que las cosas iban a empezar a lucir bien. Solo me concentré en decorar nuestra casa bellamente porque no tenía duda de que estar ocupada mantendría mi mente alejada del dolor. Usé el tapiz de pared de Tommy Bahama de palmeras. Tuvimos persianas personalizadas y hermosas cortinas hechas para cada habitación. Mandé pintar la habitación de Carmen con hadas. Tenía nuestra habitación decorada con ventiladores de Tommy Bahama y con una temática tropical que parecía un oasis. Yo había escogido almohadas impecables. Nuestra alfombra era bereber y era preciosa. Yo estaba muy emocionada por nuestra nueva vida. Teníamos nuestro patio trasero sellado a mano y teníamos una pequeña cachorra llamada Rosie. Todo estaba ocupando su lugar. Yo tenía dos hijos y un esposo. Me podría quedar en casa en un vecindario donde mis hijos iban a disfrutar y amar. Simplemente me sumergí en el vecindario. Yo no tenía a Jesús en mi vida, así que la llené con cosas superficiales para tapar el agujero que tenía en mi corazón.

Carmen estaba empezando en la flamante escuela del vecindario a la que iban todos los vecinos y a la que podíamos irnos caminando. Había toneladas de niños del suburbio con los que mis hijos podían jugar. Me uní al grupo de "bunco" del sector, un grupo de señoras que una vez al mes nos reuníamos y pasábamos un gran rato. Básicamente lo llamamos el grupo de "Buncborrachas". Jugábamos a los dados y al final de la noche alguien se ganaba 20 dólares y eso nos parecía increíble. Cada día estaba lleno de diferentes actividades para los niños. Carmen estaba en karate tres días a la semana durante una hora y media, y Wesley y yo caminábamos con todas las demás madres, buscando algo divertido que hacer, lo que generalmente significaba saltar en las fuentes y jugar en Starbucks.

Cuando mi esposo llegaba a casa por la noche, solíamos discutir, yo hacía la cena y nos sentábamos en familia. Él era un buen papá cuando llegaba a casa, jugaba con los niños en el patio y me daba un respiro. Yo estaba aprendiendo a tener algo de equilibrio ahora que Wesley tenía dos años y él estaba un poco mejor. La vida suburbana continuó durante un par de años en los que íbamos a fiestas con los vecinos y la pasábamos bien, y nos poníamos nuestras máscaras tal como lo hacen la mayoría de las personas en los suburbios. Si luce bien por fuera todo debe estar perfecto por dentro. Yo estaba en la Asociación de Padres y Maestros y me uní a las Niñas Exploradoras con Carmen, donde era una de las co-líderes. Yo estaba de servicio la mayor parte del tiempo, incluso cuando estaba en casa. Cada reunión de Niñas Exploradoras que tuvimos contó con la presencia de Wes, a quien le encantaba ser el hermanito menor que las acompañaba. Finalmente, podía ser la mamá que había soñado ser. Poder ser voluntaria en la escuela de ambos niños hacía que todo valiera la pena.

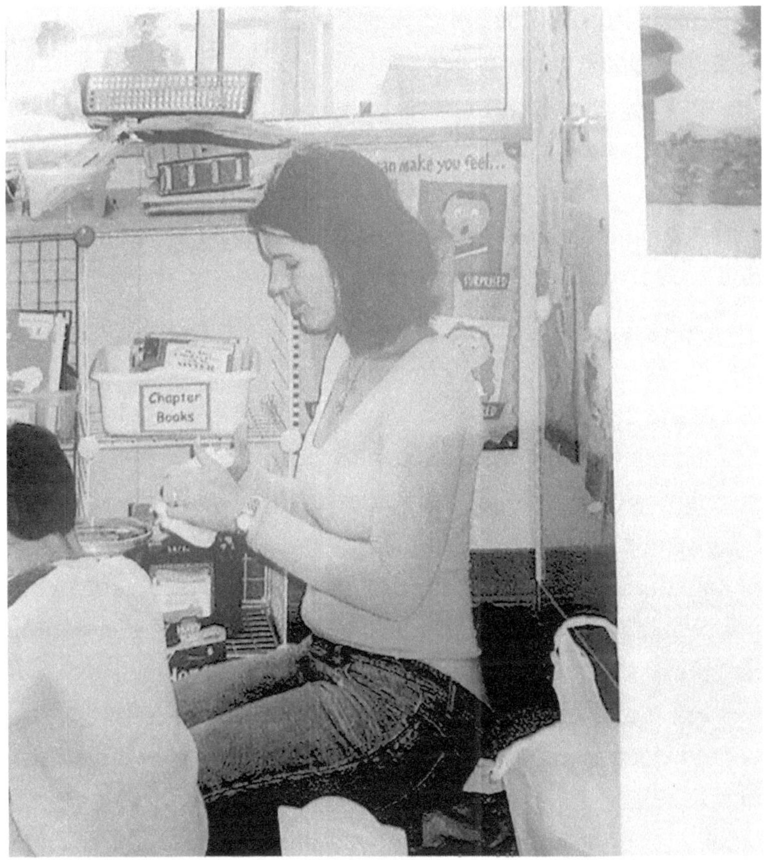

**Esta soy yo trabajando como voluntaria en el dulce
preescolar de Wesley.**

Yo sabía que era hora de volver a la iglesia porque tenía
un secreto por dentro que me estaba matando. Theodore y yo
estábamos en una verdadera crisis porque yo estaba muy in-
feliz con él y con tantas cosas que él me decía que me dolían
mucho. Incluso cuando viajábamos en familia a Disneylandia
y en tren, yo siempre estaba molesta. No podía salirme del síndrome de "pobre de mí". Estoy segura de que eso contribuyó

en gran parte con nuestra distancia. Tú no puedes controlar a otras personas, pero puedes controlar tus acciones y tu actitud. Yo sentía que me lo merecía y que mi pecho tenía una letra escarlata grande que de fondo le permitía que me dijera esas cosas. Todos las actividades que ocupaban nuestro tiempo en realidad nunca quitaron las cicatrices que ambos teníamos por dentro, particularmente las mías.

Una noche nos metimos en una de las peores discusiones que hubiéramos tenido. El hecho de que los niños se acostaran temprano era casi siniestro e inusual. Nosotros nos habíamos distanciado mucho, así que cuando teníamos tiempo en el que podríamos estar uniéndonos y acercándonos, lo único que había era un incómodo silencio. Yo no era perfecta en absoluto y no hay duda de que incitaba las cosas. Me quejaba y regañaba por pequeñas cosas. Al mirar hacia atrás, pienso que se trataba de recibir atención negativa, algo que en ese momento sentía que era mejor que no recibir ninguna en absoluto. Lo que de verdad quería era ser deseada como mujer y tener un matrimonio feliz. Si logras escucharte en mis palabras, da un paso atrás y pregúntate qué es lo que realmente quieres. No es que él recoja la toalla, por lo general es algo que va mucho más allá de eso.

Esa noche no lucía para nada a lo que ninguno de los dos quería. Él había estado bebiendo y nuestros gritos se intensificaron al punto que yo no podía contener mi ira. No estoy justificando la rabia de ninguna manera, pero yo me lo estaba guardando todo y fui a patearlo. Él me agarró, me tiró contra la pared, me sujetó por el cuello y me dijo que si volvía a hacer eso alguna vez me mataba. Eso fue todo, y allí supe que me iba a ir. Al día siguiente fui a Starbucks con moretones en los brazos y en el cuello. El sheriff estaba allí y me preguntó: ¿Qué pasó? Le conté al oficial así que él presentó un reporte y dijo que mi esposo necesitaba ir a clases para aprender a manejar la ira. Yo no me sentí como si fuera realmente una víctima porque por ese entonces estaba algo ruda, había conseguido un entrenador personal y hacía una tonelada de ejercicio. En realidad estaba construyendo ese caparazón duro por fuera (externo). Estoy segura de que era para guardar mi corazón que estaba destrozado por dentro. Sentía de alguna manera como si todo esto no estuviera sucediendo de verdad, pero así era. Yo sabía que lo que estaba haciendo no estaba funcionando para ninguno de los dos y la única respuesta que conocía era Dios. Yo no podía cambiarlo a él ni al pasado, pero podía cambiar la forma en que reaccionaba frente a él.

Yo había estado en la iglesia toda mi vida, y desde que me había alejado de Dios era como si mi vida se hubiera disparado. Yo quería que mis hijos empezaran a ir a la iglesia, así que empezamos a asistir a una iglesia del sector que estaba a la vuelta de la esquina. Sabía que para tratar de salvar nuestro desmoronado matrimonio necesitaba ir a terapia individual y de pareja.

Seguía escuchando la palabra abundancia, abundancia, debería tener abundancia. Mi alma continuaba oyendo esa voz tranquila que había escuchado de niña. Yo seguí pensando que tenía una casa hermosa, que me podía quedar allí con mis hijos, que mi hija estaba en karate y en las Niñas Exploradoras, que yo estaba en la Asociación de Padres y Maestros, y que estaba muy involucrada en el vecindario. Pensaba en que podía jugar con mi hijito y comprarle cualquier juguete que quisiera y llevarlo a todos lados conmigo. Tenía un montón de cosas que podía hacer, y todas las cosas materiales que PENSABA que me harían feliz, pero no tenía una vida abundante. Sabía que lo que me faltaba no tenía nada que ver con el materialismo o el consumismo. Lo que quiero decir es que la voluntad de Dios es que vivamos una vida sin carencias. Me faltaba la verdadera alegría y la paz interior. Él nos proveerá cada cosa que podamos necesitar para cumplir con éxito nuestro propósito, y eso maximizará nuestro potencial para que tengamos pensamientos inspirados por el Espíritu así como declaraciones, conversaciones, relaciones designadas por Dios y una verdadera realización y gozo. Yo no tenía nada de eso, solo momentos huecos llenos de breves intervalos de alegría con mis hijos. Te reto a que empieces a hacer de tu vida una obra maestra, no un desastre maestro porque en eso era lo que se había convertido la mía.

Empecé a ir a ver a una terapeuta de la iglesia. Ella me dio la Biblia que tengo hoy en día. Yo comencé a leerla de nuevo y las palabras simplemente comenzaron a saltarme encima. Así que un día le conté sobre mi pequeño y sucio secreto referente a lo que había hecho con mi vecino hacía casi dos años.

Ella comenzó a narrarme la historia sobre el sabio y el necio constructor de Mateo capítulo 7. Allí dice: "Cualquiera, pues, que me oye estas palabras, y las hace, le compararé a un hombre prudente, que edificó su casa sobre la roca. Descendió lluvia, y vinieron ríos, y soplaron vientos, y golpearon contra aquella casa; y no cayó, porque estaba fundada sobre la roca. Pero cualquiera que me oye estas palabras y no las hace, le compararé a un hombre insensato, que edificó su casa sobre la arena; y descendió lluvia, y vinieron ríos, y soplaron vientos, y dieron con ímpetu contra aquella casa; y cayó, y fue grande su ruina" (RVR1960).

Yo sabía exactamente lo que significaba eso y no podía ser más obvio. Mi casa fue construida sobre la arena. Entre nosotros dos había muchas mentiras de las cuales nunca habíamos hablado. En especial la de lo sucedido con el vecino, algo que yo había mantenido en secreto. Luego estaba mi constante molestia con él, y el hecho de que no confiaba en nada de lo que él hacía. Nuestra casa estaba completamente construida sobre una mentira y por eso era tan inestable todo el tiempo. En ese momento supe que tenía que contarle la verdad a mi esposo, a pesar de que él nunca me hubiera confesado todas las aventuras que había tenido y pese a que había recibido muchas llamadas telefónicas de diferentes mujeres. Incluso en su trabajo, la mujer que había organizado el "baby shower" para mi hijo, estaba teniendo sexo con mi esposo allá. A él no le correspondía decirme nada de eso, pero yo sí tenía que decirle la verdad. Necesitaba una confirmación. Te digo esto porque tal vez en tu vida hay algo que necesitas decirle a alguien, y en lugar de decirlo sin más ni más, necesitas una confirmación de que hacerlo es lo correcto para ti. Dios aparecerá de alguna manera misteriosa para hacerte saber que eso es justo lo que debes hacer.

Un día en particular recogí a mi hijo de su lindo preescolar cristiano. Wesley tenía puesto su bello uniforme de policía. Todos los días, él se ponía un vestuario nuevo. Él era adorable. Cuando nació tuvo una dificultad del habla y no podía pronunciar sus R's, W's, o sus Al's muy bien, pero yo podía entender todo lo que decía. Yo comprendía su pequeño idioma y lo llevaba a terapia del lenguaje tres veces a la semana durante una hora todos los días, al otro lado de la ciudad. Luego lo dejaba con sus pasabocas orgánicos en su preescolar durante dos horas, antes de recoger a Carmen del primer grado, para volver a recogerlo a él.

Ese día en particular después de haber decidido que le iba a decir a Teddy todo, yo necesitaba una confirmación real. Tenía mucho miedo del resultado. Wesley subió al auto y por primera vez en toda su vida habló muy claro y dijo: "Mamá, ¿nuestra casa está construida sobre la roca o sobre la arena?".

Yo acababa de estar en consejería y la consejera justo me había preguntado eso. ¿Acaso podía pedir más confirmación? No había manera de que mi hijo pequeño supiera eso porque él estaba en clase. Me entregó una bolsita de arena y yo empecé a llorar en el auto. Mientras estaba sentada allí, supe que Dios iba a restaurar mi matrimonio o que yo iba a tener que enfrentar las consecuencias de lo que sucedería a continuación.

Fui a casa esa noche y después de acostar a los niños bajé al primer piso. ¡Le conté todo a mi esposo! Le dije que había visto al vecino dos veces. La primera vez fue la noche que él me dijo que me arreglara como una cerda gorda, porque tal vez el vecino iba a estar lo suficientemente borracho como para querer tener sexo conmigo. Esa fue la primera noche en la que le fui infiel a mi matrimonio. Hubo una vez más. Fue un año después de que mi vecino se mudara. Yo fui a ver si quería estar con él, porque mi matrimonio estaba en un gran caos. Pensé que tal vez él y yo deberíamos estar juntos.

Tomé prestado el auto de mi suegro y les mentí con respecto a la persona con la que me iba a ver. Él estaba a una hora de la casa de mis suegros hacia el sur. No había mucha distancia con respecto a San Diego. Me acosté con él una vez más. Después de esa noche supe que este joven necesitaba tener una vida propia, que él iba a terminar aceptando a dos niños que no eran suyos, y que eso sería un drama para su joven vida, y que entonces era hora de que me marchara. En ese momento pensaba que mi matrimonio se podía reparar si guardaba mi secreto. Pero me estaba carcomiendo por dentro, literalmente.

La noche en que conté todo, mientras me sentaba en nuestro sofá de diseñador de cuero importado en nuestra casa perfectamente amoblada, mi esposo estaba impactado. Las cosas se pusieron súper violentas y sentí que me lo merecía todo. Esta vez no me golpeó. Sin embargo, la manera en que me llamó resultó ser peor que un abuso físico, y yo sentí que me lo merecía todo. Yo empecé ir a la escuela dominical todos los domingos y a llevar a los niños a la iglesia. Theodore iba a veces cuando no tenía que trabajar. Él ahora trabajaba reconstruyendo el centro de San Diego en un condominio de rascacielos. Había conseguido otro ascenso y era director de mercadeo. Lentamente nos distanciábamos todavía más.

Nuestro matrimonio realmente comenzó a desmoronarse aún más cuando comenzamos ir a terapia. Recuerdo haberle contado a la terapeuta lo sucedido con el vecino, llorando mucho por la vergüenza y la culpa que sentía. Jamás olvidaré que ella levantó la vista de su libreta de apuntes y que mirando por encima de las gafas que tenía en su nariz, dijo: "Bueno, si usted no le va a poner mantequilla a su pan, otra persona lo hará ¿qué le pasa? Estoy segura de que ha estado recibiendo su pan y su mantequilla muchísimo y no de parte de su esposa. Usted es un afortunado por tener una esposa que quiere una relación honesta y real". Por dentro yo me sentí algo aliviada por recibir validación de parte de ella. No hace falta decir que él no quiso volver allá jamás.

Para este momento supe que le había dado mi poder, autoridad y dominio al padre de la mentira. Había permitido que la condena, la vergüenza, y la amargura echaran raíces en mi corazón. Quería arreglar las cosas con Dios y hacerlo con el pie derecho. Sabía que la lucha por nuestro matrimonio no se iba a ganar solo con terapia, sino poniendo mis manos y rodillas en oración.

Una noche después de contarle todo a mi esposo, yo estaba lavando la ropa arriba. Estaba tan molesta que dejé la llave del fregadero abierta. Todos fuimos al supermercado por unas horas y cuando volvimos a casa, se había inundado todo. Ambos estábamos en estado de shock y pensamos: "Huy, un clavo más en el ataúd". También pensé que tal vez era Dios que estaba lavando nuestros pecados y nuestro pasado para que en nuestro matrimonio pudiéramos hacer borrón y cuenta nueva.

Nuestra compañía de seguros nos alojó en un hotel durante los siguientes tres meses, algo que fue maravilloso. Ted ganó algo de dinero en el trabajo y empezábamos a llevarnos bien. Tuvimos que quedarnos en un Residence Inn así que era como un pequeño condominio. Este lugar tenía luaus nocturnos con comida gratis de modo que yo no tenía que estresarme por la cena, contaba con una gran piscina y la mejor parte era el servicio de limpieza diario. En realidad pensaba que Dios había lavado todo y que íbamos a estar bien.

Yo tenía muchas ganas de un cambio de imagen de mamá, así que me hice un levantamiento de cejas, algo de liposucción y me tatué los labios, para poder verme y sentirme mujer de nuevo, en vez de sentirme como solo una mamá. Él fue súper dulce conmigo durante las siguientes dos semanas. Me veía muy bonita, ¿cierto?

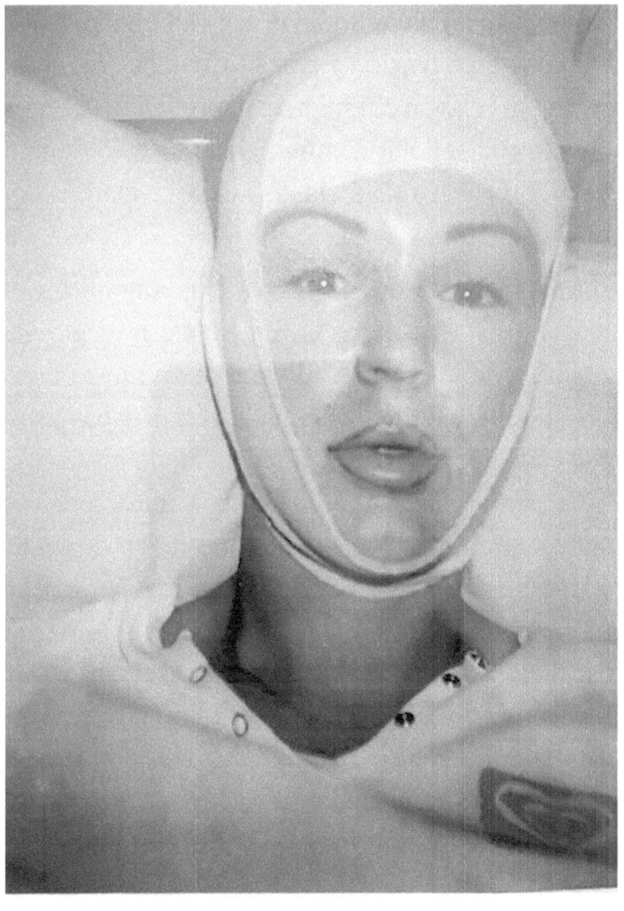

La vida estaba empezando a lucir mejor. Cuando íbamos a los luaus en nuestro hotel, Carmen se arreglaba, y nos íbamos a bailar como familia al ritmo de música hawaiana, mientras toda mi familia sonreía, lo cual se sentía como mi sueño. Parecía que nuestra familia se estaba volviendo a unir, y que esta vez se estaba edificando sobre la roca. A esos tres meses, yo les llamo la segunda fase de nuestra luna de miel. Después de ese tiempo nos mudamos de vuelta a casa. Creo que los recuerdos en ese hogar todavía estaban erguidos dentro de ella. Hubo una gran tensión a penas volvimos. Yo no entendía cómo pelear en oración por mi matrimonio. A decir verdad, no había lidiado con el dolor de mi infancia. Ese dolor no tratado hizo que mi molestia y mi angustia actual se manifestaran, así como mi situación.

Yo puse mi energía en sentirme mejor conmigo misma, no solo en ser una mamá perfecta. Empecé a ir al gimnasio, lo cual fue una gran liberación. Él compró un nuevo Porsche, y teníamos un Range Rover. De nuevo, él trabajaba hasta más y más tarde cada noche. Yo estaba recuperando mi forma física, y espiritual. Entre mejor estado adquiría, más inconforme estaba con el status quo porque me di cuenta de que yo merecía más y él también. Empezamos a tener citas nocturnas, lo cual fue algo incómodo, pero estábamos intentando. Los niños todavía estaban en todas sus actividades y yo estaba tratando de ser una súper mama, una súper esposa, y una súper cristiana, una súper de todo al mismo tiempo. Mi vida estaba basada en el desempeño, no simplemente en ser.

Un sábado por la noche tuvimos una cita. Me puse un vestido negro nuevo que mostraba mis nuevas curvas y mi cuerpo, y me sentí como si en realidad estuviéramos en una cita de verdad como recién casados. Me emocionaba un nuevo comienzo. Fuimos a la fiesta de trabajo de su empresa. Allá había un señor mayor que tenía 70 años más o menos. Él me pidió que fuera al piso de abajo para sacar un cassette de su auto. Ted estaba ocupado tratando de tener conversaciones con todos los compañeros de trabajo que tenía. No era la mejor noche de cita romántica, pero al menos estábamos juntos fuera de la casa y sin los niños. Bajé con el señor y recogí el cassette. Cuando volví a subir, Teddy me miró como si lo hubiera engañado otra vez. Ese señor tenía literalmente 75 años, y yo tenía 34 en ese momento.

Nos fuimos después de que terminó de charlar con todos sus socios comerciales, de que yo me hubiera tomado unas cuantas copas de vino, y de que hubiera tenido conversaciones sin sentido con extraños. De camino a casa, mi marido estaba un poco más mareado que yo. Mis dos copas de vino en el transcurso de cuatro horas estuvieron bien. Conduje a casa esa noche con los dos niños en sus asientos infantiles traseros, y pensé que estaban dormidos. Los recogimos donde mi mamá luego de concluir nuestra cita. Supuse que tan pronto como el auto se pusiera en marcha, ellos iban a caer fundidos. Tan pronto como él pensó que los niños estaban dormidos en el auto, comenzó a decirme varios nombres despectivos y a acusarme de ser una puta infiel todo el camino a casa.

Los insultos seguían empeorando y empeorando, y yo ya me estaba hartando de todo eso. Yo ya me había disculpado profusamente por el pasado y pensaba que ya habíamos pasado la página.

Esa noche fue como si se apagara una luz. Sabía que él iba a seguir poniendo esa cosa en particular sobre mi cabeza para siempre, incluso después de nuestra luna de miel de tres meses en el hotel. Nos detuvimos en el sendero de entrada a la casa y yo saqué a Carmen de su asiento del auto para llevarla a la cama. Ella había escuchado todo lo que se había dicho a lo largo de esos 20 minutos de viaje de regreso a casa. No había estado dormida para nada. Me miró con sus preciosos ojitos marrones, y me hizo una pregunta muy importante: "Mami, ¿qué es una gran puta y por qué papá siempre te dice así?

Eso fue todo. Sabía que mi vida estaría llena de tomar Xanax o lo que pudiera tomar para permanecer en ese matrimonio y así estar adormecida e insensible. Sabía que si no hacía algo, mi hija me vería tratar de ser una súper mamá y que su papá vendría a casa y me insultaría, pelearía y que estaríamos en este ciclo tóxico para siempre. Esa noche lloré hasta quedarme dormida y abracé a los dos niños en la cama. Ted se quedó dormido en el sofá o en el dormitorio de invitados, no sé dónde. Al día siguiente llamé a mi madre para que viniera a buscar a los niños por la noche, y llamé a un abogado. Puse las cosas de él en el patio delantero y cambié las cerraduras. No había más por decir. Solicité el divorcio ese mismo día y ese fue el comienzo de nuestro próximo capítulo. El enemigo viene a robar, matar, y destruir pero Dios viene a dar vida y vida en abundancia, y a decir verdad, yo no tenía nada de eso.

CAPÍTULO 11

EL DIVORCIO Y LA CUSTODIA

No hay nada que el diablo odie más que el matrimonio porque simboliza la manera en que Dios ama a la iglesia y la unidad, y él odia eso. Divide y vencerás, ese el libro de jugadas del diablo. Si solo eres tú, es mucho más fácil que seas atacado. Cuando una foca nada sola en el mar tiene un 90% de posibilidades de ser devorada por un depredador. Como dice en la Palabra, "Porque donde están dos o tres congregados en mi nombre, allí estoy yo en medio de ellos" (Mateo 18:20).

Solicité el divorcio ese año, el 2004, justo antes de Navidad y después de mi cumpleaños número 35. Tenía un entrenador en 24 hour Fitness que me ayudó a encontrar mi fuerza interior y exterior de nuevo.

Había logrado llegar a una buena talla y físicamente me sentía mejor conmigo misma. Me vi esa película en la que actúa Jennifer López como alguien que está en una relación donde el tipo es abusivo, razón por la cual tuvo que volverse ruda. Eso fue lo que hice. Me puse mis bragas de niña grande y entrené duro. Algunas veces te pones ese caparazón exterior duro para ocultar el dolor que cargas por dentro.

Decidí ir a un mediador en San Diego. Sabía que Ted y yo podíamos establecer acuerdos en muchas cosas del divorcio en cuanto a las finanzas y la custodia. Yo quería manutención infantil para ambos niños, nos turnaríamos cada día festivo, celebraríamos juntos los cumpleaños, y él me daría el apoyo de cónyuge que yo esperaba.

Desde que di a luz, mi sueño era estar presente para mis hijos en todo, y yo no quería que eso cambiara por causa del divorcio, ni él tampoco. Después de ir y venir a la corte muchas veces, decidimos que venderíamos la casa y dividiríamos el capital. El mercado inmobiliario desde 2002 hasta 2004 se disparó en San Diego. Pensé que tendría mucho dinero para sobrevivir después de que dividiéramos todo.

Ese Halloween nos separamos. Él se estaba quedando en un pequeño condominio en el centro y estábamos a unos 30 minutos de distancia. Yo no quería que él no estuviera con nosotros en Halloween ya que era un momento muy divertido para nuestra familia, así que él vino para estar en la parte del "truco o trato". Nunca olvidaré la manera en que nuestra familia se disfrazó como si fuéramos normales y la forma en que todo lucía color de rosa. A él le di un disfraz que parecía como un bebé gordo gigante. Pensé que era muy indicado y él llenó su biberón con vodka. Digamos que esa noche no terminó siendo una gran noche familiar feliz, y él se marchó al día siguiente.

Ese fue el comienzo de que yo no tuviera ningún tipo de límites en absoluto, porque todavía no me había perdonado del todo. Tenía la esperanza de que pudiéramos seguir siendo una familia unida pero divorciada. Al final, me salió muy caro pretender mantener todo normal para los niños por causa de mi falta de respeto por mí misma y de mi autoestima. Todos los días festivos pretendíamos ser algún tipo de familia.

Esa Navidad tratamos de celebrar en familia como siempre lo hacíamos. Recuerdo que él durmió en el primer piso la víspera de Nochebuena, luego de ensamblar todos los juguetes de los niños. Sentía mucha culpa por no dejarlo estar en nuestra cama. Yo simplemente no podía volver allí porque el dolor era demasiado grande. Él me rogó esa noche que volviéramos a unir a nuestra familia. Me sentí como una mala persona, pero no podía derribar mi muro de nuevo, y esa noche lloré hasta que me quedé dormida. Solo sabía que ya las ruedas estaban en movimiento y a excepción de las palabras, con él no había cambiado nada en realidad. Todavía era el mismo que era antes de mi solicitud del divorcio.

A la mañana siguiente, nos levantamos y nuestra perra Rosie acababa de tener cachorros. Era la mañana de Navidad, nos estamos divorciando, vivíamos en una casa que no sabíamos si íbamos a mantener, ambos niños no entendían en realidad lo que estaba pasando porque su papá todavía estaba allí, y ahora yo tenía una casa llena de cachorros. Me sentía tan perdida, pero de alguna manera sabía que iba a estar bien.

En medio de la tormenta puedes tener paz si sabes hacia dónde volverte. Yo todavía no me había perdonado del todo. El perdón tiene un orden. Tenemos que estar bien con Dios antes de poder estar bien con los demás. Estaba aprendiendo a perdonarnos a él y a mí, pero tenía tanta amargura que estaba realmente sofocando mi corazón, y todavía no era libre.

Llegó el momento de vender la casa y la vendimos en $710.000 dólares. Yo no entendía nada del fideicomiso ni ninguna de esas cosas y había permitido que mi esposo pagara todas las cuentas y controlara todo el dinero. Mirando hacia atrás, yo debería haber tenido mis manos en las finanzas para que pudiéramos trabajar como un equipo. Era más como si yo fuera la niñera y la criada, y él hubiera sido el banco.

Cuando finalmente cerramos el depósito en garantía, yo estaba extasiada. Estaba tan emocionada por mi nueva vida y pensé que tendría $150.000 dólares. Los niños y yo nos habíamos ido a un nuevo desarrollo de viviendas y habíamos hecho un depósito para una casa nueva. Escribimos nuestros nombres en el cemento porque estábamos muy emocionados por tener un nuevo hogar.

Habían pasado 5 meses desde el inicio del proceso de divorcio y ahora era tiempo de volar libre, o por lo menos eso era lo que pensaba. Nunca olvidaré el día en que fui a la oficina de depósito en garantía y la mujer me entregó la documentación. Yo estaba esperando un cheque y luego vino el golpe más grande de todos. No había ningún dinero extra. Cada centavo del capital de nuestra casa se había esfumado y yo no tenía ni idea. Me fui con $10.000 y una minivan traqueada. ¡Estaba devastada!

No podía creer que eso estuviera pasando. Mientras estaba de pie con mi minivan de mierda en el estacionamiento de la compañía del título inmobiliario, lloré una hora en mi carro. Me sentía muy estúpida y derrotada.

Tuve que ir al lugar donde había dado el depósito para la casa nueva y rogar que me devolvieran el dinero. Ese fue el comienzo de sentirme muy impotente, y como si fuera un don nadie. Cuando tú estás en tu punto más bajo, es cuando Satanás entra y golpea más fuerte. Lo hace cuando estás débil. Es el padre de la mentira.

Solo podía pensar en que era una perdedora, estúpida y don nadie. Eso me pesó mucho durante años. Asumí que mi identidad era la de una mamá soltera perdedora en los suburbios. En realidad, todavía no sabía hasta qué punto podía depender de Dios. Solo sabía depender de pasar un buen rato y de mi apariencia. Tuve que renunciar a mí y orar por ese dinero que Ted me daba cada mes. Eso vino con un precio mensual cuando me daba el dinero, y se declaraban palabras particulares que fortalecían a esa niña impotente que llevaba dentro y que en su mente reiteraba lo perdedora que era.

De alguna manera pensaba que eso estaba bien porque al menos recibía dinero. Después de todo, yo había arruinado nuestra familia. Así me sentía.

Todos esos sentimientos que experimenté cuando tenía 6 años y mi papá se suicidó y yo era impotente, todos estaban todavía allí. Nunca olvidaré que luego de vender la casa, los niños y yo encontramos este pequeño condominio de tres habitaciones justo a vuelta de la esquina de su escuela. El sitio tenía una alfombra azul horrible. Yo me sentía segura allí. Estábamos solo nosotros tres, cada uno tenía su propia habitación y teníamos un pequeño garaje en el que podía guardar todos sus juguetes. Tenía un consolidado de $10.000 dólares que gasté en unos muebles. Tuvimos suficiente para conseguir algunos elementos de comida geniales y ahora dependía completamente de mi exmarido que estaba tan enojado conmigo.

Me había puesto en una posición de impotencia, en todo el sentido de la palabra. Una repetición de mi infancia. Es gracioso ver que hacemos eso y ni siquiera somos conscientes de ello cuando estamos en medio de todo. Tuve a mis hijos en todo tipo de deportes. Wesley jugaba fútbol de sala. En todos los partidos a los que fui, solo estábamos Carmen y yo. Mi ex, —su papá— rara vez venía, así que finalmente me sentí libre. Sabía divertirme y eso impedía que pensara en toda la vergüenza y la culpa que tenía por divorciarme.

En cada juego, veía al tipo más guapo en el campo de fútbol y todas las semanas nos mirábamos el uno al otro. Por fin tuve las agallas suficientes para dejar una nota en su auto para que me llamara. Ahora bien, yo soy una chica sureña de corazón y no creo en dar el primer paso pero estaba lista para divertirme y finalmente conocer a alguien para pasar un buen rato. Yo puse una nota grande con mi número en su Chevy con suspensión elevada diciéndole lo guapo que pensaba que era. ¿Adivina qué? Llamó al día siguiente. Él era divertido y sexy, y tenía un hijo de la edad del mío. Me sentía conectada. Lo conocí en Navidad y en enero Theodore hizo que viniera su familia.

Ese enero fui a encontrarme con mis suegros en un hotel y Dustin, —el chico nuevo— me dijo que si tenía la oportunidad de volver a unir a mi familia, entonces eso era lo que tenía que hacer.

Yo estaba muy confundida porque finalmente me sentía en paz y feliz, y ya no quería andar en esa montaña rusa. Cuando vi que los niños y su papá estaban tan felices jugando con sus abuelos, pensé: ¿Qué he hecho? Nuevamente le pedí a Dios otra señal, ¿debería volver a unir a mi familia? Mientras miraba a mis hijos jugando en la piscina con su PAPÁ, me preguntaba: ¿Será que aprendió la lección?

Cuando Ted y yo empezamos a hablar esa noche me di cuenta de que no había cambiado nada. Sentí que eso era una señal de que él todavía me estaba señalando con el dedo y de que no había hecho ningún trabajo en sí mismo, ni de que hubiera admitido nada.

Si él hubiera estado sobrio, me hubiera preguntado de otra manera y hubiera sugerido consejería e iglesia, creo que esa noche hubiera sido fundamental y yo lo hubiera aceptado. Sin embargo, eso es como decir que vas a ponerte a dieta, pero te vas a comer hamburguesas con queso todo el tiempo y piensas que vas a adelgazar.

El matrimonio requiere un verdadero esfuerzo e implica mucho trabajo. No siempre podrás tener los beneficios de algo cuando no estás dispuesto para invertir el trabajo real que se requiere. Él no había hecho ningún trabajo, solo había comenzado a ganar más dinero y hablaba por hablar. Hablar es barato. Con el comportamiento puedo trabajar. No hace falta decir que no volví con él.

Durante casi dos años, mi momento divertido para liberarme era cada dos fines de semana, cuando los niños no estaban conmigo. Dustin y yo fuimos a todos lados, íbamos de excursión, nos encantaba ir a clubes y bailamos, vimos fútbol y UFC, e incluso jugamos en un competitivo mixto de softbol juntos, y sí, por primera vez en años por fin me sentí como una mujer sexy. Yo no estaba caminando con el Señor, solo fingía al ir a la iglesia. Supongo que se podría decir que estaba en mi mejor momento. Él era un fisicoculturista, de cabello rubio, ojos azules y parecía un Adonis. Después de años de estar con un hombre que no me quería a nivel sexual, con Dustin me sentía muy bien conmigo misma. Me hizo sentir sexy de nuevo.

Un fin de semana en particular supongo que me emborraché más de lo normal y él me dejó en casa porque estaba enojado. Caminé en mi pequeño condominio hacia la bañera de hidromasaje y me senté allí sola. Entonces, de repente, dos chicos entraron con papas fritas de McDonald's. Me acerqué a su bolsa y me comí cada una de sus papitas.

Ni siquiera les dije mi nombre y tampoco hablé con ellos. Yo literalmente me comí sus papas fritas, me levanté de la piscina y me fui. Dios nos envía personas de las maneras más extrañas. Tony, uno de esos chicos, ha sido uno de mis mejores amigos desde hace 16 años y estuvo a mi lado durante todos mis días locos de condominio. Cuando no salía con Dustin los fines de semana, Tony y yo teníamos un grupo y todos nos íbamos al centro. Yo le decía el Sabor Asiático +2 Blanquitos ¡JA,JA,JA! Íbamos a clubes, bailábamos y nos divertíamos. Estaba reviviendo mis días sin tener niños y me encantaba.

Los niños estaban bien. Yo trabajaba medio tiempo en LA Fitness, así que todavía podía recogerlos de la escuela. Recogía a Wes y lo llevaba a una pequeña guardería durante tres horas para poder seguir trabajando. El horario de mi hijo era apretado, pero estaba bien y nos estaba yendo igual.

Yo conducía mi Dodge Durango con un kit de elevación de suspensión de 7 pulgadas y con llantas de 22, y pensaba que era la mamá genial. Si estás leyendo esto, y vives en los suburbios y estás divorciada ¡Entiendo tu situación! Las mujeres siempre piensan que uno está enamorada de sus esposos o que de alguna manera uno quiere lo que ellas tienen. Terminé por abstenerme de hablar con los hombres si sus esposas no estaban allí, porque no quería que nadie se creara la idea equivocada sobre qué tipo de mujer era yo. Yo solo quería ser feliz y estar en un lugar seguro con mis hijos.

Yo era activa en sus escuelas y habíamos empezado a ir a una pequeña iglesia llamada City Church todos los domingos. Cuando iba me sentaba en la fila de atrás y levantaba mis manos a medias porque tenía mucha culpa interior sobre el tipo de vida que vivía en realidad. Cada fin de semana de por medio, cuando los niños no estaban conmigo, yo era una fanática del sexo, desperdiciaba alcohol, usaba drogas de vez en cuando y era una chica fiestera.

Sin embargo, esos pastores amaban tanto a mis hijos que venían a recogerlos y los llevaban a lugares todo el tiempo. Dios estaba en el barco conmigo en todo momento y yo estaba demasiado ciega para ver. Ellos pagaban lo que se necesitaba para que los niños fueran a la escuela bíblica de vacaciones y mi hija estaba en un grupo de conexión genial, donde podía conectarse con otras chicas. Tenía una comunidad que me rodeaba, y en ese entonces no me había dado cuenta, pero ahora sí. Dios siempre estaba pendiente de nosotros. Eso es lo que hace un buen Papá, te cuida y nunca deja de amarte incluso cuando te equivocas. Yo no me daba cuenta de eso en esa época.

Cuando LA Fitness abrió por fin, tomamos una limosina para salir de fiesta y me sentí como una estrella de rock. Yo era una especie de paria en nuestro pequeño vecindario de suburbio rico, así que tener este gimnasio y ser parte de un equipo para inaugurarlo me hizo sentir que pertenecía. Yo estaba pasando el rato con todos estos levantadores de pesa que eran muy atractivos, más jóvenes que yo y a quienes no les importaba que yo fuera divorciada. No me juzgaban como sí lo hacían la mayoría de personas que vivían por allá. Simplemente me amaban a mí y a mis dos hijos, y se convirtieron en mi "banda". Construí una comunidad alrededor de los niños y de mí que me hizo sentir fuerte y segura.

Finalmente fui y obtuve mi licencia de bienes raíces y me convertí en una agente inmobiliaria, y ahora podría empezar a intentar vender casas de manera lenta pero segura. Fue muy difícil entrar en el mercado porque estaba muy inundado con todas estas personas que habían estado en el negocio desde siempre. A mí me rechazaban hasta cierto punto porque estaba divorciada y no tenía mucho dinero. Recuerdo haber sentido mucha vergüenza. Las mentiras que te dices a ti mismo son muy graciosas. Ahora que miro hacia atrás, ellos no habían caminado en mis zapatos y no pagaban mis cuentas entonces ¿por qué me importaba tanto lo que pensaban de mí?

Yo amaba a mi grupo, a mi tripulación. Yo le decía a dos jovencitas que eran hermanas "el Sabor Asiático". Esas dos chicas nos llevaban a mis hijos y mí a su hermosa mansión y su madre cocinaba para nosotros y nos trataban como familia. Eso era lo que necesitábamos, sentirnos amados y no juzgados. Siempre estuvieron ahí para nosotros y nunca nos trataron como si fuéramos diferentes a los demás. Encontré personas en las que podía confiar y ser yo misma, sin que me juzgaran.

Después de casi un año de noviazgo, yo estaba desesperada por ver que Dustin me dijera que me amaba y que no concebía la vida sin mí. Compré algo de éxtasis pensando que si se lo daba por fin me diría cómo se sentía. Imagínate el grado de desespero que uno debe tener como para que esté dispuesto a darle droga a alguien, para ver si te dice que te ama.

Así que esa noche lo tomamos y sí, me dijo que me amaba. A medida que la noche avanzaba, parecía que la fiesta seguía creciendo. La música sonaba a alto volumen, estábamos bailando y alguien me pasó un vaso de jugo de naranja. Luego me di cuenta de que era GHB y me bebí todo eso. Es obvio que mi cerebro no estaba funcionando. Lo siguiente que noté fue que alguien me dio otra cosa y yo no sabía qué era, pero al parecer eso era una ketamina. Por eso es que tenemos que estar alertas de manera constante, porque el mal viene cuando tus "anteojeras" están apagadas.

A la distancia, vi a mi novio en este club oscuro, él era un físico culturista de 113 kilos y estaba cayendo por todos lados como un toro en un gabinete de China. Y entonces ahí voy yo con mi minifaldita diminuta, mis tacones súper altos y me lo pongo en mi espalda. Así, de manera literal lo ubiqué sobre mi espalda, caminé por el club nocturno y lo acompañé hasta nuestro auto. En mi cabeza tenía claro que él iba a estar bien si lograba llevarlo a mi auto.

Lo siguiente que supe fue que me desperté en el hospital con mi garganta entubada, un catéter en mi ya sabes qué, y con agujas en cada arteria. Solo recuerdo que abrí los ojos y que la linterna me dio en la cara. El Dr. dijo: "Ella está de vuelta, creo que esta vez está de regreso para siempre". Recuerdo que estaba pensando: "¿Esto es un sueño?". Me sacaron el tubo de la garganta y me dijeron que llevaba varias horas muerta de manera intermitente. ¡No sabían si iban a lograr traerme de regreso! Alguien había echado algo en mi bebida. Me quedé impactada. Esta es la parte triste del momento en que recobré la consciencia, porque noté que mi cerebro solo podía pensar: "¿Dónde estarán mis botas Prada rosadas?". Cuando la ambulancia me encontró, ellos las habían cortado. Yo en ese momento no estaba pensando en que casi me había muerto o en dónde era que estaba.

Aproximadamente una hora después de que me retiraron todas las agujas y tubos, mi buena amiga llamó y me dijo que a mi novio lo habían puesto en prisión durante la noche. Pensaron que él me había drogado. Así de ladeada se torna tu vida cuando no estás caminando con Dios de ninguna manera. ¡Drama auto-provocado! Mi novio y su amigo me recogieron, yo me puse lo que encontré por ahí en el hospital, y me fui sin hacer la debida salida. Ese fue el día que cambió todo y resultó ser mi punto de inflexión.

Pasados los años, todavía recuerdo que estaba en el suelo y que podía ver mi cuerpo mientras yacía allí indefensa. Desde arriba, pude ver cómo me subían a la ambulancia y a todos mis amigos llorando. Te puedo decir que no vi ningún túnel brillante y que de verdad esa fue una llamada de atención.

CAPÍTULO 12

DE NUEVO EN CARRETERA

Eso sucedió uno de los fines de semana que Theodore estuvo con los niños. Sin los niños, yo me sentía perdida los seis días al mes que no los tenía conmigo. Después de despertarme en el hospital en la camilla de la sala de emergencias, abrí mi ojos y escuché que el Dr. decía: "¡Regresó, regresó!", mientras alumbraba mi rostro con una linterna. Yo me fui del hospital tan pronto como me sacaron todos los tubos y me llevaron a una habitación que no era en la sala de emergencias. Ni siquiera hice el proceso de salida de lugar. Sabía que el único sitio al que podía acudir y en donde sentía paz era en la iglesia. Por lo general, me sentaba en la parte de atrás y dejaba que los niños fueran a la escuela dominical y a veces, me salía e iba a Starbucks porque cargaba con mucha culpa.

Gracias a Dios que ese día los niños no estaban conmigo, mi novio se fue a casa y yo me dirigí directo a la iglesia. Me aparecí allá con curitas en mis brazos por causa de todas las sustancias intramusculares que habían canalizado, con moretones en mi pecho por causa del desfibrilador, y con una voz ronca producto del tubo que habían insertado en mi garganta. No me importaba quién se diera cuenta ni lo que pensara nadie. Solo quería alabar a Dios por salvar mi vida, incluso aunque en ese tiempo yo pensaba que no lo merecía.

Dios siempre me ha amado como se supone que un padre ama a su hija: con amor incondicional. Esa mañana sabía que la única respuesta que necesitaba la hallaría al buscar a Dios. No sabía que yo era hija del Creador del mundo. Siempre me había sentido como una huérfana por causa del rechazo que sentía por parte de mi papá.

Siempre supe que mi mamá me amaba y que mi familia también, pero por parte de mi papá jamás me sentí amada, ni adorada, ni percibí ninguna de esas cosas que se supone que uno debe sentir de parte de un padre. Siempre sentí que algo andaba mal conmigo porque me sentía rechazada y abandonada por mi propio padre. Pero en ese punto todavía sabía que la única respuesta era ir a la iglesia. Realmente no había tenido la revelación de que Jesús era y sigue siendo Abba.

Cuando me detuve en el estacionamiento de la iglesia en mi Durango dorada y con suspensión levantada, no había dormido en toda la noche. Estoy segura de que probablemente todavía olía a orina y vómito. Solo necesitaba estar allí donde sabía que iba a sentir paz. Por supuesto que tan pronto me detuve vi al pastor. Mis pupilas se veían como si hubiera estado en una habitación oscura durante días y estaban como agujeros de alfiler. Nunca olvidaré que me miró directamente a los ojos y me dijo: "Polly, yo te observo todas las semanas. Dios tiene un llamado considerable para tu vida. Voy a decirte qué es lo que me rompe el corazón y el corazón de tu Padre celestial: te permites acercarte un poco a Él, y entonces aflora ese espíritu de rechazo que dictamina que creas que no eres suficiente para recibir el amor de Dios, y huyes de Él".

Hizo la siguiente pregunta y yo supe que provenía directamente de Dios: "¿Cuándo vas a dejar de acercarte tanto a Dios para huir justo cuando va a llegar el momento de avanzar? Hasta ahora has tenido bendición, pero un día tu vida podría ser arrebatada en un santiamén, sin que puedas alcanzar tu llamado". Mis ojos se llenaron de lágrimas y supe de inmediato que mi vida tenía que cambiar. No podía seguir yendo a la iglesia, teniendo sexo con mi novio los fines de semana, consumiendo drogas, siendo una salvaje y una tibia. Tenía que escoger entre la vida o la muerte. De alguna manera pensé que me había ganado el hecho de poder tener todavía dos pies en dos mundos diferentes, porque por cierto, había sobrevivido a un matrimonio tóxico, y ahora era una súper mamá los 26 días del mes. Pensé que con eso me ganaba esos cuatro días libres al mes, y que entonces durante esas horas podía festejar como una estrella de rock. ¡Que tenía derecho a la diversión! Sentía que me merecía algo así. Eso es lo que sucede cuando por fin nos creemos libres de algo que no nos hace felices. Yo pensaba que si festejaba mucho y me animaba como en mis 20, esas cosas me harían sentir realizada.

Te tengo una pregunta: ¿Te cuesta creer que agradas a Dios tal como eres con todos tus defectos? ¿Crees que a Él le resultaste indescriptiblemente irresistible? ¿Qué obstáculos hay, si los hay? ¿Reconoces algún obstáculo en tu corazón o pensamiento que te impida recibir la aprobación de Dios en tu vida?

Yo vengo de la forma de pensar de antes que decía que si yo era lo suficientemente bonita, o lo suficientemente divertida, o lo suficientemente genial o tenía las cosas correctas, entonces así me sentiría plena y eso me dejó en el suelo, muerta, sin nadie a mi alrededor.

Te pido que le hagas una invitación a Su perfecta paz y a que permitas que esa perspectiva pueda permear tus circunstancias. Tan solo medita en el hecho de que Él está obrando todo para bien. En ese entonces, a mí me costó mucho entender eso. Sentí que me merecía todas las cosas malas. No entendía la profundidad del amor de Dios por mí, por encima de lo mal que la hubiera cagado o arruinado mi vida. Si conoces a Aquel del que hablo, simplemente cierra los ojos y hazte las preguntas profundas sobre qué es lo que haces para sentirte satisfecho con gozo verdadero, y si de verdad es plenamente satisfactorio. En mi caso, te puedo asegurar que andar de fiesta y pensar que eso era divertido, lo único que hizo fue dejarme tirada en una acera con mi falda por encima de la cintura, muerta y con extraños mirándome en una camilla…

Rompí con mi novio unas semanas después, bueno, en realidad Dios me bendijo y él terminó conmigo. En ese momento yo estaba devastada y no entendía. Él me dijo que no podía soportar casarse de nuevo, y eso era lo que yo quería.

Eso requirió tener agallas. Él me habría podido dar largas durante mucho tiempo. Las bendiciones vienen todo el tiempo, pero cuando estamos en medio de lo que PENSAMOS que queremos y no funciona como lo planeamos, se produce una sensación muy decepcionante. Recuerdo que estaba feliz porque Dios me había salvado la vida, pero pensé que Él debía ser como un cuento de hadas. Había puesto mi esperanza en una persona. Para ese momento, yo a duras penas estaba viva, el novio se había ido y yo estaba trabajando. Iba a la iglesia todo el tiempo, tratando de reconstruir mi vida según el camino de Dios.

Mientras tanto, mi exesposo había conocido a una mujer y estaban comenzando una relación. El mercado inmobiliario se estaba moviendo, así que obtuve mi licencia de bienes raíces y comencé a vender algunas casas. Ted firmó un préstamo para que yo consiguiera una casa. Después de separarnos, tuvimos siempre una relación muy buena, más como hermano y hermana, eso sin tener en cuenta las ocasiones en que me daba la manutención de mis hijos y me escupía.

Los niños iban a tener su propia y hermosa habitación en esta hermosa casa y estábamos muy emocionados. El día de la mudanza fue como Navidad. Los niños tenían su propio dormitorio, pudimos decorar la casa como quisimos. En ese momento pensé en la iglesia y en la revelación de que necesitaba cambiar. También recordé en lo triste que estaba cuando mi novio termino conmigo y no podía creer que las cosas estaban dando un giro. Son esos sucesos **repentinos** los que te dan esperanza.

Las cosas estaban cambiando mucho, Carmen tenía su cesta de baloncesto en el patio trasero, teníamos dos tortugas y podíamos caminar a la escuela todos los días colina abajo. Durante ese tiempo, el mercado inmobiliario estaba empezando a virar. Esto sucedió cuando podías obtener un préstamo de $500.000 dólares para una casa, incluso si trabajabas en 7-Eleven y casi que sin cuota inicial. Yo había vendido un par de casas y recibí comisión, de modo que con la manutención de los niños y con la pensión alimenticia podía pagar las facturas. A duras penas me las arreglaba, pero justificaba el tema con el hecho de que ahora tenía un hogar solo con los 3 mosqueteros.

Aproximadamente 8 meses después de mudarnos a la casa de nuestros sueños, la burbuja estalló en el mercado inmobiliario y para mi ex esposo también, pues perdió su trabajo. Yo perdí a todos mis clientes y la mayor parte de la manutención de mis hijos. Poco a poco, Ted no estaba con los niños tan a menudo los fines de semana, ya que su relación era más seria. Mientras vivía allí, salí con un par de chicos, el nombre de uno en particular era Chris. Él fue maravilloso. Él quería ser papá de mis dos hijos y fue muy dulce con ambos. Cumplía con todas las casillas de la lista de requisitos. Yo en realidad no tenía ese sentimiento por él. Creo que no estaba lista para aceptar a alguien que me amara a mí y que amara a mis hijos como propios. Todavía pensaba que yo no era suficiente. En la casa estaba apretada la situación y Chris llenaba nuestro refrigerador y pagaba nuestros servicios incluso después de que nos separamos. Ahora que miro atrás, Dios siempre estuvo cuidando de nosotros. Una vez, mi mejor amiga Dondrea pagó la factura de la luz y llenó la nevera sin que yo lo supiera. ¡Jamás olvidaré eso! Te quiero chica…

Luego ocurrió el desplome y tuvimos que vender esa casa y mudarnos a un pequeño apartamento a la vuelta de la esquina. Recuerdo que tuvimos que regalar nuestra tortuga y muchos de nuestros muebles. Lo que más entristecía a los niños era tener que regalar el trampolín. El vecino trasero tenía tres niños. Nos dijeron que lo guardarían hasta que nos pusiéramos de pie. Yo estaba devastada por dentro porque el sueño que tenía de contar con una casa con niños corriendo y saltando en el trampolín estaba desapareciendo justo delante de mis ojos.

Mis dos hijos estaban súper involucrados en el ministerio de niños. Íbamos el sábado por la noche, el domingo y el miércoles. Yo lideraba un grupo de divorciados solteros al que llamé "la tierra de los juguetes que no encajaban". Encontré paz en ese grupo porque entendían la lucha de las madres solteras.

La cesta de baloncesto increíble y que tanto quería Carmen también tendría que irse. Podríamos haberla vendido, porque necesitábamos el dinero, pero los niños querían donársela a la iglesia para todos los niños. Ellos querían dar incluso en medio de su carencia.

Los tiempos eran difíciles y Ted estaba pagando lento pero seguro y a duras penas teníamos comida en el nuevo apartamento. Mi mamá vivía a 25 minutos de distancia, de modo que no le resultaba tan fácil pasar por donde nosotros. Los niños compartían un dormitorio grande arriba y tenían su propio baño. El barrio tenía un gran parque infantil y piscina, y así el dolor por tener que perder nuestras cosas no eran tan agudo. Siento que Dios nos puso en algún lugar para facilitarnos cada cambio que se avecinaba para nuestra vida. Yo todavía era una líder de las Niñas Exploradoras, y ambos niños todavía estaban en karate tres veces a la semana.

Contábamos con una gran comunidad. El estudio de karate llamado "Family Karate" sabía que se nos dificultaba poder pagar todos los meses. Esa fue la única cosa en la vida de los niños que se mantuvo constante a pesar de todos los cambios. Ellos habían estado allí durante tres años de manera religiosa.

Un día los dueños preguntaron si necesitábamos una beca para poder continuar. A poco más de un año y medio luego del divorcio, yo estaba necesitando una beca. Me sentía humillada, avergonzada y agradecida a la vez. Aceptamos la beca y los niños nunca se enteraron hasta más tarde en la vida. No quería que supieran lo quebrados que estábamos en realidad. Solo traté de hacer que todo siguiera marchando.

Yo todavía trabajaba medio tiempo en LA Fitness y en bienes raíces. El dinero escaseaba y la iglesia nos traía muchos comestibles, pero mantuve a los niños en esa área porque sabía que lo que ellos necesitaban era estabilidad. Nunca olvidaré uno de los viajes de las Niñas Exploradoras a los que llevé a Carmen. Yo siempre era co-líder. Me consideraban una mamá divertida. No podía ser una mamá organizada porque estaba lidiando con muchas cosas, en mi plato había demasiado.

En este viaje en particular, mi mamá se quedó cuidando a Wesley y fuimos al pequeño campamento con todas las otras chicas. Me asombraba ver a las señoras empacar todo el equipo y los suministros en los autos, para un fin de semana de aventura con 10 chicas según las actividades planeadas. Si eres una Chica Exploradora, o estás pensando en vincularte, te lo recomiendo mucho. En el caso de nuestra familia, Dios las envió cuando estábamos pasando por un momento difícil. Es una organización increíble que ayuda a enseñarles a las mujeres a terminar el trabajo.

Como dije, siempre fui una mamá divertida. Supongo que intentaba probar algo. Aquella noche en particular, nos topamos con una cuerda muy alta. Yo veía que la gente trepaba 3 metros por el tronco del árbol, agarraba la soga, saltaba y se balanceaba por el área debajo del árbol. En ese mismo sector había un sendero para que los campistas fueran al baño. Vi que una niña tras otra se lanzaba sujetada de la cuerda y se divertía mientras se columpiaba. Dado que yo era la mamá "divertida", todo el mundo me pedía que me tirara, así que, por supuesto, no pude resistirme a dar fe de mi título.

Me subí al árbol y le hice señas a todas las Niñas Exploradoras: "Hola todas, ¡voy a lanzarme!" Ahora bien, la cuerda en cuestión se balancea y si te balanceas hacia abajo, vas muy rápido y justo por donde pasa la gente, motivo por el que tienes que ser muy cuidadoso. Recuerda que estaba oscuro y cuando yo salté, por supuesto que mi hija fue la que cruzó el sendero.

Vaya suerte la mía, una falla épica en el territorio de la mamá genial. Ella no me vio, yo la dejé inconsciente y Carmen sufrió una contusión cerebral. ¡Ay, Dios mío! Las cosas por las que he pasado con los niños a lo largo de los años fueron locas pero nunca aburridas. Mi pobre hijita fue todo un soldado luego de que el paramédico la examinó y le suministró algo de Motrin y hielo. Asamos malvaviscos en la fogata. ¡Ella siempre fue una niña muy fácil de tratar!

Mi hijo probó algunos deportes pero en realidad eso no era lo suyo. Después te cuento por qué no estuvo muy interesado en el tema nunca. Yo fui su entrenadora de fútbol durante años mientras jugó fútbol recreativo exactamente durante 5 largos años. Wesley también estuvo en los Niños Exploradores para que pudiera tener algo de la mentoría que yo no le podía dar. Yo fui la mamá de campamento que asistía a la mayor parte de sus viajes a acampar con los Niños Exploradores. Recuerdo un viaje donde él y yo estábamos en nuestra tienda de acampar y escuchaba a todos los papás con sus hijos en sus carpas. Lloré hasta dormirme esa noche, deseando que mi hijo tuviera eso. Era una noche gélida y los dos dormimos en una bolsa de dormir para mantenernos calientes. Me sentí mucho mejor por la mañana cuando todos los otros chicos dijeron que se habían congelado toda la noche. Si yo no podía ser el papá también, por lo menos podía nutrirlo y así garantizar que él estuviera calientito toda la noche ¡Ja,ja,ja!

Lo que él más amaba era representar la Guerra Civil. Yo sabía que en su vida, lo que en realidad buscaba era tener una especie de figura de papá para ir a estos eventos. Yo no tenía problema con ser la segunda opción. Lo llevaba por todo el estado para ir a esas representaciones actuadas. Con ayuda de mi mamá, logré conseguirle todo el indumento necesario de manera lenta pero segura, para que así él pudiera tener todo lo adecuado cuando íbamos. Cuando llegábamos a estas maravillosas representaciones, todo lucía como en la época de 1800, literalmente: Había tiendas de lona por todas partes, no había electricidad, la gente usaba faroles y al tercer día tenían una batalla. Cada representación era diferente y los dos lados, el Norte y el Sur de alguna manera recreaban una batalla de la guerra civil justo como había pasado en la historia. Un dulce hombre llamado Arnold, que ya no está con nosotros, tomó a Wesley bajo su cuidado. Él era el sargento de nuestra brigada. Tenía unos 60 años y era amable con mi hijo porque también lo había criado una madre soltera.

Durante todos mis años de divorcio, Dios siempre trajo a alguien a la vida de mi hijo para aliviar la carga y la culpa que yo sentía porque su papá no estaba presente. Yo no entendía el concepto, ni tampoco sabía la manera de transmitirle a Wesley que él tenía un Padre en el cielo, que estaba moviendo todos los hilos para asegurarse de que estos hombres geniales aparecieran en su vida y en la de su hermana. En cada uno de esos eventos yo simplemente me sentaba en mi silla y lo dejaba ir y hacer todos sus deberes de soldado. Era divertido, pero sé que en el fondo lo único que él buscaba era que su papá estuviera allí, no yo. En retrospectiva, no cambiaría esos dulces días por nada y desearía haberlo apreciado más cuando lo hacía.

Después de estar en ese pequeño apartamento y de tratar de que todo siguiera sólido, no logramos que así fuera. Una de mis mejores amigas de las Niñas Exploradoras también necesitaba ayuda y nos dijeron que podíamos mudarnos con ellos. Aquí vamos de nuevo, esta es la tercera ronda. Cargué otro U-Haul y dejé la mayoría de nuestras cosas en una bodega del vecindario. Mi plan era tenerlo allí solo durante 6 meses mientras resolvía lo financiero. Es curioso que hacemos planes cuando ni siquiera tenemos las fichas de ajedrez. El día de la mudanza fue divertido. Cada niño tenía su mejor amigo allí en la misma casa. Dios me dio una bonita almohada acolchada de plumas y cada vez dábamos un nuevo paso que se sentía como un paso hacia abajo, ella disminuía cada golpe que venía. Puse a los dos niños en una habitación y yo tenía un dormitorio solo para mí. Tenían una hermosa casa con una gran área familiar que compartimos con su familia y fue maravilloso durante ocho semanas. Los niños tenían con quien jugar y todo fue muy agradable. Nos sentimos seguros. Nos ayudábamos unos a otros como un pueblo criando niños juntos. Íbamos bien, si no se tienen en cuenta los 7 kilos que gané por causa de la cocina persa maravillosa del esposo de mi amiga.

Nunca olvidaré que en el cumpleaños número 11 de Carmen sentimos la profunda sensación de una comunidad que acogía a nuestra familia. No me alcanzaba para comprar un regalo, y no sabía si Theodore iba a venir o no, ni tampoco si iba a traer un presente.

Es gracioso que cada vez que me preocupo y tengo ansiedad, las cosas siempre funcionan luego de pasar por la tormenta. He aprendido que entre más sueltas y permites que Dios obre, más estrés te evitas. En realidad no tenemos el control de otra gente. Así obra Dios. Él no nos muestra el final desde el principio, y allí entra en juego la fe… En su fiesta de cumpleaños en el patio trasero, todas las niñas se pusieron de acuerdo, ahorraron su dinero y le compraron a Carmen una bicicleta nueva. Nosotros quedamos completamente impactados y maravillados por la dulzura de todos.

Ella solo lloró, lo cual era raro en ella. Pude ver en su rostro que había recibido lo que quería a pesar de que yo no podía dárselo. Pude ver en su carita dulce que ese gesto acaba de tocar su corazón en el momento perfecto y de la manera adecuada. Jeremías 29:11: "Porque yo sé muy bien los planes que tengo para ustedes —afirma el Señor—planes de bienestar y no de calamidad, a fin de darles un futuro y una esperanza" (NVI). Eso fue lo que nosotros experimentamos ese día. Habíamos perdidos dos casas, un carro, otro apartamento, tortugas, sus cuartos, todo su cosas estaban en una bodega, y en ese momento todo ese dolor que todos habíamos hecho a un lado fue cancelado.

En cada uno de nosotros había una nueva esperanza. Jamás olvidaré ese momento. Gracias a las Chicas Exploradoras de Norteamérica porque sin esa organización no habríamos tenido todas esas chicas increíbles en la vida de mi hija.

Su padre apareció solo por un rato con su nueva novia y nos dijo que ya no tenía trabajo. Como dije, Dios siempre da una especie de colchón para suavizar los golpes que nos da la vida. Solo tienes que buscar bendiciones en la lluvia. Cuando el mercado se derrumbó, yo a duras penas generaba algo de ingresos a través de LA Fitness y vendiendo bienes raíces. Pasamos de la alegría y la esperanza a la desesperación. Después de esa preciosa fiesta de cumpleaños, Carmen y yo lloramos porque ahora no sabíamos qué haríamos.

Lo único que sé es que Dios siempre nos apoyó en todo, lo bueno, lo malo y lo loco. Él siempre estuvo a nuestro lado. Jamás olvidaré a mi dulce niña mirándome y diciendo: "Mamá, podemos empezar de nuevo otra vez y si tenemos que irnos sé que vamos a estar bien. Mira mamita, Dios nos dio esa bicicleta para mostrarnos cuánto nos ama y Él nunca nos abandonará".

En la boca de los niños está la verdad. En ese momento de desesperación, recordé de nuevo el versículo que dice que de la abundancia del corazón habla la boca. De niños, de la boca de mis dos hijos siempre salían cosas buenas, porque creían que todo siempre iba a estar bien. En retrospectiva y ahora que están grandes, sé que su gran fe tenía que ver con ir a la iglesia, y con estar involucrados con ayudar a otros, incluso cuando estábamos en necesidad.

Ellos eran el viento bajo mis alas. Cuando estaba en el medio de la tormenta quedaba absorta en el intento de mantener todo en su sitio y en orden. Ahora veo todo lo que me ayudó a levantarme cada día el Espíritu Santo que habitaba en ellos.

A veces, con mi grupo en la iglesia y de impacto, yo llevaba a los niños a nuestro barrio bajo. Lo habitaban un montón de drogadictos y personas sin hogar. Mis hijos que todavía estaban pequeños, les daban comida y ropa y oraban por ellos. ¡Es fue el entrenamiento que desde chiquitos los moldeó incluso para darme esperanza!

Quiero que invites al Espíritu Santo a que saque a la luz cualquier área de tu vida donde deseas crecer en humildad, vivir en confianza y deleite de tener fe como la de un niño. ***Si algo de tu vida te preocupa, confiésaselo a Dios y permite que Él traiga su perspectiva perfecta a tus circunstancias.***

Medita en el hecho de que Él está obrando todo para bien. Ojalá yo hubiera podido sentir o contar con alguien que me dijera eso cuando estaba en medio de la tormenta. La mayor parte del tiempo estaba frenética, viviendo en modo de escasez, y con miedo de estropear a mis hijos por haberme divorciado. Me esforcé al máximo para llevarlos a todas las actividades extracurriculares a las que podía para ser una súper mamá.

Era constante que estuviera en modo "desempeño" por amor a mis hijos, pero también por miedo a no ser suficiente. Allí fue que empezó mi enfermedad autoinmune. A veces, cuando no lidiamos con nuestra tormenta interior manifestamos una enfermedad.

Mi tormenta era un torbellino interior (el diablo) que le decía con frecuencia a mi alma que yo no era suficiente y que entonces tenía que desempeñarme y hacer cosas para poder serlo, y para que nadie se diera cuenta de cómo me sentía en realidad, porque entonces me quedaría sola.

Ese asunto del abandono producto de mi relación con mi papá se manifestaba en mi vida todo el tiempo. Apenas ahora estoy comprendiendo que mi identidad no se deriva de la falta de amor de mi papá, sino que proviene del cielo.

Nunca olvidaré esa sensación de tener úlceras en el estómago y de preguntarme qué iba a hacer. No te miento si te digo que después de que terminó la fiesta de cumpleaños y todo se limpió esa noche, me senté en el borde de mi cama luego de que los niños se acostaron. Yo temblaba y lloraba de miedo. Busqué a Dios y oré pero no sabía cómo recibir Su paz. Por favor, no permitas que eso te pase a ti. No hay nada por lo que estés pasando que Dios no pueda manejar. No estoy diciendo que te despertarás y que todo será perfecto. Lo que digo es que la paz que sobrepasa todo entendimiento te consolará en medio de todo. Solo tienes que pedirla y recibirla.

Para entonces yo no había vuelto a estudiar todavía, pero estaba tratando de resolver todo. Había aplicado para muchos trabajos y estaba esperando respuestas. Tenía la esperanza de lograr tener un muy buen empleo. Mi mama llamó y me dijo: "Polly ¿por qué no te mudas aquí conmigo? Yo tengo una habitación extra arriba y pueden estar aquí hasta que logres equilibrarte".

Mi mamá siempre ha sido mi roca. Puedo depender de ella sin importar lo que pase. Así que esa tarde, dos días después del décimo primer cumpleaños de mi hija, empezamos a empacar todas nuestras cosas y a guardarlas.

Gracias a Dios que era verano. Eso significaba que los niños podían empezar en una nueva escuela sin tener que entrar a mitad de año. Desde que eran bebés, habían estado en esa área para todo.

Ese sentimiento de estar agradecida por tener un lugar a donde ir, y de sentirme como la perdedora más grande estaban presentes en cantidades iguales. Recuerdo que conservaba el horno sencillo de Carmen porque a ella todavía le gustaba hacer ese tipo de cosas, y también tenía todos los camiones de bomberos y los juguetes de caja de fósforos de mi hijo. Yo no iba a botarlos porque hacerlo era dar a entender que creía que la próxima vez que sacáramos las cosas de la bodega, ellos ya iban a ser muy grandes para ese tipo de cosas. Empaqué todo excepto nuestra ropa y algunos juguetes, y esta vez todo fue ubicado en la bodega. Pensé que solo estaría allí por seis meses porque con seguridad íbamos a poder mudarnos de regreso allá. No tenía ni idea de cuánto tiempo sería en realidad. Era el final del verano y nuestra época de estar en una "aldea" estaba llegando a su fin. De nuevo, el auto estaba lleno con todas nuestras cosas para irnos a la casa de la abuelita. Yo me había aferrado duro a esos 3.5 años después del divorcio para mantener a los niños en el único ambiente que conocían. Ese capítulo se estaba cerrando.

Una vez más, la almohada suavecita era irnos a casa de la abuela. Los niños sentían consuelo y paz allí. Nos mudamos ese día a tan solo 30 minutos hacia el sur de nuestro lindo barrio suburbano: llegamos a un lindo pueblito de playa llamado Point Loma (California). Podría haber sido otro estado porque en realidad estábamos empezando de nuevo. Ambos niños iban a cambiar de escuela y yo estaba orando para conseguir un trabajo de verdad porque ya no recibía ningún tipo de dinero para la manutención infantil.

Aunque dos años antes del día de la mudanza yo había tenido esa maravillosa experiencia en la que el pastor me tocó las manos después de morir, y me había dicho que Dios tenía un plan para mí, ese recuerdo era vago y estaba almacenado en el fondo de mi mente. Por causa de todo lo que sucedía alrededor y como todo era tan loco, yo ya no entendía nada. Esta vez de verdad me tocó soltar las cosas y permitir que Dios obrara. Sabía que de nuevo estaba siendo guiada y tenía que aceptarlo.

CAPÍTULO 13

EL APOSENTO ALTO

Jamás olvidaré el día que llegamos a la casa de mi madre en la Durango con suspensión elevada y con todas nuestras cosas empacadas en la parte de atrás. Todos estábamos pensando que íbamos a estar allí por un breve tiempo hasta que pudiéramos asumir el costo de mudarnos a un lugar propio. Fue justo antes de que comenzaran las clases y todavía era verano.

Mientras llevábamos nuestras pertenencias al tercer piso de la casa de mi mamá, la sensación de derrota se acentuó. La mentira que yo me repetía a mí misma era que como no podía proveerles a mis hijos un hogar ni tampoco a mí, entonces era una perdedora, y así se llenaba mi corazón y mi mente con mucha vergüenza.

Cuando surgen sentimientos como ese, tú sabes que no provienen de tu Creador. Ojalá hubiera dejado de decirme todas esas cosas de odio a mí misma aquel día. Tal vez si nosotros hubiéramos podido ver el final desde el principio, en ese momento no nos habríamos preocupado tanto.

El sentimiento de gratitud y de estar agradecida ocupaba la otra parte de mi corazón al mismo tiempo. En la habitación superior teníamos una cama y un armario. Se había agotado el tiempo y ahora tocaba ser fuertes.

Al principio fue mágico que toda nuestra familia estuviera junta. Welsey iba a la escuela que quedaba a la vuelta de la esquina. Carmen acababa de empezar sexto grado en una escuela nueva. Yo la llevaba allá todos los días porque los niños ya estaban compaginados y ella era la niña nueva, y ellos habían estado yendo juntos a la escuela durante años. Ese tiempo con ella me encantó, porque veía a sus maestros decir que era una jovencita muy buena. Verla hacer limonada con limones fue increíble.

Wesley llevaba años yendo y viniendo de terapia del lenguaje. Esta nueva escuela representaba una nueva oportunidad para él. Yo sabía que podía retenerlo en segundo grado si nos mudábamos de escuela y que nadie lo sabría, así que repitió el segundo grado ese año. Esto significaba que podía presentarse de nuevo para el programa de superdotados en el que sabía que prosperaría, porque era un currículo más individualizado.

Luego de una semana de vivir allí me enteré de que por fin había obtenido un empleo. Iba a trabajar para una empresa de seguridad llamada Dunbar y sería su representante de ventas. Esto quería decir que tenía flexibilidad porque estaba en ventas externas con un buen salario más comisión y beneficios completos. Ahora tenía la esperanza de poder conseguir un lugar propio de nuevo y pronto. Las cosas estaban empezando a mejorar y yo planeaba con frecuencia nuestro próximo paso.

Luego, una noche, aproximadamente un mes después de que nos mudamos, escuché que la alarma de mi carro se activó. Tenía 45 días de retraso en el pago de mi automóvil. Yo sabía que tan pronto recibiera mi sueldo podría ponerme al día con los pagos. Llamé a mis ex-suegros. Eran los abuelos de los niños y al preguntarles si me podían ayudar con un pago para no perder mi auto, ya que su hijo no me estaba dando dinero, me dijeron que no. Estaba demasiado avergonzada para decirle a mi mamá cuán empobrecida era en realidad, así que nunca le pedí que me ayudara de esa manera. Sentí que ella ya estaba haciendo suficiente.

Esa noche vinieron los señores encargados de confiscar el vehículo. Salí a preguntar si podía sacar mis cosas. El auto tenía esas llantas fantásticas que no eran de fábrica. Yo sabía que cuando uno está en necesidad hay que sembrar una semilla, así que lo hice. Mientras caminaba afuera con mi cabeza gacha, miré a los tipos que entraban en mi carro para llevárselo y dije: "Oigan, deberían tomar esas llantas y poner algunas de fábrica. Así por lo menos se ganan algo de dinero extra por tener un trabajo tan horrible". Me miraron como un ciervo mira la luz de los faros. Esa noche oré por ellos y les dije que no era su culpa. Ambos lloraron a las 4 de la mañana afuera de la casa de mi mamá. Me preguntaron si había alguna manera de que pudiera hacer un pago porque tuvieron compasión de mí. Les dije que no, que me resultaba demasiado costoso y que así era mejor para mí. Jamás supe si en realidad se apropiaron de los neumáticos o no.

Yo nunca tuve un papá en quien pudiera confiar. Siempre tuve mi Padre celestial y esa noche en medio del embargo de mi preciada Durango con suspensión elevada, yo supe que estaría bien. Como Dios podía ver mi corazón, recibía cuidado constante. Él es un buen Papá pero tú debes verlo como tal de manera frecuente. Mira, yo no realicé mis pagos y no fue culpa de Dios que me lo quitaran. Dios siguió proveyendo para nosotros, porque al día siguiente llamó un buen amigo y dijo que tenían un auto y que se lo podía pagar después. Era un Mercedes 300 SE azul del 1996. Yo le decía el auto de mis sueños.

En retrospectiva, podría haber planeado para el futuro pero estaba aprendiendo a vivir el momento y a confiar cada vez más en Dios a lo largo de mi travesía. Si hubiera querido, no hubiera podido orquestar todo eso. Con mi sueldo, yo no podía pagar ese auto y Dios lo sabía.

En ese momento mi ex había comenzado a deslizarse cada vez más lejos. Yo sabía que de por medio había drogas. Solo que no tenía conocimiento de la magnitud del asunto. Los pagos de manutención de los niños se habían esfumado casi que por completo. Yo estaba a cargo del pago de todo, menos de la renta. Esa Durango hubiera significado que yo no habría podido darles a los niños muchas de las cosas que necesitaban en casa de mi mamá.

Habíamos ido y venido a la corte de familia tantas veces que ya tenía un libro completo lleno de papeleo archivado y relacionado con el estado. Para entonces se suponía que los niños irían cada dos fines de semana y eso no era así, porque cada vez más, él se había vuelto menos y menos confiable.

Ese primer año en la casa de mi mamá tuvo que ver con hallar un equilibrio. Cada viernes en la noche nos sentábamos todos en casa y decidíamos a cuál restaurante íbamos a ir. La dulce Carmen siempre tuvo que ceder y casi no podía elegir dónde iríamos a comer porque su hermanito estaba mucho más enojado por todo. Era casi como si él tuviera mucho más resentimiento.

Recuerdo una noche en particular en la que él no estuvo de acuerdo con el restaurante al que íbamos a ir y se acostó sobre nuestro auto mientras yo conducía por la calle con él por una breve distancia. Yo estaba en la entrada de la casa y no estaba andando en realidad mucho, pero tú me entiendes. Él se salió con la suya y ella tuvo que ceder.

Yo tenía mucho resentimiento encerrado porque toda la responsabilidad siempre recaía sobre mí. A decir verdad, yo ya no estaba en eso de escaparme. Sabía que era la responsable de todo. Los niños me necesitaban al 100% y lo que yo necesitara terminaba relegado a segundo plano. Ahora deseo poder aguantado y haber sido capaz de criar mejor, para no ceder ante el hermanito pequeño y pataletoso casi todo el tiempo.

Carmen, si alguna vez lees esto, lamento mucho no haber sido más consciente de cómo te hacía sentir eso. Quiero agradecerte por esforzarte siempre al máximo en todo para hacer mi vida más fácil. Eras un ángel de verdad. Uno vive, aprende y navega lo mejor que puede, en especial si uno es madre o padre soltero.

Wesley, lo siento, en realidad no sabía lo que necesitabas para no estar necesitando más. Desearía haber contado con un mejor conjunto de habilidades para manejar tu voluntad tan firme en ese entonces. Mi gran plan era ceder a cualquier cosa que quisieras y luego perder los estribos. Ojalá pudiera haber sido más racional en ese entonces y lamento si alguna vez dije cosas que se quedaron allí impresas. Por favor entiende que eso no excusa mi comportamiento. Solo quiero que sepas que estaba reaccionando, que eso no estaba bien y que lo siento.

Ese año me convertí en la vendedora del Año en Dunbar, Carmen participó del coro de la escuela secundaria Dana y estuvimos en varias aventuras del coro. Ella ganó muchos premios. Sé que en la escuela ese fue un salvavidas para ella. Wesley terminó el segundo grado y ahora estaba en el seminario Gate (programa para superdotados) porque pudo hacer el examen para estar allí. Estar en el seminario Gate fue otra bendición de la mudanza. Yo llevaba un libro llamado la provisión de Dios. Lo hacía con el objetivo de poder concentrarme en las bendiciones y de no castigarme por no poder proveer mejor para los niños ¿Quién hubiera pensado que un niño que había estado en terapia del lenguaje toda su vida, ahora estaba en el programa de superdotados? Eso era algo que sin duda mereció un lugar en mi libro de las provisiones de Dios. Él puede cambiar tu situación en un instante.

Se pasó el año escolar de segundo y sexto. Jamás olvidaré la graduación de Carmen de sexto grado y lo aterrorizada que yo estaba de que ella se molestara porque era probable que su papá no se apareciera por allá. Yo opté por compensar de más comprando bastantes globos y tratando de ponerme la máscara de que todo era perfecto, solo para que ella no se diera cuenta si su papá no aparecía. A mitad de la ceremonia miré hacia arriba y allí estaba él. Yo tenía tanta ira y resentimiento que no podía soportar que estuviera presente, pero sabía que eso hacía feliz a Carmen.

Todavía estoy trabajando en la necesidad de tener reconocimiento todo el tiempo. He soltado mucha de la ira que tenía por causa de que él se fuera después de que nos separamos y de que se hubiera salido del panorama por completo. Lo que he aprendido luego de 10 años de vida desde entonces, es a hacerlo todo sabiendo que un día uno recibirá reconocimiento de parte de Dios. Una vez más, ese día tuve que aguantarme, salir a comer y pretender que todo estaba perfecto a pesar de que yo sabía que él no estaba metido en nada bueno.

Esa es la mentalidad de las migajas que proviene de no tener papá. Yo incluso sentía que las migajas bastaban para mis hijos, así como mi mamá había pensado que eran suficientes para mí. Cuando estaba más pequeña, mi mamá me llevaba a ver a mi papá en prisión solo para que yo pudiera tener algún tipo de relación con él. Imagínate, probablemente fui a 4 o 5 prisiones federales en todo el país por meras migajas. Dios dice que eres Su hijo y estoy muy segura de que si somos hijos del Creador del universo, tú mereces más que migajas.

Como madre soltera, yo no sabía con respecto a límites o paz. Un fin de semana en particular se suponía que él vendría a recogerlos, y yo no olvidaré sus caritas cuando dijeron: "Mamá, déjanos afuera". Ellos se sentaron en la esquina con sus maletas y yo seguí mirando por la ventana con mi mamá preguntándonos si al fin iba a venir. Pasó una hora, luego la siguiente y a la tercera yo salí y dije: "Chicos, parece que él está ocupado. ¿Quieren ir a comprar helado?".

A veces, las peleas se volvían tan intensas entre los niños que yo sentía que no iba a lograrlo. Tenía tanta ira fuera de lugar que no sabía dónde ponerla toda. La comida y salir a cenar con mamá (la otra figura paterna) eran mi salida para aliviar todo el dolor que estábamos sintiendo pero que no sabíamos expresar. Yo intentaba cubrir toda la decepción, las promesas sin cumplir y los compromisos rotos provocados por él y fingir que todo estaba bien. Empujar hacia abajo sentimientos y esconderlos debajo de la alfombra solo les da lugar para que asomen su horrenda cabeza en otras áreas de tu vida.

Yo me preguntaba cómo era que él nos podía hacer eso, cómo era que nos abandonaba por completo y me dejaba a mí con todo encima. No hay duda de que era una repetición de lo que había vivido mi mamá. La única diferencia es que en su caso, pensamos que él estaba muerto casi a punto de cumplir 16 años. No sé qué es peor. Un papá que está vivo pero desaparecido o un papá que supuestamente está muerto pero que resucita de entre los muertos.

Aunque yo pedí el divorcio, siempre se sintió como que él nos estuviera abandonando, pero ahora era mucho más evidente que él se estaba esfumando y distanciando más. Yo sabía que las drogas estaban involucradas, pero simplemente no sabía hasta qué punto. La mayoría de las veces me sentía impotente. Tenía mucha culpa por haberme divorciado y por elegir a un tipo que terminó haciendo algo parecido a lo había hecho mi papá.

Trabajé duro y me concentré en lo que podía controlar. Todas las mañanas, me despertaba 30 minutos antes de los niños. Iba al baño de nuestro aposento alto y leía la Biblia. Después pasaba 15 minutos de rodillas orando junto a la bañera en ese pequeño baño. Esos momentos fueron los que me dieron esperanza para nuestro futuro y el coraje y la fuerza para seguir perseverando. Sinceramente, no sé qué hubiera hecho en esos años sin ese tiempo con Dios.

Carmen entró a la escuela que estaba a la vuelta de la esquina de la casa de mi mamá, de modo que podía irse caminando todos los días. Mi mamá fue increíble y le escribió una carta especial al director. Ella ayudó a desarrollar su barrio y tenía mucha influencia.

Esta era una escuela chárter que se enfocaba en el aprendizaje en grupo y era más íntima. Yo sabía que mi niña iba a prosperar allí. Wesley había empezado a ser voluntario en la iglesia que estaba justo a la vuelta de la esquina. Él caminaba hasta allá y se ofrecía como voluntario desde las 5 a.m. hasta las 9 de la noche. Empezó como director de escena allí. Este es una iglesia que se filma y que cada domingo se le muestra a más de 150.000 personas. Carmen estaba a cargo del equipo de oración en su escuela en séptimo grado y era una escuela chárter que se dedicaba a capacitar a los niños para que aprendieran a trabajar en grupo.

Fue bueno que los niños tuvieran otro entorno a su alrededor que los hiciera sentir seguros. Conoces esa dulce canción que dice: "Él te tiene a ti y a mí –bebé– en Sus manos." Eso era lo que yo sentía con frecuencia.

Yo todavía llevaba a Carmen a Karate y a las Chicas Exploradoras una vez a la semana en 4S Ranch, y había encontrado un programa de Niños Exploradores en Point Loma para Wesley.

Pasó el séptimo grado y pasó el tercer grado y ahora mi hijo estaba en cuarto grado y mi hija en octavo, el año antes de la escuela secundaria. Theodore no me había pagado nada durante casi un año y medio. Yo tenía un tiempo cada dos fines de semana, pero oraba para que él no se apareciera. El trabajo de limpieza con los niños, independientemente de si él venía o no, jamás fue divertido.

Cuando me tocaba dejarlos ir a la casa de él las cosas eran un desastre, y nunca sabía qué sucedería mientras ellos estaban con él. Tuve que soltar y permitir que Dios se encargara. No hay duda de que esa fue la parte más difícil de todo. En casa, yo los tenía en una rutina y ellos se sentían estables. Luego de este fin de semana en particular, dejé de permitirles ir.

Carmen me rogó que por favor los dejara ir allá, me dijo que estarían bien. Ella tenía 11, Wes tenía 8 y también iba a estar la hija de la mujer que él estaba viendo y su bebé de siete meses de nacido. Él era el medio hermano de mi hijo y ellos lo querían mucho. Recuerdo que llamé toda la noche del viernes y Carmen contestaba el teléfono y afirmaba que todo estaba bien. Llamé toda la mañana del sábado y ella decía: "Estamos bien, mamá yo estoy bien, mamá, ellos todavía están arriba haciendo papeleos". Durante 48 horas enteras yo sabía que algo estaba realmente mal.

Yo había tenido en mi vida un viejo amor que había llegado a mi mundo y a quien no había visto desde que era una niña en Newport Beach (California). Su nombre era Steve y yo le decía el surfista Steve. Ese fin de semana en cuestión me llevó a Las Vegas. Fue un viaje mágico. Sentí la belleza de sentirme como una mujer hermosa de nuevo y de sentirme libre, pese a que todo el fin de semana estuve preocupada porque mis hijos estaban con su papá. Supongo que el viejo Steve fue una distracción. Yo no tenía ninguna certeza de lo que estaba pasando todo el fin de semana, pero la situación estaba completamente fuera de mi control y no había nada que yo pudiera hacer para alejar a los niños de él. Habíamos estado en la corte de familia tantas veces y como último recurso yo presenté una orden de caución la cual fue desestimada, e hice todo lo que pude para intentar protegerlos, pero todo lo que pude hacer fue ponerlos en las manos de Dios.

Desde que vivía con mi mamá, no había tenido muchas citas en realidad porque no tenía mucho tiempo libre. Pasaba mis días yendo a trabajar, luego iba a recoger a los niños, los llevaba a cualquier evento que tuvieran y me mantenía demasiado ocupada como para tener cualquier tipo de citas. A mi mamá no le correspondía el trabajo de cuidar a mis hijos mientras yo salía a tener algo de vida y aparte de todo, y ella había tenido la gentileza de permitirnos vivir allí, así que lo último que yo quería hacer era aprovecharme de ella.

Ese fin de semana los niños se fueron y Steve dijo que yo era el amor de su vida, así que me llevó a Las Vegas a pasar esos días. Tuve un nudo en mi estómago todo el tiempo pensando que los niños estaban en algún tipo de peligro pero no pude hacer nada.

Así son los tribunales. Si puedes probar que no hay duda de que los niños están en peligro físico, entonces puedes hacer algo al respecto, pero en ese momento yo no podía probar nada. Solo tenía calendarios llenos de fechas incumplidas. Tenía horas registradas en las que se suponía que él asistiría y no lo hizo. Esto continuó durante dos años completos. Los niños padecieron una decepción tras otra. Todo lo que realmente querían era a su padre. No me iban a decir nada malo sobre su papá porque sabían que no permitiría que ellos fueran allá y que lucharía por ellos en la corte. No tenía nada a excepción de una falta completa de apoyo en manutención y de fechas agendadas e incumplidas.

Este fin de semana en particular, Steve y yo nos fuimos y vimos un espectáculo de las Vegas, jugamos en la piscina a pleno sol, fuimos a una iglesia increíble, hubo lluvia cálida, y jugamos en ella, y parecía como si hubiéramos estado allí por días enteros. Solo fueron 24 horas, literalmente. Se sintió como una eternidad porque hacía mucho tiempo yo no había tenido un tiempo para mí de verdad.

Regresé a casa exhausta y feliz por no estar llena de ansiedad durante un breve tiempo con respecto a los niños. De camino a casa comencé escuchar la canción, "Él reina", y pude sentir que el Espíritu Santo llenaba mi auto. Esta sensación era diferente a todo lo que había sentido y la presencia del Señor era tan fuerte que tuve que detenerme. Sentí que estaba a salvo, que mis hijos iban a estar bien, y que yo estaba en paz y protegida, algo que tenía no había sentido en años.

Me registré en una habitación de un hotel de camino a casa desde Las Vegas porque hasta San Diego era un viaje de 5 horas, pero sabía que no tenía que ir a buscar a mis hijos hasta al día siguiente. Recuerdo que comencé a llorar porque finalmente sentí lo que se siente al sentirse una mujer otra vez. Había retenido las lágrimas causadas por todo durante años y por fin tenía un lugar donde estaba sola y podía permitir que todo aquello saliera a flote.

Steve y yo no tuvimos sexo porque yo estaba comprometida a no tener relaciones sexuales hasta que me casara con alguien. Yo estaba en el llamado al altar en la iglesia, en viajes misioneros con Carmen, y en realidad me había dedicado a conocer al Señor a un nivel íntimo.

Ese fin de semana estuve mucho más juguetona de lo que pensé que debería haber estado, y tenía mucha culpa por eso. Sentirse redargüido es algo bueno porque el arrepentimiento te acerca a la unidad con Dios, pero no hay duda de que la culpa no proviene de tu Padre celestial.

En medio de mi habitación de hotel esa noche me acosté justo en el piso, le clamé a Dios y le pedí que me perdonara. Pedí perdón por el fin de semana pero también por todo el resentimiento que tenía con respecto a todo, y por la ansiedad que cargaba en vez de confiar en Él. Yo me presentaba ante Él como un mendigo en vez de hacerlo como una princesa. Recuerdo con mucha claridad que estaba acostada allí y pude escuchar la voz audible de Dios esa noche, en esa habitación de hotel y el olor a rosas que llenó la habitación mientras yo yacía allí. Escuché que la voz decía: "Mira hacia arriba", y así lo hice mientras seguía acostada en el suelo y vi a Jesús colgado en la cruz y me dijo: "Debes parar. ¿No sabes que todo lo terminé aquí? Habría hecho esto si solo por ti. Estás perdonada y necesitas soltar todo. Consumado es". Yo nunca había sentido una abrumadora sensación de amor, paz, perdón, claridad, y lo que se siente al contar con el amor de un padre. No sentí vergüenza, ni condena o culpa, solo una admiración de querer conservar a mi Padre celestial en un lugar santo y de no deshonrarlo con mis pensamientos o mis acciones. Pude sentir el amor de un Padre que jamás había sentido. Me sentí amada, querida, protegida, perdonada y aceptada por encima de todo y pese a todo. Sentí que no había nada que pudiera que me lograra separar del amor que Él me tenía. ¡NADA! Recibí un beso de parte de Papá.

Salí a la mañana siguiente y regresé a San Diego. Me sentía fuerte por esa experiencia con mi Padre celestial en la habitación y sabía que iba a estar bien, por encima de aquello con lo que me topara cuando recogiera a mis bebés allá donde vivía su papá.

Así ha obrado Dios en mi vida siempre, como un Papá, como el tipo de papá que siempre deseé tener pero nunca tuve. Recogí a los niños ese domingo donde su padre y supe que algo estaba diferente. Mi hija me dijo que habían estado encerrados en una habitación de abajo todo el fin de semana, y que casi no habían visto a su papá porque él estaba demasiado ocupado haciendo papeleo. Ese mismo día yo presenté la documentación y aceptaron que los niños ya no tenían que ir donde él, a menos que yo estuviera allí y que supervisara. ¡Nuestro sistema judicial necesita cambiar!

Años después, cuando leí el ensayo de mi hija para entrar a la universidad, me enteré de lo que sucedió en realidad. ¿Qué fue lo que pasó ese fin de semana en que yo tuve un nudo en el estómago? Lo que sucedió fue que el papá de mis hijos era adicto a las drogas y su novia también. Ambos pasaron todo el fin de semana en el segundo piso drogándose y olvidaron alimentar a los niños. Carmen subió sola por las escaleras, después de no saber qué más hacer para alimentar al bebé. Encontró las llaves en medio de ellos totalmente inconscientes y de droga por todas partes, sacó dinero del bolsillo de su papá y bajó de nuevo. Montó en el carro a un niño de ocho años, una de siete y a un bebé recién nacido, y condujo hasta el supermercado a las 11 de la noche. Compró pañales, leche para bebés, paletas y algo de comida. Condujo el auto más o menos medio kilómetro de ida y regreso a los 11 años, y todo lo hizo sola. El solo hecho de pensar en la vez que leí esa carta por vez primera cuando ella tenía 18 años y se iba a la universidad, me hace llorar todavía.

Anhelaba tanto que mis hijos recibieran una migaja de su papá que no sabía qué hacer. Solo pensaba que algo, incluso así fuera un asco era mejor que nada. Sé que ese fin de semana hubo ángeles protegiéndolos a ellos y a mí.

Cuando mi mamá me llevaba a la cárcel a visitar a mi papá, ella pensaba que lo más importante para mí era recibir algo de parte de mi padre y que eso compensaría de alguna manera el hecho de haber sido abandonada y de que me hubiera mentido.

Estoy aquí para decirte que ningún niño merece una migaja. Si eres padre y estás leyendo esto y has sido una "papá migaja" oro para que esto te redarguya. **Tus hijos deben ser tu prioridad y el amor de tu vida. Eso forma la manera en que se sienten frente a quiénes son. Tú eres una gran parte de su identidad.**

Mamás, si tienen un papá que está siendo así con sus hijos, necesitan que sus hijos sepan que tienen un Padre celestial que los ama y que el comportamiento de su padre no tiene nada que ver con que no sean suficientes. **Niños, si están leyendo esto y tienen un papá de migajas, no es culpa suya. Las personas lastimadas, hieren a otros sin siquiera darse cuenta de lo que están haciendo.**

Lo único que sé es que si hubiera sabido todo lo que me ama mi Padre celestial, que soy Su hija y que mis hijos son Suyos, entonces tal vez hubiera podido impartirles a mis hijos eso más, para que todas las decepciones de su papá hubieran dolido un poco menos. Nada reemplaza a un papá, créeme, lo entiendo. **Las personas necesitan saber que la ausencia de papá, su presencia carente de amor, o la incapacidad de estar allí, ¡no tienen nada que ver con que no sean suficientes!**

Retomando la historia, ahora Carmen está en noveno grado y Wesley está en quinto y su papá ya casi no está. Los deportes se convirtieron en una gran parte de la vida de Carmen y yo sabía que podía sobresalir ayudándola con eso. Ella estaba muy ocupada con el voleibol y yo la pude ayudar en su equipo y le iba muy bien. Nos pasábamos horas en la parte trasera de la casa de mi mamá practicando saques y golpes para los juegos. Nuestros fines de semana estaban llenos de voleibol y su hermanito nos seguía a todas partes para que mi mamá pudiera descansar un poco por las noches.

Para este punto, Wes ya no está durmiendo en la cama conmigo y yo tenía una pequeña cama sencilla junto a la doble. Carmen y yo seguimos compartiendo una cama. A mí me alegraba mucho que ella pudiera caminar hasta su nueva escuela secundaria, porque literalmente estaba a 50 metros de nuestra casa. A ella no la avergonzaba tanto como a Wesley el hecho de vivir en una habitación.

Su escuela estaba llena de niños ricos y él iba a la escuela pública del sector, así que fue un poco más vergonzoso para él. Yo lo había inscrito en los "Hermanos Mayores de América" para que algunas veces al mes, tuviera alguna influencia masculina, aparte de las representaciones de la guerra y de los Chicos Exploradores. Su hermano mayor era un buen muchacho que lo llevaba a lugares divertidos para comer y pasaba tiempo con él. Wesley se estaba involucrando más y más en el área de transmisión de la iglesia. Lo del hermano mayor fue durante un año. Lo justo para que él creciera un poquito más.

Recuerdo que pensé que como ahora tenía mi licencia de bienes raíces y trabajaba en Dunbar, las cosas estaban marchando mejor y que tal vez podría mudarme pronto. Llamé a las puertas de un montón de gente en nuestro vecindario y logré enlistar tres casas, lo cual fue un milagro. Yo estaba trabajando con una mujer de la iglesia, pero no sabía que la verdad era que ella había registrado todas las casas a su nombre, sin decirme nada. Justo antes del momento del cierre del negocio de las tres viviendas, ella obtuvo el 100% de toda la comisión. Por causa de que ella me arruinó el asunto, conocí a una de las mujeres que compró uno de las casas. Ella me quería mucho de verdad y me tomó bajo su ala. Ese año la ayudé a comprar 2 casas. Logré ganar lo que había perdido en ese lío. Ahorré ese dinero para que pudiéramos conseguir nuestro propio lugar. Esa fue solo una de las muchas veces que pensé que estábamos a punto de conseguir nuestra propia vivienda.

Me registré en un sitio de citas en línea. Había un hombre de Nebraska (USA) con el que hablaba por las tardes cuando yo trotaba. Él era un gran hablador y me decía lo rico que era y cómo era que nos iba a comprar una casa a los niños y a mí. Yo le decía a Wes que había encontrado un buen tipo que nos iba a ayudar a conseguir un lugar y que guardaríamos el dinero que había ganado por la venta de las casas para una situación de emergencia.

Por supuesto que ese tipo era un fiasco completo. Ahora pienso que era probable que en realidad viviera en un remolque parqueado en medio de la nada, y que se divertía atrayendo a las mujeres para que se creyeran toda su mierda. Supongo que yo todavía estaba un poco desesperada por conseguir un lugar propio, y de nuevo no me estaba apoyando en el Espíritu Santo sino que estaba insistiendo en mis planes, no en los suyos. No alcanzaría a contarte la montaña rusa que los niños vivieron en esos siete años y de todas las veces que pensamos que nos íbamos a mudar porque yo pensaba que ya no aguantaba más.

Yo me levantaba 30 minutos antes todas las mañanas y oraba de rodillas en el baño que estaba conectado a nuestra habitación. A ese lugar le decía el aposento alto porque allí leía los capítulos de mi Biblia. Leí la Biblia cada uno de los siete años que vivimos allí. Mi tiempo con el Señor fue muy intenso y eso fue lo único que me ayudó a superarlo. Yo registraba los milagros, las pequeñas provisiones y los pequeños pasos de bebé referentes a la forma en que Dios proveía para nosotros como familia, y contaba las pequeñas bendiciones porque a veces simplemente no lo veía.

Guardé el dinero de mi comisión como fondo de mudanza. De nuevo escuché mis planes y no la agenda de Dios. Queremos lo que queremos, cuando lo queramos, pero a largo plazo eso no siempre es lo mejor para nosotros. Dios me protegía de mí misma de manera constante.

Ahora que Carmen estaba en la escuela secundaria a punto de culminar noveno grado y que Wes estaba por terminar quinto, me di cuenta de que en realidad yo quería ser maestra. Yo trabajaba durante el día, recogía a los niños y los llevaba a todas sus cosas hasta alrededor de las 9 de la noche. Después de todo eso, y de limpiar al finalizar la cena, ellos quedaban acomodados. Yo me tomaba un Adderall y comenzaba a redactar mis escritos para la universidad.

Decidí que quería convertirme en maestra de tiempo completo y que iba a cambiar el mundo: un niño a la vez con salud y nutrición. Dos años antes de ese momento, yo me había inscrito en un seminario de capacitación llamado Landmark.

Aprendí que era una mentirosa y que llegar tarde todo el tiempo era de mala educación. También vi cómo me presentaba en la vida y descubrí el modo de marcar la diferencia en el mundo. En realidad, todo ese diálogo interno proveniente de todas mis heridas de infancia estaba cambiando.

Ahora era el momento de obrar en fe y retirarme de mi fabuloso trabajo para convertirme en una maestra. Sabía que podía enseñar deportes y nutrición, y que eso sería verdaderamente gratificante. Así que renuncié a mi trabajo de $80.000 dólares anuales que incluía todos mis beneficios y por fe, me encaminé a enseñar gratis en una escuela durante ocho meses.

En California, para obtener tu credencial de enseñanza tienes que enseñar bajo la supervisión de un maestro nombrado y no recibes pago. Mis hijos sabían que esto sería ser un sacrificio, pero yo pensé otra vez que sería bueno para todos. Pensé que podríamos mudarnos en cuanto lograra un empleo como maestra. Sabía que tendría los mismos recesos de los niños y que contaríamos con el verano libre.

Yo había ahorrado el dinero de las casas que vendí. Sabía que Dios había provisto esa suma para ese momento. Pero no fue así. Dios nos estaba protegiendo incluso más de lo que entendía y cada vez que pensaba que se suponía que debíamos mudarnos y no pasaba, Dios me mostró la razón exacta para estar todavía allí. A esa temporada la llamo la de estar "atascada como en el purgatorio", pero la verdad es que fue un lugar de protección y provisión.

CAPÍTULO 14

NUEVOS COMIENZOS: SILLAS DE RUEDAS, COMPROMISO & MUERTE

Tú nunca sabes lo que el universo tiene reservado para ti, claro que puedes desplegar tus planes, pero de alguna manera siempre cambian. Solo tienes que mantenerte enfocado en el premio y no distraerte con lo inesperado.

Por fin terminé todo lo que tenía que hacer con respecto a la enseñanza, todos mis exámenes, pasé todas mis clases y finalmente obtuve mi asignación para convertirme en pasante. Oré para conseguir una escuela que estuviera cerca de mis hijos de modo que pudiera recogerlos en las tardes y tener el mismo horario. Dejar Dunbar me entristecía mucho. Esa empresa me había proporcionado un gran horario flexible y el ingreso de dinero de forma estable. Era hora de incursionar hacia lo desconocido, seguir mi pasión y de dar un paso en fe de verdad.

Había pasado 3 años en esa habitación con los niños, redactando mis asignaciones cuando ellos se acostaban y trabajando durante el día. Era hora de seguir mi verdadera pasión por la salud y la nutrición, y de cambiar la dinámica de la salud infantil en la educación a futuro.

Logré una pasantía en la escuela secundaria a la vuelta de la esquina de donde estaba mi hijo y a solo 10 minutos de la de Carmen. Enseñé educación física en séptimo y octavo grado como pasante o maestra en formación, lo que significa que no tenía ingreso de dinero. Yo era mayor que mis maestros, aquellos para los cuales trabajaba. Me senté en el escritorio de un niño en su apestosa oficina y básicamente fui "su prenda" ¡por 6 meses sin sueldo alguno! Estoy segura de que los estaba irritando porque durante mucho tiempo habían tenido esa oficina para ellos solos en el vestuario de chicas. Tenía que estar allí para poder aprender. Me limitaré a decir que no hay duda de que eso fue humillante. A veces, para encaminarte hacia una nueva dirección solo tienes que aguantar y comer pastel de humildad. Mientras superaba todo aquello, yo solo mantuve mis ojos en el premio.

Todavía tenía mi licencia de bienes raíces, pero solicité apoyo de parte del gobierno. Permíteme decirte algo, nunca en mi vida me había sentido tan avergonzada que el día que como mujer blanca entré en la oficina de asistencia social. Yo vi que todas las demás personas que estaban allá no entregaban ningún tipo de documentación, pero a mí me hicieron 1 millón de preguntas como si fuera algún tipo de criminal.

Era como si pensaran que no había manera de que yo necesitara apoyo de verdad. Para ser honesta, nuestro sistema es muy racista. Así que ahora que sabía que podía recibir alimentos porque logré obtener bonos de alimentación, que vivía con mi mamá y que recibía algo de dinero, me pude concentrar en la tarea que tenía por delante. El objetivo era superar el último obstáculo antes de poder enseñar en la escuela y convertirme en una maestra certificada.

Me enamoré de los niños de esa escuela. Ellos eran increíbles y yo podía recoger a mi hijo en su lugar de estudio. En la gratitud hay un gran poder. De manera gradual, el profesor para el que yo trabajaba, me permitió dictar algunas clases sola. Fue genial porque pude relacionarme con los niños. Yo era la entrenadora de educación física de séptimo grado.

La campana sonaba y las chicas se amontonaban en el vestuario y se cambiaban. Luego saldríamos a la parte superior negra para llamar a lista y estirar. Hubo algunas niñas con quienes tuve mucha cercanía, y hoy en día preservo un vínculo con una de ellas. Ella es como una hija para mí y lo haría todo de nuevo si fuera solo para conocerla. Summer, si lees este libro, tú me ayudaste a atravesar todas las cosas, tú y la Srta. Aubrey.

Durante ese tiempo falleció mi abuelito, quien había sido como un padre para mí porque el mío no lo era. Una de mis mejores amigas de mi pueblo natal me dijo que uno de sus amigos era soltero. Yo lo conocía desde joven. Cuando fui al funeral y luego de tantos años de estar sola, pensé: "Bueno Dios, tal vez esto es lo que estás haciendo, tal vez me estás guiando de vuelta a casa para que pueda estar de nuevo con toda nuestra familia en Arkansas". Ese día tuve una cita con Michael y volví a tener la misma sensación. Él viajaba de ida y regreso hasta California, mientras yo era una maestra en formación.

Mi horario era riguroso y mi hijo empezaba a tener problemas de salud. De alguna manera, Michael y yo nos las arreglamos para estar muy cerca pese a la gran distancia. La tercera vez que lo vi, viajé a Arkansas para volver a conocer de verdad a toda su familia. Mi familia y su familia vivían en el mismo pueblo y eran amigos. Sentí que todas las piezas comenzaban a encajar, que tal vez el hecho de haber dejado mi gran trabajo remunerado y convertirme en maestra era perfecto. Yo podría enseñar en cualquier lugar. El segundo día que estuve allí me desperté en su hermosa casa rancho. Dormí en mi propia cama esa noche porque él sabía que yo era una dama cristiana sólida, y él de verdad era un caballero y respetaba ese aspecto. Me desperté con rosas en la cocina y él me dijo que ese día tenía algo realmente especial planeado para mí.

Era un hermoso día soleado con solo un toque de olor a gardenias frescas que florecen en el aire. Fuimos a la casa de su amigo, ubicado en el río Arkansas. Era una casa de ladrillo monumental con muchos acres de espacio abierto, con un pasto de vacas justo en el río, era impresionante. Mientras esperábamos, yo no tenía idea de por qué estábamos aguardando tanto tiempo, como si aquellas personas fueran cercanos a su vida. ¿Esto era lo especial que él había planeado? Mientras yo estaba pensando por qué era que estábamos sentados allí con esa gente, escuché el sonido de un helicóptero que aumentaba y se acercaba más y más.

Por eso era que habíamos ido allá y esa era la razón de su nerviosismo. Al fin entendí. Yo nunca había estado en un helicóptero. Cuando aterrizó al aire libre, él me dijo que no cabía pero que su amigo me iba a mostrar la ciudad. Despegamos y volamos alrededor de la ciudad de Little Rock (Arkansas). Era muy pequeña en comparación con San Diego.

Volamos de regreso a los pastos de las vacas y el amigo me dijo que mirara hacia abajo. Yo no vi nada, así que hizo otro giro. Miré hacia abajo y Michael había pintado en muchos tableros grandes, "¿te quieres casar conmigo?". Yo estaba impactada y muy sorprendida. El helicóptero aterrizó y allí estaba él hincado en una rodilla con un anillo gigante. Le dije que sí, y estaba muy feliz.

Todo tenía sentido. Cada una de las preguntas que tenía sobre todas mis decisiones estaba clara en ese momento. Él me llevó a un sitio esa tarde y me compró un traje de compromiso. No entendía por qué necesitaba un atuendo diferente, pero estaba muy feliz de ir de compras, algo que no había podido hacer durante mucho tiempo.

Llegamos al restaurante del que me él me había hablado. Pensé que él y yo íbamos a tener una cena romántica solos para celebrar. No era el caso en absoluto. Tenía a todos nuestros amigos y familiares mutuos en el restaurante para felicitarnos. Era lo más preciado que yo hubiera experimentado jamás de parte de un hombre. Sentí que en ese momento todo mi seminario de Landmark y que mi trabajo en reparar los problemas (traumas) derivados de mi papá —por fin se estaban resolviendo—. Culminé ese día comprometida.

Regresé a San Diego para la última parte de mi docencia estudiantil y Wesley comenzó a tener aún más problemas de salud. Estaba teniendo dificultad en la escuela por no poder caminar sin sentir un dolor extremo. Michael voló una vez más y lo llevé a caminar con mis hijos, pero a decir verdad, no podía llevarse bien con mi hijo. Pasó la noche en casa de mi mamá, y noté cosas que antes no percibía y que me molestaban. Probablemente porque solo había estado físicamente cerca de él dos veces antes de comprometernos. Para rematar, Wes estaba teniendo dificultades de salud, así que ahora yo estaba reconsiderando todo este asunto del paso del compromiso. Yo sabía que mudarse con los niños no era una buena idea. Lo llevé al aeropuerto y los dos lloramos porque por más cerca que estuviéramos, sabíamos que nuestros dos mundos todavía no estaban listos el uno para el otro, así que le devolví el anillo.

Mis hijos son y eran lo primero, y ya habían perdido a uno de sus padres, así que no necesitaban perder a otro. De manera extraña, yo creo que eso fue una bendición. No podía concentrarme en mudarme y casarme y en todos los pequeños detalles, porque en ese momento no sabía que mi hijo estaba a punto de pasar por dos años de casi un infierno. Una vez más te lanzan una pelota curva, así que úsala. Dios nunca te da más de lo que puedes manejar. Algunas veces tu desastre se convierte en tu mensaje. Ahora que miro hacia atrás, noto que esa es otra característica de un padre bueno y amoroso que se asegura que seas guiado incluso cuando no lo sabes.

Luego de regresar a casa, me quedaba una semana como practicante de docencia. Yo estaba muy cerca de la escuela de mi hijo. El último día de enseñanza, recibí una llamada donde me informaban que mi hijo no podía caminar. Ese día lo llevamos a toda prisa al hospital. Él tenía un trastorno genético llamado deslizamiento de la epífisis capital femoral (SCFE, por sus siglas en inglés, N.T). En pocas palabras, la parte superior del hueso del fémur se le estaba saliendo de la cadera y ya no podía caminar. Terminé la docencia estudiantil justo a tiempo y obtuve mi credencial oficial en el momento perfecto.

Ya ves, Dios sabía el final desde el principio, y en medio de otra decepción (la ruptura con Michael) Él sabía que mi bebé me iba a necesitar al 100%. Wesley tuvo que operarse y requeriría atención a tiempo completo.

Gracias a Dios tenía ahorrado el dinero de las casas que había vendido a principios de la práctica docente y había logrado conseguir el apoyo federal porque los iba a necesitar.

Teníamos el mejor seguro: Medi-Cal para niños, llamado "familias saludables" y todas las cirugías de mi hijo las cubrieron. Si nos hubiéramos mudado, conseguir un seguro habría tomado tiempo, y solo Dios sabe cuánto habría costado. Estaba siendo guiada sin siquiera darme cuenta en ese momento. Era como cuando a los israelitas les dieron maná del cielo como provisión, pero ni siquiera supieron de qué modo se los proveían.

Mi punto aquí es que pase lo que pasa, es bueno que cuentes tus bendiciones. La queja es música para los oídos del diablo e impiden que Dios pueda responder a tu oración porque estás tomando las cosas en tus propias manos, en lugar de dejarlo todo en las Suyas. Yo todavía lucho con soltar el control, pero estoy empezando a ver que Sus manos son mucho más grandes de lo que pensé.

Si miramos nuestra vida, podemos ver la forma en que somos guiados por un Padre celestial que nos ama mucho. Solo tenemos que dejar que Él nos guíe y quitarnos del camino. Cuando nos criamos sin conocer el amor de un padre, es muy difícil comprender el amor de un Papá invisible y confiar en que Él cuida nuestra espalda.

Era el momento de la cirugía y la primera fue un éxito; durante seis meses fuimos y volvimos a citas médicas y terapias físicas. Lograba algo de dinero vendiendo bienes raíces a medio tiempo. Su papá estuvo por ahí pero no aportó dinero, y tampoco ofreció aliviar en algo el tema de todos los compromisos y el horario de ambos niños. Gracias a Dios, a Carmen le iba muy bien en la escuela y en los deportes. Dios solo te da todo lo que Él sabe que puedes manejar. Yo estaba realmente estirando las estacas de mi tienda y haciendo crecer mi fe, momento a momento.

Mi vida entera se trataba de llevar a Carmen a las Chicas Exploradoras, vender galletas con ella, llevarla a todos sus juegos y prácticas y asegurarme de que mi hijo llegara a todas sus citas, porque todavía iba a los Niños Exploradores.

Carmen estaba en el equipo de voleibol y le iba muy bien. Yo siempre me aferré a las promesas de Dios y la preciosura de mi dulce hijo e hija cuando leía las cartas que ellos escribían. Tenemos que aferrarnos a las promesas, no a las pruebas.

Esta carta en particular fue escrita después de que mi hijo se sometiera a su primera cirugía, ¿Cómo podría enfadarme por eso? Wes todavía era capaz de irse en su silla de ruedas hasta la iglesia y trabajar, y era su manera agraciada y salvadora de alejarse de todas nosotras. Él peleó por algo muy insignificante y esta fue la carta que encontré en nuestra cama. En este tipo de momentos pequeños, yo sabía que mis hijos iban a estar bien y que valía la pena todo el sacrificio.

Teníamos pases para LEGOLAND, para el parque Balboa y para el zoológico. A mí siempre me dijeron que era la mamá divertida. Un Halloween en particular yo dije que fuéramos a LEGOLAND. Ambos niños pensaron que era maravilloso, porque podrían entrar en la fila rápida debido a la silla de ruedas de Wesley. Lo que descubrí a través de la resiliencia de mis hijos en esos momentos, era que podía quejarme y lamentarme o que podía ser poderosa y agradecida, por tener el tiempo para estar con ellos. Elegir en qué te enfocas es una decisión que se toma momento a momento. Créeme al decirte que yo tenía todo tipo de excusas para sentirme miserable en medio de criar dos hijos sola, estar en la universidad, vivir con mi mamá, tener a un ex que no estaba presente y que andaba metido en drogas, aunque tenía a mi lado a mi mami preciosa que me ayudaba a ser padre. O como diría mi abuelita, yo tenía cómo "sentarme en mi olla de la conmiseración". Mi gracia salvadora fueron esos 15 minutos en la mañana que usaba antes de que los niños se despertaran.

La gota que rebosó la copa del intento por mantener al padre de mi hijo en su vida, antes de que Theodore entrara por fin en su primera rehabilitación real fue cuando llevé a Wes a una de sus representaciones de la guerra civil. Su papá vivía en un apartamento en un sitio muy hostil de la ciudad. El edificio había sido un hotel de mierda. Era un diseño de bloques de hormigón gris de dos pisos, con 40 apartamentos de una sola habitación que rodeaban un patio central. Ahora que lo pienso, creo que había sido un "Super 8". Todas las personas que se alojaban allí tenían sus autos averiados y se podía decir que era un punto de acceso de drogas para el área. Él vivía con su novia.

Mi hijo me rogó que no fuera con él al evento. Estaba harto de que yo hubiera ido todo el tiempo en lugar de su papá. Cuando finalmente vi a su padre me di cuenta de que estaba drogado. Se detuvo en el parqueadero de un supermercado, iba en bicicleta porque ya no tenía licencia de conducción. Mi hijo tenía lágrimas en los ojos porque ahora sé que él sabía que su padre estaba en mal estado y también era consciente de que si yo lo notaba, no iba a dejarlo y que entonces él iba a volver a tener una decepción. Me sentí incómoda al dejarlo pero mi hijo me miró con lágrimas en los ojos y me dijo: "Mamá yo tengo teléfono. Si pasa algo te llamo". Alejarme de mi hijo de 11 años esa vez mientras conducía, ha sido una de las cosas más difíciles que he hecho. Yo sabía que había ángeles que rodeaban a mis hijos, así que tuve que confiar en eso.

Años más tarde, me enteré de que su papá jamás durmió con mi hijo en la tienda de acampar en el parque. Mi hijo de 11 años se quedó solo con todas las personas que estaban en el acto de representación de los hechos históricos, y él no me lo dijo nunca para poder proteger a su papá. Su padre se pasó la noche consumiendo drogas y al día siguiente fueron a Walmart, en donde llamaron a mi hijo por el altavoz para que viniera a ver a su padre atado de manos porque estaba intentando robar para conseguir dinero y comprar drogas. Mi pequeño de 11 años miró a los oficiales a los ojos y les dijo: "Por favor, déjenlo libre. ¿De verdad creen que necesito ir a un hogar de paso? Mi mamá no tarda en llegar".

Ambos se fueron en autobús a casa y mi pequeño bebé, con 11 años, me llamó histérico. Conduje hasta allá a unos 190 km por hora. Un recorrido que suele tardar hora y media, me tomó 55 minutos. Cuando entré por la puerta hice mi mejor esfuerzo para no romperle la cara a su papá. Mi pequeño niño estaba sucio y era obvio que no había comido en dos días. Lo llevé directamente a Chipotle y se comió un burrito grande y un plato completamente lleno. Ese viaje a casa fue muy silencioso. Yo no quise preguntarle qué había pasado porque era claro que él estaba devastado.

En ese momento trajimos a sus padres aquí e hicimos una intervención, porque yo sabía que era el momento, o de lo contrario su papá no iba a lograrlo. Carmen y Wes se sentaron en la habitación del hotel y le narraron a su papá todas las experiencias que recordaban de estar con él y de lo asustados que se sentían. Con lágrimas en los ojos, mi hija dijo: "¿Recuerdas la vez que te desmayaste detrás del volante y el auto se detuvo? Te golpeamos para que despertaras. Papá, yo tenía miedo, pero no permití que Wesley se diera cuenta de lo que estaba mal. Yo sí sabía". En ese momento, yo me derrumbé. Cada vez mis hijos se iban con su papá, yo oraba para que los ángeles los rodearan en su auto. Sé que los ángeles fueron los que los protegieron esa noche. Esto lo puso de rodillas y él supo que necesitaba ayuda.

Acudió a un centro de rehabilitación cristiano a 1 hora de distancia y pudimos visitarlo una vez al mes. Yo llevaba a los niños hasta allá para que pudieran visitar a su padre, quien en el fondo tenía un buen corazón en realidad, y yo sabía que él podría ser un buen padre, así como su padre. Algunas veces para avanzar, nosotros solo tenemos que quebrarnos. Ted tenía que estar allí por lo menos seis meses para graduarse y recibir la bendición de los pastores. Fui a una reunión cristiana de socialización, solo para ver si podía encontrar otro buen muchacho allá. Conocí a un hombre cristiano muy dulce y supe de inmediato que no se trataba de citas, sino de que él me iba a ayudar en bienes raíces, de modo que podría estar allí para ambos niños.

Él llevó a mi hijo varias veces a conducir en carritos de "go karting" y pagó el arreglo de mi auto cuando se averió. A mí no me alcanzaba para arreglar los frenos del auto y él estuvo allí en el momento perfecto. Mi factura pasó los $500 dólares y eso estaba fuera de mi presupuesto. Dios siempre cuidó de nosotros. Él es un buen padre. Yo conté con la flexibilidad que necesitaba en los bienes raíces para poder estar con los niños de nuevo, y mantenerlos enfocados en otra cosa que no fuera en que su padre se había ido de nuevo. Sé que otro de los mensajeros de Dios fue este hombre de gran bendición que mantuvo ocupado a Wes, de modo que no pensara tanto en su padre. Carmen estaba en noveno grado y le estaba yendo increíble. Trabajó muy duro en sus calificaciones y fue de gran apoyo en todas las cirugías de su hermano. Creo que su mecanismo de afrontamiento era hacer lo mejor que pudiera en aquello que podía controlar.

Estoy muy agradecida con el hospital de niños Rady. ¡Es un lugar maravilloso! Cuidaron muy bien a mi hijo. Carmen y yo pudimos quedarnos en la casa de Ronald McDonald para poder estar justo a su lado. Era un lugar con unas instalaciones grandiosas y acogedoras, con una cocina comunitaria donde los voluntarios preparaban comidas para las familias todos los días.

Este es un hospital de niños en San Diego que se ocupa de muchas familias de bajos recursos económicos. Nos trataron como si fuéramos tan importantes como cualquiera. Ese lugar fue enviado por Dios.

En ese momento, su padre acababa de salir de rehabilitación, se graduó de allí y lo habíamos ayudado a mudarse a un lugar que estaba justo en la ciudad. Lo que quiero decir es que conduje dos horas hacia el norte y lo recogí. Después alquilé una furgoneta y trasladé todas sus cosas otras dos horas hacia el sur y lo llevé a su nuevo apartamento. Su nuevo espacio quedaba a unos 5 minutos de la casa de mi mamá. Él necesitaba a sus hijos y ellos lo necesitaban a él. Era hora de sanar los corazones.

En nuestras vidas las cosas estaban mejor y yo creía que la cirugía de Wesley sería la intervención final. A nivel económico me iba bien, y tenía la flexibilidad para poder estar allí para todos ellos. Chris había sido el hombre que había estado en mi vida desde que me divorcié. Cuando yo todavía vivía en 4S Ranch, fue el primer tipo bueno con el que salí después de mi ruptura con el físico culturista. Chris reapareció y no habíamos salido en unos ocho años pero él siempre había estado en la vida de mis hijos. Él era un hombre constante que venía y estaba allí para nosotros y que hacía cualquier cosa por nosotros.

Nuestra primera relación fue de ocho semanas y tuvo lugar después de que yo me divorciara. Entonces realmente no tuve citas durante unos 4 años hasta la vez del Michael de Arkansas y luego de eso no salí con nadie hasta que me volví a casar.

Cuando Chris estuvo mucho más cerca, yo pensé: "Bueno, no funcionó con Michael. No me mudé a Arkansas. Tal vez se supone que debo casarme con este hombre. Ama a mis hijos y es una buena persona". Él cumplía con todos los requisitos. Antes de que Wesley ingresara a cirugía esa Navidad, decidí que si él me pedía matrimonio iba a aceptar. Entonces lo invité a pasar Nochebuena con nosotros. Yo no tenía idea de cuáles eran sus intenciones y él jamás llegó a la casa ese día.

Wesley entró en cirugía el 26 diciembre. Mientras las enfermeras sacaban a Welsey del quirófano, me llamaron por teléfono. Oí: "¿Hablo con Polly?". Dije que sí, y entonces me dijeron: "Yo sé qué era lo que Chris estaba planeando para Navidad y ahora sé por qué nunca apareció". Mi voz se calmó mientras me preguntaba qué le había pasado y por qué no había llegado en Navidad. Eso no era propio de él, pues siempre había sido muy confiable. La voz del otro lado del teléfono me dijo: "Siento mucho tener que decirte esto, pero Chris falleció de manera súbita en Nochebuena y por eso no lo viste nunca más. Lo acabamos de encontrar hoy y por eso te llamo ahora". Yo estaba en la sala de emergencias con mi hijo que literalmente estaba en una camilla y recibí semejante llamada telefónica. Me quedé sin palabras. ¿Cómo le iba a decir a mis hijos? En especial a mi hija que amaba a Chris.

Él murió de manera repentina en su ducha, cuando se disponía a venir a nuestra casa a proponerme matrimonio. Jamás me había sentido tan devastada. Mi hijo estaba saliendo de la cirugía, su padre estaba durmiendo en el suelo de su habitación y por fin estaba allí para sus hijos, y yo estoy allí intentando mantener todo en pie.

El Señor dice que nunca te dará más de lo que puedas manejar pero en ese momento de mi vida ¡sentí que era demasiado! ME HABÍA SENTIDO FELIZ de que su padre por fin estuviera allí, y por contar con la persona con quien pensé que me iba a casar y quien sería una maravillosa figura paterna para mis hijos, pero él se había ido. Lloré hasta quedarme dormida esa noche en la casa de Ronald McDonald. Mi hija estaba tan devastada como yo, si no más. Ella nunca entendió por qué era que yo no quería estar con él, ella lo amaba y sé que eso le rompió el corazón. Ella siempre mantuvo una dulce sonrisa en su rostro para tratar de no causar ningún problema, ni tampoco más dolor. No podría estar más orgullosa de ambos porque siempre se levantaban por encima de lo que fuera.

Esa semana pareció ser la más larga de la historia. Habíamos atravesado otra batalla. El tiempo pasaba, Wes estaba mejorando y mi corazón se estaba reparando. Él estaba a punto de entrar en séptimo grado y Carmen a décimo. Ese verano habíamos tomado la decisión de que ella no jugara voleibol porque necesitaba hacer otro deporte de chicas altas y la pusimos en remo. ¿Cómo habría podido saber cuán maravilloso le iba a parecer a ella? Siendo honesta, fue la dirección divina por medio de una simple sugerencia de su médico en su examen físico anual. Esa decisión trajo consigo muchas alegrías para ella y para nosotros, y ella hizo amigos con quienes todavía mantiene una relación cercana.

Mi hijo estaba sanando y ahora estaba en séptimo grado. Él había aprendido mucho en la iglesia durante tres años sobre cómo ser un director asombroso. Con tan solo 12 años de edad, había sido ascendido prácticamente a director de video en vivo. Él sabía que su escuelita Correia necesitaba un equipo de noticias que hiciera limonada con los limones que tenía. Todo el tiempo que estuvo en su habitación sanándose de todas las cirugías, lo usó para ser muy eficiente en su computadora. Escribió una un documento, ganó $10.000 dólares y reconstruyó su toda la sala de redacción. Yo pensé: "Huy, jamás tendré que preocuparme por él". Construyeron la sala de noticias más increíble de todas y los niños en escuela intermedia tuvieron un equipo de noticias que hacía los anuncios cada mañana en vivo. ¡Bastante impresionante!

Carmen ya había ingresado al equipo de mejores calificaciones (A, según el sistema educativo estadounidense, N.T) y yo sabía que con un promedio de 4.5, toda la tutoría y el apoyo que había tenido a lo largo de todo el proceso, ella también iba a sobresalir.

Después de Chris yo decidí que eso era todo. Opté por no volver a tener más hombres en mi vida. Solo necesitaba enfocarme. Por fin conseguí mi trabajo en la escuela Farb y ahora sería la profesora de educación física oficial, y me iban a pagar por ello. Finalmente, todas las cosas empezaban a estar en su lugar.

CAPÍTULO 15

¡ÉL SIEMPRE HA ESTADO ALLÍ!

A estas alturas, yo estaba optimista con que empezaba a dar fruto todo el trabajo duro de las noches con Adderall hasta tarde para redactar los trabajos, laborar durante el día y llevar en el carro a los niños para todas partes. El objetivo final de Dios con nosotros no es resolver cualquier cosa o estar bien, Su objetivo principal es hacernos madurar para ser la persona que Él dice que somos, y lanzarnos luego hacia los sueños que Él diseñó para nosotros antes de la fundación del mundo.

Dios diseñó cuidadosamente SU sistema de influencia para que podamos tener impacto a partir de lo que somos y más allá de lo que hacemos.

A paso lento pero seguro, yo me estaba sanando y me di cuenta de que el propósito de Dios para mí no era solo ser madre sino ser feliz y plena y caminar hacia el destino que Él diseñó para mí. Mira, Él quiere usar nuestro desastre para hacer de él nuestro mensaje, de modo que le traiga sanidad a un mundo herido y moribundo. Por eso, cuando la gente dice: "Si Dios es bueno, entonces ¿por qué sufriste tanto?" Ese es el punto de la expiación.

Hace poco escribí un artículo sobre esto y no lograba entender el significado del asunto. Cuando Jesús murió en la cruz, tomó de nuevo las llaves de infierno, para que nosotros entabláramos la relación correcta con el Padre para siempre. Todavía me desconcierta el hecho de que un Papá nos ame tanto.

No importa cuán terrible haya sido lo que me pasó. Y sí, en gran parte de eso yo fui una víctima, pero sé que no fue culpa de mi Papito (Abba). De hecho, sé que se le parte el corazón cuando nos ve sufrir. Nosotros tenemos el trabajo de utilizar todo el mal para bien, de modo que ¡podamos ayudar a otros todos los días! Esto es lo que traerá y trae el mayor gozo que jamás te puedas imaginar. ¡Todo mi dolor valió la pena si le ayuda a alguien!

El tiempo de Dios no siempre es el nuestro. Cuando conseguí empleo en Farb, Dios me hizo esperar hasta que mi hijo se sanara y recuperara de todos los problemas y cirugías que se pagaron por medio de Medi -Cal. Dios fue muy fiel. Nos cuidó siempre como un buen Papá.

Nunca olvidaré lo nerviosa que estaba aquel primer día de enseñanza en mi nueva escuela intermedia. Era la profesora de educación física y tenía el camerino de vestuario solo para mí, y decoré ese apestoso lugar durante horas para que las niñas se emocionaran mucho cuando entraran.

Mi oficina se convirtió en un centro al que acudían todos los estudiantes, para contarme todos los problemas que tenían y cada cosa que les estaba pasando para que pudiera aconsejarlos. De repente, comencé a sentirme como una niña, lo cual fue maravilloso. Uno de mis recuerdos favoritos fueron las lecciones de "square dancing". Me tomé un mes entero para abarcar esa unidad. Escogí estudiantes de octavo que tuvieron algo de éxito en clase, aunque muchos de ellos estaban luchando con su identidad. Los elegí para que durante el almuerzo vinieran al camerino y pudieran decidir qué parejas serían geniales para ese tipo de baile. Me asombró el discernimiento y la sabiduría de estos niños.

Si todos pudiéramos ver a través de los ojos de un niño, nuestros corazones estarían abiertos a mucho más. Esos estudiantes increíbles tuvieron en cuenta cada emoción que cada estudiante tendría a partir de la pareja de baile que se escogiera para ellos.

Eligieron parejas de baile para cada estudiante en función de lo que les ayudaría a crecer más como personas, no simplemente según enamoramientos tontos que pensaron que ellos podrían tener. Cuando salían de mi oficina, yo me secaba las lágrimas. ¡Sus corazones eran tan buenos y tan puros!

Nunca olvidaré el día que le anuncié a la clase sus parejas de baile. Algunos niños tímidos fueron puestos con los chicos populares que serían amables con ellos. Durante ese mes vi a niños que florecían de verdad y se tornaban en seres humanos muy generosos y amorosos. Esa fue una experiencia que todavía atesoro. Dichos estudiantes de octavo grado ahora están en la universidad y oro para que sepan la diferencia que marcaron en la vida de tantos niños.

Todos se reían de mí porque hacía algunos videos muy graciosos en donde yo hacía ejercicio en el parque y mi hija filmaba, de modo que los pudiera mostrar cada viernes. Les di el nombre de "Entreno" con Polly. Los jueves eran la corrida del puma y yo quería mucho a mi compañero de trabajo allí, pues él era el entrenador de los niños y nosotros éramos como hermano y hermana.

Dios siempre trajo un sistema de apoyo a mi alrededor, incluso en mis tiempos de dificultad. Si observas tu propia vida, verás algún tipo de regalo que también te está dando apoyo.

Todos los jueves, los niños se alineaban detrás de la cerca alta hasta que yo hiciera sonar el silbato. Yo ponía música a todo volumen y cada vuelta la registraba y los animaba. Para obtener una buena calificación de "A" ese día, tenían que dar una cierta cantidad de vueltas alrededor de la pista. A decir verdad, algunos niños me sorprendieron, hasta los gorditos porque corrían y sobrepasaban a los flacos porque no eran perezosos. Ahora que lo pienso, es probable que también se estuvieran esforzando mucho porque querían las paletas que les daba si sobresalían. No importa por qué haya sido, yo siempre me sentí bendecida por estar cerca de todos esos niños. Esos días solidificaron todavía más mi relación con quién era yo y con la persona que fui creada para ser.

Los fines de semana Carmen organizaba regatas por todo el estado. Mi mamá cuidaba a Wesley algunos de esos días para que yo pudiera levantarme a las tres de la mañana y llevarla donde ella tenía que estar y poder competir. Uno de los mejores recuerdos que tengo es que tuve la oportunidad de asistir a las finales regionales. Supongo que siempre me dijeron que era la mamá divertida porque yo era lo suficientemente loca como para ¡tratar de actuar según su edad! En esta ocasión en particular, me subí a su dispositivo de tortura llamado la máquina remo-ergómetro. Quería mostrarles la forma en que esta señora lograba usarla y comencé a competir con uno de los muchachos que remaba en la máquina que estaba justo a mi lado. Cuando regresé al campamento me preguntaron por qué mi cara estaba casi morada y por qué mis pantalones estaban mojados. En ese momento me di cuenta de que me había orinado en los pantalones de regreso al campamento, por causa de todo el dolor que tenía.

Envejecer simplemente apesta, ¿puedo recibir un amén? Se me desplazó un disco de la columna y al llegar a casa terminé en el hospital. Ese fue el viaje de seis horas de regreso a casa más largo de toda la vida. Ni siquiera podía sentarme. Mis dos hijos tuvieron que montarme en el auto, mi hija me llevó al hospital y me pusieron en una silla de ruedas solo para que pudieran sacarme una radiografía de mi espalda ¡Estaba súper agradecida por ellos! Creo que aprendí mi lección con respecto a intentar probar mi destreza en comparación con los jóvenes de 16 años, ¡JA,JA,JA! Las cosas en la casa se estaban acomodando.

Wes todavía trabajaba en la iglesia y el papá de mis hijos no estaba muy presente. Carmen y yo bajábamos a México para realizar viajes misioneros cuando ella no estaba remando o era su temporada libre. Las pocas veces que lo hicimos son algunos de los aspectos más destacados de mi vida.

En un viaje en particular nos fuimos temprano en la mañana y el objetivo era construir una casa en un día para una familia. La familia en cuestión vivía en una caja de cartón, la mamá, el papá, 4 niños, la abuela y el abuelo. Esto sucedía a tan solo 30 minutos de mi puerta. La pobreza que hay tan cerca de casa de verdad que me rompe el corazón.

Nosotros somos la luz del mundo y debemos llevar luz a los lugares oscuros. En un día, nuestro equipo construyó cuatro paredes, estableció un cimiento e hizo una pequeña letrina por las cuales están muy agradecidas estas personas. Cuando recuerdo el rostro de la abuela, ella lucía una mirada de completa paz y agradecimiento. Si tan solo todos tuviéramos semejante contentamiento con tan poco. Mi hija y yo nos dimos cuenta de que todos los problemas que pensábamos que teníamos, no eran nada en comparación con los del resto del mundo.

Yo declaraba y repetía el versículo de 1 de Pedro 5:7-9 que dice, "echando toda vuestra ansiedad sobre él, porque él tiene cuidado de vosotros. Sed sobrios, y velad; porque vuestro adversario el diablo, como león rugiente, anda alrededor buscando a quién devorar; al cual resistid firmes en la fe, sabiendo que los mismos padecimientos se van cumpliendo en vuestros hermanos en todo el mundo". Job perdió todo pese a estar protegido, y por encima de todo adoraba a Dios, y recibió al final el doble por causa de su aflicción.

Yo hubiera podido mirar hacia atrás y ver todas las veces que habría podido estar feliz por lo que tenía justo allí conmigo. Ahora soy una anciana y lo veo todo con mucha claridad. Cuando estamos en medio de una crisis, el diablo o nuestra mente nos roban el gozo.

Aquellas personas vivían en México en una caja sin baño y lograban hallar el gozo en medio de todo. Cuando íbamos a esos viajes yo decía: "Dios, renueva mi fe y ayúdame a ser más como Job para ser agradecida en todas las cosas y echar todas mis preocupaciones tontas sobre mi Padre celestial, porque Tú jamás te has olvidado de mí". Cuando miro hacia atrás y pienso en esa experiencia me doy cuenta de que Dios siempre estuvo con mi hija, mi hijo y yo, y esto comenzó a desarrollar una certeza profunda dentro de mi alma de que mi Padre celestial siempre había estado allí.

Era preciso que dejara de sentir que no era suficiente para mi papá.

AHORA MISMO DEJA ESTE LIBRO DE LADO Y CONTEMPLA TODAS TUS BENDICIONES, AUNQUE SOLO SEAN ESTE LIBRO. ¡LA GRATITUD CREA UNA NUEVA ACTITUD! TÚ ERES AMADO DE MANERA PROFUNDA. ¡TEN PRESENTE ESO!

"Instruye al niño en su camino, y aun cuando fuere viejo no se apartará de él" (Prov. 22:6, RVR1960). Yo sabía desde esa época que mis hijos serían geniales y estarían bien en vista de que yo los llevaba a viajes misioneros, por causa de que Carmen era fiel con su práctica de remo, por el hecho de que mi hijo siempre asistía todos los domingos a las 4 de la mañana y trabajaba hasta las 9 de la noche.

Ahora que estaba enseñando en la escuela podía vender casas por aquí y por allá y salir adelante. Cuando Carmen estaba en undécimo grado, mi hijo recibió un correo electrónico diciendo que yo tenía una hermana. Yo ya tenía una medio hermana con quien era muy cercana, y otra medio hermana con la que no lo era tanto, un medio hermano que estaba en mi vida pero que en realidad no formaba parte de ella, pero al que yo quería mucho.

Cuando yo era niña, no existía el internet y a decir verdad, mi mamá no tenía muchas ganas de comunicarse con todas las ex de mi papá para que yo tuviera una relación con ellos, y sus madres tampoco querían eso. A través del ADN de la ascendencia encontré otra hermana que había sido adoptada al nacer. Al principio, esa relación fue buena, pero después de un tiempo fue una gran decepción. Sin embargo, eso también trajo consigo la bendición de encontrar más hermanos de quienes te hablaré en el próximo libro referente a la redención de Dios.

Este es el meollo del asunto. Si Wesley nunca hubiera estado enfermo y en esa computadora todo el tiempo, no habría hecho el seguimiento del ADN que mi mamá le compró para que pudiera ocupar parte de sus días. En consecuencia, es probable que yo nunca la hubiera encontrado a ella, lo que significa que la posibilidad de haber encontrado a mis otros dos hermanos a quienes quiero tanto era casi nula.

El camino hacia la plenitud no siempre se parece a lo que pensamos, así que solo debemos montarnos en la ola y saber que Dios nos cubre las espaldas.

Ahora ya era mi segundo año enseñando e iba a poder ser maestra de tiempo completo. También iba a dar una clase de preparación para la universidad que me asustaba mucho, pero que era la única forma en que podría ser maestra toda la jornada. Decidí que en lugar de estar triste, iba a crear un club llamado "Esperanza". Mi club bíblico de Esperanza tenía 20 niños al principio, pero al final eran 250. Muchos recibieron al Señor.

Jamás olvidaré a esa dulce niña a quien sentí que estaban violando en su casa. El Espíritu Santo la tocó en clase. Lo supe porque cuando oramos en clase, y yo dije algo como: "Dios protege a todos estos preciosos niños cuando entren por la puerta de casa". En ese momento ella comenzó a llorar de manera violenta. Ese día cuando hicimos nuestra carrera, un montón de niños corrieron hacia mí y me dijeron que ella se estaba lastimando al correr. Yo la observé y le estaba saliendo sangre del brazo. Ella se había estado cortando porque sus recuerdos habían empezado a pasar a primer plano.

Dios quiere que nosotros seamos plenos y que estemos totalmente sanos Trátese de una sanidad física o mental, Él no quiere que lo lleves a cabo a medias porque anhela una reparación total y extrema. Él quiere que te levantes y camines hacia tu destino, pese a que a veces enfrentar las cosas horribles del pasado puede parecer algo muy doloroso, así como le pasó a la jovencita que estaba manifestando lo que sentía en el interior.

No olvidaré la forma en que todos los niños se reunieron alrededor de esta niña, tomándose de las manos en una escuela pública en San Diego y orando para que ella fuera liberada y no cargara más con su dolor.

Eran niños de padres militares y de todos los contextos socioeconómicos, cuya edad estaba entre los 12-14 años. Mientras ellos oraban, la cara de ella cambió por completo, ella colapsó en mis brazos y ese día me contó todo. Ella sollozó en mi hombro y yo tuve que llamar a los servicios de protección infantil, así que la llevaron directo a algún lugar en donde la iban a cuidar y en donde se encargarían de ella.

Justo en el momento en que ella contó la verdad en esa cancha de fútbol, un semblante cayó sobre ella y parecía un ángel y el viento sopló sobre el lugar. Todos los niños sintieron lo mismo en ese momento, como si el espíritu se hubiera desprendido de ella. Con mis ojos espirituales vi ángeles de 7.5 metros de altura que volaban hacia la cancha, rodeándola por completo mientras entrelazaban sus brazos de ángel entre ellos, para que ningún otro espíritu pudiera acceder a estos niños. Uno de los niños preguntó: ¿Ves esos ángeles que están rodeando la cancha?, sin que yo dijera una sola palabra. No tengo la menor duda de que la presencia manifiesta del Señor estaba allí protegiendo a Sus hijos.

Si todas las dificultades por las que yo atravesé tenían como fin la libertad de esa pequeña niña, todo valió la pena. Hoy en día, ella ya está de nuevo con su familia. La persona está en la cárcel y ¡ella está teniendo éxito en la universidad!

Satanás quiere pervertir los planes de Dios y trata de hacer su obra a través de personas en busca de ver a qué le estás dando cabida. Hay tres cosas que el diablo hará para evitar que alcances tu destino: te engañará, te acusará y te perseguirá.

El factor primordial que siempre vencerá los planes enfermizos de Satanás es que sepas quién eres, que eres hija o hijo del creador del mundo. Eso fue lo que les dije a esos niños ese día y ellos lo sabían.

Wesley estaba a punto de entrar en noveno grado y mi hija estaba remando con toda la fuerza de su ser. La seleccionaron para ser parte del equipo que estaría en los Juegos Olímpicos Junior, ella estaba rompiendo precedentes y sus calificaciones eran excelentes, el remo se estaba volviendo cada vez más rápido y las universidades de todo el país le estaban ofreciendo becas completas.

Mira, mi hija jamás contó en la escuela lo que le había sucedido en realidad. Todavía me asombra ver que ninguno de mis hijos utilizó jamás la carta del "pobrecito yo". Ellos hubieran podido decir y usar a su favor el hecho de que todos estábamos compartiendo una habitación, que su padre entraba y salía de rehabilitación, y todo lo que habían presenciado. Jamás aceptaron asumirse como víctimas, y no puedo creer lo fuertes que son esos dos ángeles. Nunca permitieron que las cosas malas que nos sucedieron dictaminaran su futuro.

Siempre les he dicho que cuando la vida se pone difícil, Dios está trabajando detrás de escena alistando todo para que puedas entrar en lo que tiene para ti. Como puedes ver, todos estamos en constante preparación para lo que sigue.

Cuando llegó el momento de ir a los viajes en busca de la universidad indicada, mi mamá estaba deprimida por todo. Íbamos para Stanford, que era el sueño de Carmen, de modo que ella podría remar durante la semana y mi hijo y yo podríamos estar en San Francisco. A mí se me había perdido mi GPS y yo estaba muy preocupada por eso y nuestro grupo oró. Yo estaba literalmente en un estacionamiento en el almacén de Fry a punto de comprar uno nuevo y Dios me dijo: "Créeme, lo vas a encontrar esta noche". Antes de salir para nuestro viaje miré en mi zapato en el armario y allí estaba ¡Solo tenemos que confiar y creer!

Esta es un dibujo que mi hija siempre hacía en la iglesia.

Ella confiaba en Dios aunque a veces era espinoso. Jamás olvidaré ese increíble viaje cuando llegamos al norte y Wes y yo llegamos a jugar en la ciudad mientras Carmen estaba en la universidad. Si hubiera tenido que comprar un nuevo GPS no hubiera podido hacer nada divertido con mi hijo. Después de ese viaje llegamos a casa y supe que algo estaba a punto de cambiar.

A Carmen le había empezado un dolor tremendo en la cadera al remar y cuando la llevé al médico casi al final de su penúltimo año, tenía un desgarro en el labrum. Eso significaba que ella no podría remar durante todo un año. Pensé: "No puede ser". Aquello implicaba que se retirarían las ofertas de beca de parte de Harvard, Brown y posiblemente de Stanford, la universidad sus sueños y por las que ella había trabajado de manera incansable.

Cuando Dios te lleva a algo, te pasa a través de algo. ¡Ay, mi dulce niña me escribió cartas toda su vida para hacerme sentir bien con nuestra situación! Ella estaba desconsolada. Incluso justo antes de eso me había dado la tarjetita más dulce y yo todavía la guardo en mi bolso.

Cuando escribí este libro, repasé todos las cosas que atravesamos para que ella estuviera preparada para las becas. Yo nunca me tenía que preocupar por su vida. Estaba llena de cosas como levantarse temprano en la mañana, prepararse para la escuela haciendo escritos, ir a la escuela para alistar todo lo de la universidad, volver a casa, tomarse un batido de proteína, ir a entrenar hasta las seis, volver a casa, hacer tareas hasta las nueve; sus fines de semana tenían que ver con ir a regatas, acudir donde consejeros sobre nutrición y entrenadores de remo. Esa era su vida entera, en sentido literal, y también era la mía. Incluso leí uno de los formatos para alardear de ella que habíamos hecho cuando preparamos su currículum para ir a la universidad y obtener becas. Uno de los puntos era anotar cualquier logro o conocimiento con respecto a las habilidades del estudiante.

Esto fue lo que dijo su escuela sobre ella en su club de remo: "Ella fue ubicada en la posición "de golpe", lo que significa que ella es la líder del bote. Es un puesto que solo se le otorga a deportistas responsables y de confianza. Carmen recibió de inmediato esa posición porque el entrenador sabía que ella sería capaz de liderar y seguir adelante. Ella tiene un hermano que tuvo muchos problemas de salud mientras crecía y muchas veces se tenía que auto motivar porque su madre no podía estar presente para ella todo el tiempo, así que tuvo que aprender a hacerlo ella misma".

Cuando leí su escrito personal en donde compartía todo aquello por lo que había pasado, el tema de perder nuestro hogar y a sus amigos, vivir en una habitación, perder casi que por completo a su padre, carecer de ingresos para poder quedarnos donde estábamos, ella nunca perdió la esperanza. Yo sabía que un hecho como el de la lesión y lo que implicaba la iba a destrozar. Sin embargo, volví a leer una palabra profética que recibí para su crecimiento. Una palabra profética es como un ánimo que trae una persona que declara algo que viene directo del cielo y se refiere al futuro. Esto es muy importante, si tienes sueños o cuentas con personas que te han hablado de tu vida, necesitas crear un diario y comenzar a escribir eso para que en tiempos de angustia puedas retomar tales escritos y leerlos.

En 2011, cuatro años antes de que dicho suceso aconteciera escribí: "Carmen sabrá lo que se supone que debe hacer, la guiaré como lo hice con Abraham". Yo también estaba preocupada por mi hijo, y allí decía: "No tengas miedo, yo estoy con tu familia, yo soy su escudo y he aquí una recompensa muy grande." Lo leí una y otra vez tratando de entender por qué le sucedía algo así a mi hija.

A través de todo lo que ha pasado a lo largo de los años, yo estaba aprendiendo a escuchar esa pequeña y apacible voz que me guiaba y me mostraba que el camino en el que estaba era el correcto.

Carmen sabía que ya no podía remar, también sabía que tal vez iba a poder empezar a disfrutar de su vida y a no centrarse tanto en desempeñarse sino simplemente en ser y en aprender a dejarse llevar y ser feliz.

Ese verano disfrutamos de ser una familia y de que ella no tuviera que entrenar para ninguna cosa y de disfrutar de nuestra certeza de que el próximo año yo volvería a enseñar.

En el febrero siguiente, durante el último año escolar de Carmen, decidí tener una cita una vez más y conocí a un jugador de hockey profesional. Él era maravilloso y en una de nuestras citas me llevó al desierto en moto y allá tenía una botella de vino y un mantel y me dio un recorrido. Para la cena usó un mantel de lino blanco. Yo no hubiera podido pedir a un hombre más amable, amaba a mis hijos, era una buena persona pero simplemente no era para mí. Me fui un fin de semana de tres días para sanarme más de mi pasado y perdonar todavía más a mi padre y cuando concluyó, llamé a este joven hombre y le dije que simplemente no era para mí.

Ahora bien, el tiempo de Dios es siempre el tiempo correcto y Él renueva tu fuerza. Dios quiere renovar tus fuerzas y quiere intercambiar tu fuerza por la Suya. Él es el libertador y es quien refresca nuestras almas.

Mientras me preparaba para escribir este libro, estaba repasando mi diario profético y encontré un sueño que tuve el 26 diciembre de 2010. Soñé que todos mis ex habían encontrado esposas y entonces yo me quejaba con Dios porque no podía encontrar un esposo, y estas son las palabras que escribí y que escuché que Dios decía en mi sueño: "Yo estaba protegiéndote y guiando tus pasos incluso cuando no me seguías, cuando te vinculaste con tu vecino. Las decisiones que has tomado han roto una maldición generacional en tu familia, en los hijos de tus hijos y ellos me servirán y tus pasos serán dirigidos, y tu próximo esposo está en el futuro".

Para estas alturas, Theodore estaba en un lugar llamado U-turn for Christ y por fin estaba empezando a estar sobrio y la mamá de su nuevo bebé también, y ella tenía la custodia del hijo. Poco a poco pero de manera certera, empezó a recobrar la sobriedad y a darse cuenta de que esa vida que estaba viviendo no estaba funcionando y se mudó a un lugar agradable cerca de su otro hijo. Todavía no estaba presente para los niños en realidad, así que recaía sobre mí el hecho de estar para ellos en todo, pero al menos no era como antes.

Ahora, después de perdonarme a mí misma porque ese muchacho nuevo no me gustaba, en marzo recibí una llamada telefónica, de parte de un chico que había conocido cuando tenía 18 años, y si te acuerdas, su nombre era Ryan. Nunca habíamos tenido ninguna cita, pero él había llamado y yo estaba empezando a sentir ese sentimiento de: "Huy Dios, ¿él será el indicado? ¡Esta historia continuará! ¡Dios es bueno y Él está allí en la espera!

UN MENSAJE ÍNTIMO DE PARTE DIOS PARA TI: TU PAPI TE AMA

Esto lo escribió un querido amigo, y creo que es un mensaje para que cada persona que lea este libro conozca su verdadera identidad. No es que tu papá no te quisiera, o que te dejara, o que tu mamá no estuvo ahí para ti, que no eras lo suficientemente bueno, o que en ti había algo que estaba mal. Nada de eso es cierto. ¡Quiero que leas una carta **de Dios para ti!**

"Puede que no me conozcas, pero Yo sé todo sobre ti" (Salmo 139:1).

"Sé cuándo te sientas y cuándo te levantas" (Salmo 139:2).

"Conozco todos tus caminos y todavía te amo" (Salmo 139:3).

"Hasta los cabellos de tu cabeza los conté y sé cuántos son" (Mateo 10:29-31).

"Porque fuiste hecho a Mi imagen" (Génesis 1:27).

"Vives, te mueves y eres en Mí" (Hechos 17:28).

"Porque eres mi descendencia, te conocí incluso antes de que fueras concebido" (Jeremías 1:4-5).

"Te elegí cuando planeé la creación" (Efesios 1:11-12).

"No fuiste un error. ¿Escuchaste eso? No eres un error porque cada día que estás vivo está escrito en Mi libro" (Salmo 139:15 -16).

"Determiné la hora exacta de tu nacimiento y dónde vivirías" (Hechos 17:26).

"Estás hecho de manera admirable y maravillosa" (Salmo 139:14).

"Te tejí en el vientre de tu madre" (Salmo 139:13).

"Y te di a luz el día de tu nacimiento" (Salmo 71:6).

"Quienes no me conocen de verdad no me han representado de manera adecuada" (Juan 8:41-44).

"No estoy distante y enojado, pues soy la expresión plena del amor" (1 Juan 4:16).

"Y mi deseo es prodigarte mi amor" (1 Juan 3:1).

"Simple y llanamente porque eres Mi hijo y yo soy tu Padre" (1 Juan 3:1).

"Te ofrezco más de lo que tu padre terrenal te podría brindar jamás" (Mateo 7:11).

"Porque Yo soy el Padre perfecto" (Mateo 5:48).

"Toda buena dádiva que recibes viene de Mi mano" (Santiago 1:17).

"Porque Yo soy tu proveedor y supliré todas tus necesidades" (Mateo 6:31-33).

"Mi plan para tu futuro siempre ha estado lleno de esperanza" (Jeremías 29:11).

"Porque te amo con amor eterno" (Jeremías 31:3).

"Mis pensamientos hacia ti son más que la arena que está a la orilla del mar" (Salmo 139:17-18).

"Me regocijo sobre ti con cánticos" (Sofonías 3:17).

"Nunca dejaré de hacerte el bien" (Jeremías 32:40).

"Porque tú eres mi posesión más preciada". (Éxodo 19:5).

"Deseo plantarte en verdad, de todo Mi corazón y con toda mi alma" (Jeremías 32:41).

"Y quiero mostrarte cosas grandes y maravillosas" (Jeremías 33:3).

"Si me buscas con todo tu corazón, me hallarás" (Deuteronomio 4:29).

"Deléitate en mí y te concederé los deseos de tu corazón" (Salmo 37:4).

"Porque Yo fui el que te dio esos deseos." (Filipenses 2:13).

"Soy capaz de hacer más de lo que jamás podrías imaginar" (Efesios 3:20).

"Porque yo soy El que más te anima". (2 Tesalonicenses 2:16-17).

"Yo también soy el Padre que te consuela en todas tus tribulaciones" (2 Corintios 1:3-4).

"Yo estoy cerca de ti cuando tienes quebrantado el corazón" (Salmo 34:18).

"Como el pastor carga consigo al cordero, así te llevo cerca de mi corazón" (Isaías 40:11).

"Un día limpiaré cada lágrima de tus ojos" (Apocalipsis 21:3-4).

"Te quitaré todo el dolor que has sufrido en esta tierra, porque esa nunca fue mi intención" (Apocalipsis 21:3-4).

"Yo soy tu Padre y te amo como amo a mi hijo Jesús" (Juan 17:23).

"Porque en Jesús se revela mi amor por ti" (Juan 17: 26).

"Él es la representación exacta de Mi ser" (Hebreos 1:3).

"Él vino a demostrar que yo estoy a tu favor, y no en tu contra" (Romanos 8:31).

"Y a decirte que no llevo cuenta de tus pecados". (2 Corintios 5:18-19).

"Jesús murió para que tú y yo podamos reconciliarnos" (2 Corintios 5:18-19).

"Su muerte fue la máxima expresión de mi amor por ti" (1 Juan 4:10).

"Mira, Él era mi único hijo, y renuncié a todo lo que amo para ganarme tu amor" (Romanos 8:31-32).

"Si recibes el regalo de mi hijo Jesús, entonces me recibes a Mí" (1 Juan 2:23.

"Y nada de lo que hagas, jamás conseguirá separarte de todo lo que te amo" (Romanos 8:38-39).

"Ven a casa y haré la fiesta más grande que el cielo haya visto jamás" (Lucas 15:7).

"Siempre he sido tu Padre y siempre seré tu Papá" (Efesios 3:14-15).

"Mi pregunta para ti, mi querido amado, es ¿serás mi hijo (a)?" (Juan 1:12-13).

"Te he estado esperando" (Lucas 15:11-32).

Con Amor,

Tu Papi, tu Papá, tu Dios todopoderoso, tu Abba, tu Papito.

www.ingramcontent.com/pod-product-compliance
Lightning Source LLC
Chambersburg PA
CBHW021145160726
47994CB00001B/88